国家社科基金
GUOJIA SHEKE JIJIN HOUQI ZIZHU XIANGMU
后期资助项目

营运资金概念重构
与管理创新

Redefinition of
working capital and
management innovation

孙莹 著

清华大学出版社
北京

内容简介

本书以推动营运资金管理理论和方法体系的创新和发展为最终目的,从营运资金概念的重构作为出发点,以营运资金的筹措和使用为基本视角,试图从理论和应用两个方面来考虑,构建营运资金管理理论框架与完善营运资金管理方法体系。本书适合于财务管理方面的研究者、财务总监以及对营运资金管理创新感兴趣的读者阅读。

图书在版编目(CIP)数据

营运资金概念重构与管理创新/孙莹著.—北京:清华大学出版社,2017
ISBN 978-7-302-48735-7

Ⅰ.①营… Ⅱ.①孙… Ⅲ.①资金管理–研究 Ⅳ.①F830.45

中国版本图书馆 CIP 数据核字(2017)第 263457 号

责任编辑:张　莹
封面设计:傅瑞学
责任校对:宋玉莲
责任印制:王静怡

出版发行:清华大学出版社
　　　　网　　址:http://www.tup.com.cn,http://www.wqbook.com
　　　　地　　址:北京清华大学学研大厦 A 座　邮　编:100084
　　　　社 总 机:010-62770175　　　　邮　购:010-62786544
　　　　投稿与读者服务:010-62776969,c-service@tup.tsinghua.edu.cn
　　　　质量反馈:010-62772015,zhiliang@tup.tsinghua.edu.cn
印 装 者:三河市君旺印务有限公司
经　　销:全国新华书店
开　　本:165mm×238mm　**印张**:13.5　**插页**:1　**字数**:225 千字
版　　次:2017 年 12 月第 1 版　　　　**印次**:2017 年 12 月第 1 次印刷
定　　价:52.00 元

产品编号:077159-01

国家社科基金后期资助项目
出 版 说 明

后期资助项目是国家社科基金项目主要类别之一，旨在鼓励广大人文社会科学工作者潜心治学，扎实研究，多出优秀成果，进一步发挥国家社科基金在繁荣发展哲学社会科学中的示范引导作用。后期资助项目主要资助已基本完成且尚未出版的人文社会科学基础研究的优秀学术成果，以资助学术专著为主，也资助少量学术价值较高的资料汇编和学术含量较高的工具书。为扩大后期资助项目的学术影响，促进成果转化，全国哲学社会科学规划办公室按照"统一设计、统一标识、统一版式、形成系列"的总体要求，组织出版国家社科基金后期资助项目成果。

全国哲学社会科学规划办公室

2014 年 7 月

前　言

营运资金管理作为企业财务管理的重要内容,其管理的成效不仅对企业的流动性和收益性产生直接影响,而且还会影响企业的生死存亡。金融危机更加凸显了其重要性,营运资金管理研究也受到了前所未有的关注。

国内外营运资金管理研究经历了一系列变化:研究重心从营运资金孤立的各项目优化研究到整体的营运资金管理研究再到基于供应链管理、渠道管理等新视角下营运资金管理研究的演变。在此影响下,营运资金管理方法的研究经历了从单纯数学方法向以供应链优化和管理为重心的转变。新视角下营运资金管理研究得到了广泛认同并掀起了新的研究热潮。然而,营运资金管理基本理论的研究相对薄弱。营运资金管理理论未在财务理论研究中占据与其重要性相对应的位置,在营运资金概念界定、目标、影响因素等方面未形成一个完整的理论框架,营运资金管理实践亟待科学的理论指导。所以,对营运资金管理的基本理论问题应从营运资金管理的源头上抓起,重塑营运资金管理的概念界定,使营运资金管理的基本理论符合环境发展和管理需求。

本书以推动营运资金管理理论和方法体系的创新和发展为最终目的,将营运资金概念的重构作为出发点,以营运资金的筹措和使用为基本视角,试图从理论和应用两个方面来考虑,构建营运资金管理理论框架与完善营运资金管理方法体系。本书首先基于营运资金管理理论的环境诉求和实践发展的要求对营运资金进行重新界定和分类,并明确了新界定下营运资金管理的基本视角和目标定位,作为全面营运资金管理研究的前提;其次按要素分析营运资金对企业价值的影响机理,在此基础上构建了营运资金管理的绩效评价体系,以解决衡量企业营运资金管理水平的标准问题;基于这些问题再去考虑营运资金管理的创新研究,强调从战略、商业模式、利益相关者关系和流程创新推进营运资金管理,主要从方法、组织、模式三个方面来研究营运资金的管理创新;最后选取机械设备行业对营运资金管理绩效评价体系进行检验,并以海尔集团、青啤集团等企业为例,研究其在全球化环境下营运资金管理的风险与对策,总结其营运资金管理模式特点,利用多案例研究方法验证营运资金管理模式在企业中的运用效果。

　　本书进行探索性研究取得的创新性成果是:首先,从企业经营管理的角度将营运资金概念界定为营运资金 = 资产 - 营业性负债,使营运资金概念符合了理论发展进步和管理实践需求;其次,在此基础上,以营运资金筹措和使用为基本研究视角,权衡营运资金管理的风险和收益,借助数据包络分析方法,构建了营运资金管理绩效评价体系:一个定量与定性的效率衡量体系;再次,以利益相关者关系为基本视角,提出基于利益相关者关系的资金管理策略,以营运资金预算管理和营运资金流量报告作为营运资金管理创新的两个技术要点,构建了营运资金管理控制体系,强调了营运资金管理整体规划与控制的重要性,提高了营运资金管理的战略高度,并对相应带来的营运资金组织结构体制的变化进行了阐述,初步构建了基于业务流程的营运资金组织结构体系,整体上搭建了新界定下营运资金管理的研究体系。

　　本书是在恩师王竹泉教授的指导和中国企业营运资金管理研究中心团队的支持和帮助下完成的,在此表示深深的感谢。同时也感谢我的父母、先生以及孩子给予的关怀与付出,没有你们,我就无法实现对"营运资金管理"的热爱和研究。感谢我的学生强池、栾欣、刘莹和崔静的帮助。

目　录

第一章 导 论

第一节 研究背景与研究意义

一、研究背景

随着经济的极速发展和竞争的逐渐白热化，企业越来越重视其营运资金管理。营运资金管理作为企业财务管理的重要内容，其管理的成效不仅对企业的流动性和收益性有直接影响，而且还会影响企业的生死存亡。CFO 杂志在 2009 年发布的营运资金管理调查报告中指出："一个在营运资金管理方面有着出色表现的企业，在顾客需求的预测、产品和服务的传递、供应商关系的管理等方面也应当有着较强的能力，同时这也可以推动企业不断节约成本。"可以说，一个企业的营运资金管理水平，实际上能够反映出企业的经营管理水平，企业良好的营运资金管理是其得以生存和发展的基础。2008 年的金融危机也更加凸显了其重要性，营运资金管理研究也受到了前所未有的关注。

从理论研究方面来讲，国外关于营运资金管理的研究始于 20 世纪 30 年代。但是在 20 世纪 70 年代之前，营运资金管理研究的主要内容是对营运资金各项目（主要是应收账款、存货等流动资产项目）如何进行优化的，20 世纪 90 年代以后，在《金融研究学报》（*The Journal of Financial Research*）、《会计评论》（*The Accounting Review*）、《会计研究学报》（*Journal of Accounting Rearch*）、《会计与经济学》（*Journal of Accounting & Economics*）、《财经学报》（*The Journal of Finance*）、《财务管理》（*Financial Management*）等主流的财务学刊出现的专门关于营运资金管理的理论研究文献已经十分少见。可以说，近年来西方国家在营运资金管理的理论研究方面没有取得显著成绩。而我国开始专门对营运资金管理进行研究是从 20 世纪 90 年代以后，这是由于"营运资金"作为一个财务概念引入我国的时间较晚，总体来看，我国对营运资金管理的研究没有得到应有的重视,大多数的研究仅是对某个营运资金项目孤立的研究,少有对营运资金的整体研究。即便是进入 21 世纪以来,关于营运资金管理理论的研究不断增加,但与其在财务管理中的重要地位相比,仍然是极不相称的。在王竹泉教授引入基于渠道关系的新视角后,为营运资金管理理论的研究注入了新的活力,带动了一批研究者从供应链等其他视角进行营运资金管理的研究,在此视角下营运资金管理与渠道关系管理的机理挖掘以及具体的营运资金管理模式还有待于进一步深入,而从营运资金基本概念的理论创新为起点的研究更是鲜有涉及。

从营运资金管理实践方面来讲,美国 REL 咨询公司和 CFO 杂志对美国最大 1 000 家企业进行的营运资金管理调查(始于 1997 年)结果中发现:企业营运资金管理的绩效在不断改善。究其原因,兴起于 20 世纪 80 年代末、90 年代初的供应链管理(SCM)、分销渠道管理(DCM)以及客户关系管理(CRM)等管理理论和方法的广泛应用对营运资金管理绩效产生了重要影响。随着全球市场和信息技术的发展,企业之间合作的趋势日益明显,有必要进行总体规划、重组、协调、控制和优化,以提高整体效益。基于此,供应链管理成为 20 世纪 90 年代以来研究实践的热点。它快速反映市场需求、全局性战略管理、高度柔性等目标,比纵向一体化更能符合当前复杂多变的竞争环境,所以逐渐由一种管理技术上升为新的管理模式,并迅速地渗透到了各领域的研究中。自从 2001 年美国开始出现经济衰退起,REL 咨询公司和 CFO 杂志就始终倡导将供应链关系作为企业营运资金管理的重点;其中 2002 年发布的调查报告标题为"不要让供应链断裂",指出了与客户和供应商关系管理的重要性。2005 年发布的调查报告提出一种构建"供应商、企业、客户"之间的无伤痕链接的新思路。2006 年发布的以"还能走多远"为标题的调查报告中指出尽管前 1 000 家公司在 2005 年营运资金管理能力比 2004 年又有所提高,但是仍存在 4 500 亿美元营运资金浪费。公司在提高产品质量和顾客服务水平的前提下,可以通过提高销售发票精确度、培训收款专家、加强信用评级及管理、将应收账款外包、采用供应链管理系统等方法降低库存,加速应收账款收回,并且采用有效绩效机制将营运资金管理责任分配到相关员工,指出营运资金管理是一项持续性的管理活动,仍有较大的提升空间;2007 年调查报告进一步强调了全球化的作用,并解释欧洲营运资金管理表现优于美国的原因在于其在全球化下采用的外包等营运资金管理新方法;2010 年 12 月,CFO 杂志和供应链金融平台公司(Prime Revenue)联合发布了题为"通过供应链金融加强供应商关系"的调查报告，研究了如何利用供应链金融计划来加强供应商关系和提高营运资金管理效率。毫无疑问，供应链管理理论等逐渐引起了大家对其引入营运资金管理理论的兴趣，但目前对这些理论的研究主要集中在业务运作管理层面，而将这些理论与财务理论特别是与营运资金管理理论结合起来的研究才刚刚起步，这无疑是一个极具研究价值和前景的研究领域。

基于以上理论和实践角度的分析，营运资金理论研究的重要性不言而喻，而营运资金管理理论研究发展缓慢且远远不适应营运资金管理的需要。理论的发展也应该与时俱进，与整个理论大环境相互协调统一，这应该从源头上找到问题所在，重新构造营运资金管理的研究体系。

二、研究意义

营运资金管理作为公司短期财务管理的核心内容，其管理的成效会对企业的流动性和收益性产生直接影响，理应在财务理论研究中占据显著位置。

莱瑞·吉特曼和查尔斯·马克斯维尔对美国 1 000 家大型企业的财务经理们进行了调查，以了解他们是如何分配工作时间的，调查的结果表明：财务经理们在营运资金管理上所花费的时间几乎占到了总工作时间的 1/3。可见，营运资金管理作为企业财务管理的重要内容应当在财务理论研究中占据重要位置。然而，营运资金管理的研究相对于管理的实践却相差甚远。在此背景下，本书对于营运资金概念与管理方法的研究就显得非常必要与迫切，研究的结果就具有非常重要的理论意义和实际应用价值。

一方面，本书的研究具有重要的理论意义。在我国，对营运资金管理的理论研究起步较晚，主要研究内容是介绍国外已有的管理理论和方法。近年来，国内外营运资金管理的研究重心从单独流动资产管理到整体营运资金管理，营运资金管理绩效评价标准从流动资产周转率到营运资金周转期，营运资金管理方法从单纯的数学方法转向以供应链的优化和管理为重心。有关营运资金管理的最佳实践改进也有所进步，如流动资产管理的"顶级化管理""零营运资金"管理目标的广泛推行，"电子商务"的广泛实行，"营运资金价值链分析"，"供应链管理"在营运资金管理中的应用等，都在很大程度上提高了营运资金管理的质量。可以说，目前的营运资金管理研究虽然在深度和广度上都有了很大的发展，对企业的营运资金管理实践也有了一定的指导意义，但是却忽视了对营运资金的系统研究。更是鲜有从企业管理视角来关注营运资金基本概念内容及基本理论的文章，对营运资金管理方法的研究也刚刚起步，仅停留在业务操作层面，未能形成系统的结论。所以，发展和创新营运资金管理理论是亟待解决的重要问题。

另一方面，本书的研究还具有一定的实际意义。营运资金管理的研究是具有很强的实践性的问题。与美国等发达国家的企业相比，我国企业的营运资金管理绩效普遍处于较低水平，根据邓白氏国际信息咨询有限公司2004年公布的对中国企业的调查结果显示，各行业应收账款周转天数(DOS)平均为：贸易业61天，服务业105天，制造业48天；而根据美国REL咨询公司和CFO杂志2006年发布的营运资金调查显示，美国企业(不含汽车行业)2005年应收账款周转天数平均为39.3天，存货周转天数平均为29.9天。由此可见，中国企业的应收账款周转速度只相当于美国企业的2/3左右。另外，根据大公国际资信评估有限公司对上证50指数成分股公司的信用评级资料显示，2004年上证50企业的平均存货周转天数为90天，其周转速度仅仅为美国企业平均周转速度的1/3。自经济新常态以来，中国上市公司正承受前所未有的流动性压力，整体面临的信用风险也水涨船高。调查显示，中国企业的资金使用效率2015年再创历史新低(现金周期为192天)，比5年前多出67天，上市公司在经营中从付出现金到收到现金所需的平均时间正前所未有的漫长。以上数字可以从一定程度上说明我国企业营运资金管理效率很低，没能满足现代企业的发展要求。落后的营运资金管理绩效与缺乏先进的营运资金管理理论的指导是不无关系的，而加强营运资金管理基础理论的研究对于改变我国企业营运资金管理落后的现状具有特别重要的意义。营运资金管理方法的研究更是能够直接与企业实践相结合，整体上把握营运资金管理的规划与控制，提高企业营运资金管理水平。

综上所述，营运资金的概念重构与管理创新既有非常重要的理论意义又有较强的实际应用价值，本书也正是试图从理论和应用两个方面来考虑，构建营运资金管理的理论框架与完善营运资金的管理方法，使营运资金管理的基本理论为营运资金的管理实践提供指导和依据，营运资金的管理方法创新也使营运资金的基本理论落地生根，检验理论的可行性，增强理论的实用性。

第二节　研究思路与内容安排

一、研究思路

本书写作的主要目的是推动营运资金管理理论和方法体系的创新和发展。众所周知，目前营运资金的概念被定义为流动资产减流动负债的差额(营运资金＝流动资产－流动负债)。这种定义在债权人评价企业的流动性和偿债能力时有一定的意义，但是从企业经营管理的角度来看未必得当。随着营业概念的进一步扩大，企业的营业活动由原来的经营活动扩展到经营活动和投资活动的综合，这势必会影响营运资金的概念和范围。产生了如下一系列问题：①基于外部理论环境的变化和内部管理的需要，营运资金的真正含义是什么？该如何界定？②新的界定下营运资金管理的基本视角和目标定位是什么？③如何来衡量一个企业的营运资金管理水平？④应如何对企业营运资金进行整体规划与控制？相应的企业组织管理模式又会发生怎样的变化？⑤企业实践中好的营运资金管理模式是什么样的？基于此，本书试图解决以上问题。一方面要突破现有营运资金概念陈旧且不符合实际情况的问题；另一方面要突破现有营运资金管理理论陈旧的研究视角局限，将供应链理论、渠道关系理论和客户关系理论等现代管理理论的理念和方法真正引入营运资金管理研究中，基于以上两点的突破对营运资金概念进行重构并建立营运资金管理绩效评价体系，进而设计发展不同企业类型的营运资金管理的新模式。一方面建立营运资金管理的基本理论体系，使营运资金管理的概念能够符合营业概念扩大的需要和管理实践的需要；另一方面以期将该理论运用到我国企业营运资金管理的实践中，使之落地生根、得到检验，并最终推动营运资金管理理论和方法体系的创新和发展。

本书整体思路如下：首先提出本书要解决的问题，为什么要研究营运资金的概念重构与管理创新，即本书的研究背景和研究意义；接着对现有营运资金文献进行总结述评，然后开始解决问题，首先确定营运资金的概念界定及重新分类，即营运资金的概念、范围具体是什么。在新的界定下，营运资金该如何结合管理需要进行分类，然后开始探讨营运资金管理的基本视角和目标是什么。要想达到这个目标，相应需要从哪些方面来衡量，即营运资金管理绩效评价体系的设计。基于这些前提再去考虑营运资金的管理创新，主要从方法、组织、模式三个方面来构建营运资金的管理创新。营运资金的管理方法主要提倡从战略、商业模式的改进、关注利益相关者关系以及业务流程的再造为前提，研究如何提高企业的营运资金管理水平，具体从利益相关者视角的资金管理策略、预算的组织、管控的组织、营运资金流量表的编制四个方面来考虑营运资金管理方法的创新；组织体制的变化是研究企业随之改变的组织架构、人员分工及权责划分等组织创新的内容，而最后营运资金管理的案例研究，检验营运资金管理绩效评价体系的可行性，分析相应企业营运资金管理的典型模式。具体思路如图 1-1 所示。

二、内容安排

全书共九章。

第一章导论。主要阐述本书的选题背景，研究的理论意义和现实意义，本书的写作思路和研究框架，以及本书的研究方法、主要创新点等。

第二章营运资金管理研究述评部分。按照营运资金管理基本理论研究、营运资金管理方法研究、营运资金管理绩效评价体系研究及营运资金管理专题研究四个主题对国内外营运资金管理研究的文献进行梳理与总结，并提出了拓展和深化营运资金管理研究的几点建议和启示，为后文营运资金的概念重构及管理创新打下铺垫。

第三章至第八章是本书的重点和核心，也是本书进行创新的部分。

第三章营运资金概念的界定。本章主要是对营运资金概念的重新界定和分类，是本书的第一个重点。首先，指出在现有营运资金管理理论中，营运资金多被定义为流动资产与流动负债的差额（营运资金＝流动资产－流动负债），这种定义在债权人评价企业的流动性和偿债能力时有一定的意义，但是从企业经营管理的视角来看未必得当。其次，从营业概念的扩大（外部环境）以及管理实践的需要（内部需要）出发，对营运资金的概念重新界定。最后，在对营运资金概念重新界定的基础上对其进行重新分类。

第四章营运资金管理的观念转变与目标定位。本章在营运资金概念重新界定的基础上，对营运资金的基本管理视角和目标做出明确阐释。营运资金管理的基本视角和目标是营运资金管理理论的核心和起点。这一理论观点贯穿本书的始终，是本书的核心。

第五章营运资金管理绩效评价体系的构建。本章以营运资金的筹措与使用为基本视角，以营运资金管理的目标定位为衡量要素，结合定量衡量和定性分析两个方面，运用数据包络分析法衡量营运资金管理的效

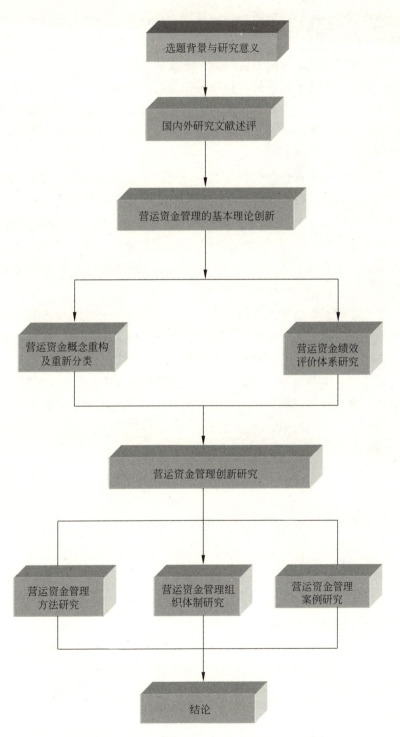

图 1-1 本书的基本研究框架

率，搭建营运资金管理的绩效评价体系，从而解决衡量营运资金管理水平的标准问题。

第六章营运资金管理方法创新。本章从营运资金管理的战略高度解析营运资金管理的整体规划与控制，结合前面一章建立的营运资金管理绩效评价体系，从营运资金预算、营运资金流量报告等要素搭建一体化的营运资金管理控制体系，构建基于业务流程管理的营运资金管理方法创新体系。

第七章营运资金管理组织体制设计。由于营运资金基本理论所发生的变化，对于营运资金在企业中的管理组织体制必然要随之变化，本章研究企业随之改变的营运资金管理体制选择、营运资金管理组织创新、营运资金管理程序设计，也即研究企业组织架构、人员分工及权责划分等组织创新的内容，初步构建基于业务流程管理的营运资金管理组织体系。

第八章营运资金管理案例分析。在第五章基础上，本章选取机械设备行业运用数据包络分析法对营运资金管理绩效进行检验，并以海尔集团、格力电器、三一重工等上市公司为例，研究其在全球化环境下营运资金管理的风险与对策，总结其营运资金管理模式特点。

第九章结论与展望。本章主要是对全书的主要内容进行总结，并指出本书的不足以及未来的改进方向。

第三节　研究方法与创新点

一、研究方法

研究方法的选择，取决于研究对象的性质与特点以及研究目的的需要。对营运资金管理问题的研究可以从经济学、管理学以及社会学等角度展开。本书的研究主要是以规范研究方法为主，实证研究方法为辅，综合经济学理论中的资金运动理论、信息经济学、风险收益等理论，结合管理学以及财务管理学、供应链管理等各个学科的综合知识，采用文献研究、理论模型构建、数据包络分析法、案例研究、比较研究、系统分析等方法，注重理论联系实际，在研究方法上呈现出多样性的特征。

（1）文献研究。查阅国内外文献资料，掌握前沿的营运资金管理理论、供应链理论、业绩评价理论的最新进展以及关于营运资金管理与企业价值的实证研究成果，通过规范分析对营运资金概念进行重新界定和分类，并明确新的界定和分类下营运资金管理的思想转变和目标定位。

（2）理论模型构建。在明确营运资金管理的基本视角和营运资金管理目标的前提下，结合供应链管理理论，利用数据包络分析法，计算营运资金管理的效率值，并进一步建立营运资金管理绩效评价的一般理论模型。

（3）数据包络分析法。利用数据包络分析法及其统计软件对某行业营运资金管理绩效进行效率值的计算及分析。利用结果来验证营运资金管理绩效评价指标体系对营运资金管理水平评价的有效性。

（4）案例研究和比较研究。理论联系实际，鉴于企业营运资金管理是一个具有很强现实性的问题，本书在研究中尽可能地选取案例，试图通过形象生动的案例，充分印证理论观点的合理性，增强说服力，最大可能地运用于企业营运资金管理的实际工作中。

（5）系统分析。在规范分析的基础上，对影响营运资金管理绩效的作用机制进行系统归纳，总结提炼出营运资金管理的整体规划与控制要点，详细分析营运资金管理方法的运用过程和实践要点，提出相应的营运资金管理模式。

二、创新点

本书主要研究营运资金的概念重构和管理创新两个方面的内容。在内容上具体表现在以下几个方面。

（1）对营运资金进行了重新界定和重新分类。通过查阅中外文献，梳理了目前关于营运资金管理的研究现状，总结了前人工作的成绩以及存在的不足，找出了本书研究的切入点，指出传统营运资金概念上的不足，结合理论发展及实践需求确定了本书所研究的营运资金的概念范畴，并对营运资金重新进行了分类。

（2）明确了营运资金管理的基本视角和目标定位。营运资金管理的基本视角和目标的研究是营运资金管理研究的起点，是一个不容忽视的问题。本书在结合企业财务管理目标以及供应链管理目标的基础上对营运资金管理的目标进行了研究。

（3）构建了营运资金管理的绩效评价体系。首先是在明确营运资金管理目标的前提下，结合供应链管理理论，提出营运资金管理的分类评价指标。在此基础上从定量和定性两个方面构建了营运资金管理的绩效评价模型。

　　(4) 搭建了营运资金管理方法的创新体系。营运资金的管理需要站在一定的战略高度从整体上规划与控制，并从利益相关者视角的资金管理策略、营运资金预算管理、营运资金流量报告和相应的组织模式的变化等要点来研究营运资金管理方法和组织体制的创新，建立了基于业务流程的营运资金管控体系及设计了相应的基于业务流程管理的营运资金管理组织体制，从而提高营运资金管理绩效。

　　本书还追求在研究思路上的创新。营运资金管理研究在我国并没有得到应有的重视，传统营运资金管理的研究多是对某个营运资金项目的单独研究，鲜有对营运资金的整体性研究。本书将结合供应链理论及业务流程再造理论对营运资金整体做系统研究，打破传统研究顾此失彼的孤立研究，注重考察营运资金筹集与使用之间的内在联系。

第二章　营运资金管理研究述评

营运资金管理是企业财务管理的重要组成部分，根据莱瑞·吉特曼和查尔斯·马克斯维尔两位学者对美国 1 000 家大型企业的财务经理工作时间的调查，财务经理们花费在营运资金管理上的时间几乎占了 1/3。与企业营运资金管理的实践相对应，对营运资金管理的研究经历了从单独流动资产管理研究到整体营运资金管理研究的阶段，在 20 世纪 90 年代以后与供应链管理理论相结合，转向以供应链的优化和管理为重心，拓展了营运资金管理的研究视野和研究内容，并衍生了利益相关者视角的营运资金管理研究等新的研究视角与研究思路，营运资金管理研究也得到了广泛关注。本章在对国内外营运资金管理研究的经典文献进行梳理的基础上按照研究主题的不同进行分类，从营运资金管理的基本理论研究、营运资金管理绩效评价体系研究、营运资金管理方法研究以及营运资金管理的专题研究四个方面进行回顾与述评。

第一节　营运资金管理的基本理论研究

对于营运资金管理基本理论的研究，大多集中在营运资金管理研究的早期，主要涉及营运资金的概念界定及其分类、营运资金管理与公司价值最大化、营运资金管理的影响因素等方面，其中营运资金的概念界定及其分类是营运资金管理研究的起点。

一、营运资金的概念研究

营运资金(working capital)，又称营运资本、循环资本，是指一个企业维持日常经营所需要的资金，有总营运资金和净营运资金之说。

美国会计程序委员会于 1953 年发布第 43 号会计研究公报(ARB NO. 43，CH3，Part4)指出：流动资产指现金及可合理预期将于一年或一个正常营业周期孰长期内，转换为现金，或节省现金使用的各项资产，通常涵盖以下各项：①现金及约当现金；②商品存货(包括原料、物料及零件等）；③应收款项（包括应收票据、应收账款及应收承兑汇票等）；④可于一年内按正常营业方法收回的应收员工款项、应收关系企业款项及其他应收款等；⑤按正常营业方法或条件发生的分期付款销货应收款或递延款项等；⑥可于当年度变现的金融商品；⑦各项预付费用（包括预付利息、预付租金、预付税捐、预付保险费及用品盘存等）；此等预付费用虽不能转换为现金，却可节省现金的使用。美国注册会计师协会（The American Institute of Certified Public Accountants）在会计研究公告第七章43号中指出营运资金是指在资产负债表中测量流动性的部分，营运资金对于测量企业资产的流动性具有重要意义，并指出营运资金是以满足企业日常营业活动周转的保证或缓冲为特征的，由此，营运资金作为一种静态测量工具而存在，成为重要的财务分析工具。

乔治·威廉·柯林斯（George William Collins，1945）指出营运资金是指流动资产超出流动负债的部分，该文中主要利用资产负债表和利润表研究营运资金的来源和使用，通过调整分录最终编制成营运资金的来源和使用表，此表中可以看出营运资金是如何变化的，文中大量篇幅说明了关注营运资金变化带给企业的作用。帕克（Park）和格拉森（Gladson）认为这样的界定对其企业管理分析和计划相关性不大，他们更倾向于将它定义为所有资产和负债中流动性相对较高部分的营运资金。

国内毛付根（1995）指出营运资本一般是指企业流动资产总额；而净营运资本则是指企业流动资产与流动负债之间的差额。国内外对营运资金管理的研究大多是以流动资产减流动负债的净营运资金概念为基础的。

通过对营运资金概念界定相关文献的解读，"营运资金"概念的出现是与财务报表分类列报的演变息息相关的，可以说，"营运资金"由财务报表而来，作为财务分析的重要工具或衡量指标而存在。营运资金之所以被定义为流动资产超出流动负债的部分，与财务报表的列报方式以及当时的管理理念是息息相关的。资产负债表的列报方式区分的是流动性部分与非流动性部分，营运资金衡量的是流动性；企业及其报表使用者更多关注流动性较强部分的资产及负债变化，即更关注近期的变化。但是对营运资金概念界定的讨论并没有引起更多的关注，多是集中在早期营运资金的研究中，多数学者认为营运资金作为衡量企业流动性的静态指标而存在，并没有对流动性做出更高的要求，是该放宽还是缩窄营运资金的界定是随着环境的改变而相应变化的。

二、营运资金的分类研究

现有的营运资金分类方法主要有以下三种。

（1）按营运资金的构成要素进行分类，营运资金被分为现金、应收账款、存货和应付账款等。在这种分类的基础上，营运资金管理被人为地分割为现金和有价证券管理、应收账款管理、存货管理、信用管理等组成部分，研究的主要内容是如何确定各组成部分最佳的持有水平，以期缩短各项目的周转期，提高营运资金的周转效率。具体表现为约翰·萨根（John Sagan，1955）指出现金管理要注意对未来现金流量的准确预测，要注意利用现金预测来及时衡量风险与收益的关系，所以资金经理要关注现金流，任何现金管理成功的项目都归功于有一个好的现金流计划或预算；威廉·贝纳克（William Beranek，1966）在专著中把"营运资金管理"定义为：为了在未来期间内最大化公司的目标，对可以控制的变动资产进行价值管理，书中主要介绍了有关流动资产的管理，例如现金、有价证券、应收账款、存货等，并且通过两个存货模型，清晰地论证了存货管理和利润最大化之间的关系，此外还对其他流动资产进行了最佳持有量模型的探讨；1972 年，奈特（W. D. Knight）提出了在存在保险储备的情况下的最优订货模型，并促生了一系列存货模型。由此可以看出：传统的营运资金管理研究局限于按照营运资金的构成要素对营运资金进行分类，并相应地将营运资金管理分解为现金和有价证券管理、应收账款管理、存货管理、应付账款管理等内容，导致营运资金管理的各个组成部分相互孤立，缺乏整体观念。

（2）按营运资金随时间的变动特点进行分类。肯尼斯·纳恩（Kenneth Nunn，1981）首次提出"永久性部分的营运资金"的概念，并将其界定为应收账款和存货两部分内容，此后经过不断演变，将营运资金分为临时性营运资金和永久性营运资金，这种划分方式是从财务融资的角度，将流动资产、流动负债分别划分为临时性流动资产和永久性流动资产、临时性流动负债和自发性流动负债。其中临时性流动资产是指因季节性的变化或周期性的影响而临时需要占用资金的流动资产，如季节性的存货、销售旺季所增加的应收账款；永久性流动资产是指为了维持企业的正常运转，即使处于经营低谷时期也仍需保留的流动资产；临时性流动负债是指为了满足临时性流动资产需要而发生的负债，如为购买季节性的存货而发生的借款；自发性流动负债是指直接产生于企业的持续经营过程中的负债，如应付账款、应付工资等。这样划分的目的是分析各部分流动资产应当利用何种负债筹集，并以此辨别企业的财务风险大小。研究的内容是确定短期融资和长期融资的适当组合，即临时性营运资金应通过短期融资方式进行筹措，长期性营运资金则通过长期融资方式进行筹措。如梅维尔（L. J. Merville）和塔维斯（L. A. Tavis，1973）提出了一个库存、信贷等的最优规划模型。

（3）王竹泉（2007）等在"国内外营运资金管理研究的回顾与展望"一文中从企业经营管理的角度把营运资金分成经营活动的营运资金和理财活动的营运资金，在此基础上将经营活动营运资金按照其与供应链或者渠道管理的关系分为营销渠道的营运资金（成品存货＋应收账款、应收票据－预收账款－应交税费）、生产渠道的营运资金（在产品存货＋其他应收款－应付职工薪酬－其他应付款）和采购渠道的营运资金（材料存货＋预付账款－应付账款、应付票据）。相对于前面两种分类方法，第三种分类是从企业经营管理的角度考察营运资金管理，重点关注的是经营活动的营运资金管理。这样的分类方法是按照营运资金的整体流经渠道纵向分割，既能够将各个营运资金项目涵盖在内，整体地看待营运资金管理，又能够清晰地反映出营运资金在渠道上的分布状况，为基于渠道管理的营运资金管理策略和管理模式的研究奠定了基础，为营运资金管理研究开辟了新视角。

三、营运资金管理与公司价值最大化

营运资金管理作为财务管理的重要组成部分，与公司价值创造和财务管理目标紧密相关，探讨其与公司价值最大化的关系是营运资金管理研究的重要内容。

约翰·格罗斯（John C. Groth，1992）揭示出投入资本、风险和收益之间的关系，并提出了"放大效应"（amplifying effect）这一概念，即有效的营运资金管理能够产生一定的放大效应，降低资本成本，增加企业收益和企业价值。对营运资金管理与公司价值最大化的研究多采用实证研究方法，卡马斯（Kamath，1989）、胡汉申（HyunHan Shin）& 卢塞恩（Luc Soenen，1998）选取了1975—1994年58 985家美国公司作为样本，通过实证分析发现，公司净营业周期与公司盈利性、股票回报之间存在显著的负相关关系。因此，将公司的净营业周期缩短到一个合理的最小值范围是创造股东价值的途径之一，但塞恩（Soenen，1993）并没有发现两者间的一致性关系，仅发现了行业因素的影响。何塞（Jose，1996）等、德鲁夫（Deloof，2003）、拉扎里迪斯（Lazaridis，2006）等分别以美国

（1974—1993 年）、比利时（1992—1996 年）、雅典股票市场（2001—2004
年）公司为样本，研究现金周期（CCC）与公司绩效的相关性，认为 CCC
与公司绩效负相关。而对于 CCC 各组成部分与绩效的相关性，Deloof、
Lazaridis 等认为，应收账款周转期与绩效显著负相关；存货周转期与绩
效的负相关性在比利时市场较为显著，在雅典市场不显著；但应付账款
周转期在雅典市场与绩效显著正相关，在比利时市场两者却显著负相关。
逢咏梅（2008）等以沪深两市 2001—2006 年的上市公司作为样本，分析了
营运资金管理效率和公司绩效之间的相关性。研究发现：现金周期与公
司的经营绩效是负相关关系，但与托宾 Q 值是正相关关系；应收账款周
转期、存货周转期以及应付账款周转期均与公司经营绩效负相关关系。
而 2007 年 CFO 杂志发布的营运资金调查用实证分析方法验证了营运资
金管理和股东价值之间的关系，结果证明股东认可营运资金管理的价值，
并认为营运资金管理在评估企业未来价值上是非常重要的。

　　李川国（Chuan-guo Li，2014）等将公司战略分成三种——终端市场战
略、中间市场战略和混合战略，并提出了不同战略对于营运资本管理与
企业盈利能力之间的关系有所影响的假设。为了验证这一假设，作者以
中国深交所、上交所上市的批发零售企业为样本，对不同战略选择下的
企业营运资金配置方式的差异，营运资本的调整速度，以及营运资本对
盈利能力的影响进行了实证研究。研究显示，不同的战略选择对营运资
本的决定性因素（营运现金流、营运资本管理效率、固定资产比率等）有
着不同的影响，而这种影响最终会转移到盈利能力上，即不同的战略选
择会直接影响到营运能力管理对盈利能力的作用。文章最后作者建议，
对于批发零售行业来说，混合战略更能将营运资本管理对盈利能力的作
用体现出来。

　　费腾（2014）研究了我国在巴基斯坦的上市公司在 1998—2013 年期间
的营运资金管理与企业绩效关系的影响因素。得出结论，对一般的制造
企业来说，收款和付款政策、财务杠杆、销售增长和公司大小显著影响
公司的盈利能力。同时，分析论证了高效的管理和营运资本融资（流动资
产和流动负债）可以增加企业的营业利润率，并证明了为达到有效的营运
资本管理，公司应该聘请金融领域的专家对制造业营运资本管理提出合
理的建议。

　　张曾莲、赵莉莉（2014）通过对中国钢铁企业的营运资本结构和企业
价值的相关性进行实证分析，发现营运资本配置效率与钢铁企业价值存
在显著的负相关关系；金融流动负债比与钢铁企业价值存在显著的负相

关关系；经营流动负债比与钢铁企业价值存在负相关关系；经营流动资产比、金融流动资产比与钢铁企业价值存在正相关关系；存货资金周转率与钢铁企业价值存在显著的正相关关系。研究结果表明：我国钢铁企业营运资本对企业价值的影响并不显著，关键在于营运资本周转效率的问题，再就是营运资本的内部结构以及金融流动负债比例。

裴（Bui，2015）等以越南上市公司为样本，研究了营运资金管理与企业价值的关系。实证结果显示：存在最优的营运资金持有量，当与这一最优值偏离时，会降低企业价值。恩奎斯特（Enqvist，2015）等以芬兰上市公司为样本，研究了不同经济周期下，营运资金管理对公司盈利能力的影响。实证结果显示，有效的营运资金管理可以提升公司业绩；在经济下行期，营运资金管理对公司盈利能力的影响更为显著。进一步论证了营运资金管理的重要性。黄（Hoang，2015）和派斯（Pais，2015）等分别以越南和葡萄牙上市公司为样本，研究均发现相对激进的营运资金管理策略会更好地提升企业价值。芒（Mun，2015）等论证了营运资金管理对餐饮业企业的重要性。实证结果显示：营运资金管理与公司业绩呈倒U形关系；当企业的净营运资金为正时，营运资金与公司业绩显著负相关；当企业的净营运资金为负时，营运资金与公司业绩显著正相关。进一步研究发现，企业的现金持有对营运资金管理和公司业绩之间的关系有显著影响，当企业的净营运资金和现金持有均为正时，营运资金与公司业绩显著负相关；而当企业的净营运资金为正，而现金持有为负时，营运资金和公司业绩之间的负相关关系不再显著。这也进一步说明现金持有政策是营运资金管理政策有效与否的重要指示器。王（Wang）和李（Li，2015）从竞争战略视角探讨了营运资金管理与企业价值的关系。研究结果表明：营运资金管理与企业价值存在倒U形关系；总体来看，期限匹配策略是最优的营运资金管理战略。进一步考虑竞争战略的研究结果显示，实行差异化战略和成本领先战略的企业应该采取相对激进的营运资金管理策略以提高企业价值。

曹玉珊（2015）将重大融资行为加入营运资金管理的相关研究中来，重新考察经营性营运资金管理效率与企业绩效的关系，选取沪深两市2004—2012年数据为样本，探讨了两种不同状况下管理效率对公司业绩会产生怎样的影响。研究发现：在正常经营状况下，中国上市公司经营性营运资金管理效率与企业绩效之间呈显著正相关关系；而重大融资行为下，二者关系则并不显著。此外，检验结果还显示：重大融资行为本身与企业绩效呈负相关关系；重大融资行为可能会促使经营性营运资金管理效率显著下降。这些可能是导致重大融资行为下经营性营运资金管理效率与企业绩效之间不相关的主要原因。

阮浏慧(2015)以制造业 469 家上市公司为研究对象，分析了不同生命周期阶段下的营运资本政策以及相关营运资本效率对于公司绩效的影响。

类似地，沈裕君(2015)、李然、杨淑娥(2015)等采用不同行业上市公司为研究对象，分别考察了各个行业营运资金管理对公司绩效的影响。大多数研究均得到一致结论，即营运资金管理对公司绩效有显著影响。

四、营运资金管理的影响因素

既然营运资金管理与公司价值创造以及财务管理目标紧密相关，公司自然希望达到使其价值最大化的最优营运资金占用量水平。最优的营运资金持有水平的确定离不开公司对营运资金管理影响因素的认知。

从宏观角度对营运资金管理影响因素的研究结果不仅包括了主要战略性影响因素，还包括公司其他领域的计划情况，以及企业的行业背景等。哈利(Harry G. Guthmann，1934)在《哈佛商业评论》(*Harvard Business Review*) 上发表了题目为 "*Industrial Working Capital During Business Recession*" 的文章，分析了 1929—1932 年的经济衰退对美国主流企业营运资金的影响。

肯尼斯(Kenneth Nunn，1981)则是较早地通过实证研究揭示营运资金的五大类主要战略性影响因素(生产相关的变量、销售相关的变量、会计方法、竞争能力以及行业因素)的学者，他采用"战略规划研究所" PIMS 数据库，收集了 1971—1974 年和 1975—1978 年这两个时期 1 700 多家企业 166 个关于营运资金政策的变量，确定了它们对"永久性"营运资金水平的影响程度。分销渠道的毛利率与营运资金占用的正相关关系、公司销售总额中内部销售的百分比与营运资金占用的负相关关系，暗含了分销渠道与核心企业的力量对比对核心企业营运资金的影响，以及关联方关系对营运资金管理的影响，为进一步在供应链的角度研究营运资金奠定了基础，但他的研究只是涉及了"永久性营运资本"部分，因此在数据的范围上也只包括应收账款和存货这两部分内容。

2002 年，约翰·安东尼斯(John Antanies)在此基础上将营运资金管理的影响因素扩展到公司其他领域，通过研究提出了一个"三角困局"即供应链成本、客户服务与生产效率之间此消彼长的矛盾。文中指出企业要想同时达到存货的最小化、资产利用程度的最大化以及顾客满意度几乎是不可能的。因为若是试图达到其中一个领域的最优化，就意味着会忽视在该优化过程中对其余两个领域的负面影响，从而导致整个公司的次优化。而公司经营过程中所存在的不确定性问题，则会加剧该问题的严重性。所以说，在制订营运资金的管理计划时，必须考虑到公司其他领域计划的影响情况，否则营运资金管理计划的最优化很可能会损害到公司的整体战略意图，造成公司战略目标的次优化。

安德鲁·哈里斯（Andrew Harris，2002）指出营运资金管理在理论上虽然很容易理解，但与实践中的操作差别很大，这往往是由于多种原因造成，如各种不确定性以及人为因素等，导致我们很难正常地进行营运资金的管理，因此我们必须仔细分析各企业的背景以及所处的行业位置，需要据此做出详细的预测，从而对营运资金做出合理的规划。公司不仅仅应当考虑到组织内部和外部所有营运资金的驱动力，还要考虑到这些驱动力在商业和市场环境发生变化时的敏感系数。但在后来的研究中，财务学术界缺乏一定的经验研究对此进行证明。

朱利叶斯·恩奎维斯塔（Julius Enqvista，2014），以在赫尔辛基股票交易所上市的经营期在 18 年以上的公司为样本，就不同经济周期下营运资本与盈利能力之间的关系进行了实证研究，数据选自 1990—2008 年。经过多元回归分析，作者发现不同的经济状况对于营运资本和企业利润之间的关系表现出可衡量的影响，而营运资本对公司利润的影响在经济衰退期比经济繁荣期更加显著，特别是在经济低迷时期，库存管理和应收账款管理的重要性有所增加，有效的管理甚至能在经济低迷期增加企业的盈利能力。文章最后作者总结，经济衰退期，需求的降低会耗尽企业的营运资本，威胁企业的稳定性，因此投注精力于营运资本进程，将营运资本管理纳入日常工作对公司盈利大有裨益。

德罗扎里（de Rozari，2015）等以印尼上市公司为样本，研究了金融危机对企业营运资金管理的影响，结果显示：金融危机促使企业使用更为激进的营运资金管理策略；营运资金管理绩效和企业盈利性、企业价值之间的关系在金融危机时期也发生改变。曼苏里（Mansoori，2015）等以马来西亚、印度尼西亚、泰国、菲律宾和新加坡的公司为样本，研究了国家层面的腐败问题对营运资金管理的影响。实证结果显示，国家腐败指数越高，管理者越有动机缩短现金周转期（CCC）、减少对现金和现金等价物的投资和降低净流动性余额。Wu（2016）以 46 个国家的企业为对象，研究了民族文化对营运资金管理的影响，结果显示：营运资金管理（现金周转期）与权力距离显著正相关，而与阳刚之气和个人主义显著负相关；对于新兴市场国家的企业、国际化程度不高的企业、非高新技术企业和执法力度较弱的国家企业而言，上述关系变得更为显著。

马晓锋（2015）采用实证研究方法，更加细致地考察了行业因素的各个方面（包括行业资产结构、行业管制、行业竞争程度、行业收益不确定性和产品独特性作为行业特征等）对营运资金管理的影响。

吕峻（2015）以 2001—2013 年在沪深两市上市的制造业公司为样本，分析了企业营运资本的经济周期效应和货币政策效应，研究发现：由于营运资本投资主要受不对称调整成本而不是常规投融资因素的影响，营运资本逆经济周期波动；相对于经济上行期，经济下行期经济增速的变化对于营运资本的影响更为显著；货币政策和经济周期的叠加会加强或弱化营运资本的经济周期效应；货币政策在不同的经济时期会对营运资本产生不对称的影响，宽松的货币政策在经济上行时会促使企业增加营运资本投资，在经济下行时会促使企业应收账款周转加快，改善企业流动性状况。

从微观角度对营运资金影响因素的研究不仅涉及营运资金各项目影响因素的单独研究，还触及供应链各环节营运资金管理的影响因素。其中对营运资金各项目影响因素的单独研究主要集中于现金持有量等企业内部影响因素的研究：梅尔策（Meltzer，1963）、迪特马（Dittmar，2003）、居内伊（Guney，2004）分别指出企业规模与现金持有量负相关、市净率与现金持有量正相关、债务期限与现金持有量负相关等。宫丽静（2007）基于供应链新视角营运资金管理的研究指出，有效的营运资金管理必须考虑到营运资金流转与业务流程的关系，进一步分析出采购过程主要影响因素有供应商信用、供应商数量、供应商的早期参与；生产过程主要影响因素有流程管理和税务管理；销售过程主要影响因素有客户关系管理和分销渠道管理。由此营运资金管理的影响因素从战略高度落实到具体的业务流程，为企业营运资金管理提供了借鉴。

朱丽亚（Julia Koralun-BerezNicka，2014），以欧盟的上万家公司为研究对象就企业营运资本的相对重要性决定因素进行了实证研究。文章选取了 2000—2009 年来自 13 个行业，9 个国家 10 071 个聚合观测样本的公司作为研究样本，对企业营运资本的三个决定因素——国家因素、行业因素、公司规模因素的相对重要性进行了研究。通过多元回归分析和相关性测试，Julia 得出三点结论：①无论企业的规模大小，国家因素都比行业对营运资本的决定性更强；②行业因素相对于公司规模因素重要性更高，但在西班牙、意大利和荷兰三个地区例外；③国家因素比公司规模因素更重要，但国家农业部门除外。文章最后 Julia 指出数据库范围局限于老欧盟成员国，如果能进行扩展分析将会得到更多有用的结果。

阿瑞法（Afrifa，2015）研究了管理者的教育背景和工作经验对中小企业营运资金管理的影响，结果显示：专业资质更强、工作经验更多的管理者营运资金管理绩效更高。亚森（Azeem，2015）等对新兴市场国家的营运资金需求的影响因素进行了研究，结果显示：经营周期、资产收益率、财务杠杆、公司规模和经济发展水平与营运资金需求显著负相关；而经营活动产生的现金流量和销售增长率则与营运资金需求显著正相关。吉尔（Gill，2015）等研究发现家族企业股东的变动有利于企业营运资金管理绩效的提升。戈尔（Goel，2015）等研究发现负债比率、固定资产比例、盈利能力、销售增长率、规模、成立年限等企业内部因素会影响营运资金管理绩效，而且受金融危机影响，营运资金管理绩效正在经历很大的变化。哈达德（Haddad，2015）以约旦上市公司为样本，研究了资本支出对营运资金需求的影响，结果显示：资本支出与营运资金需求显著正相关。考尔（Kaur）和古普塔（Gupta，2015）对营运资金需求的变动进行了研究，结果显示：企业营运资金需求受到生产周期、行业产品特性等因素的影响。基斯奇尼克（Kieschnick）和温迪（Wendy，2015）以加拿大公司为样本，研究了在经济危机时期，企业的套期保值策略对营运资金管理的影响。实证结果显示：现金持有量的增加和衍生金融产品的使用都是风险规避的重要方式；持有现金更多的公司通常使用较少的长期负债；持有现金更多的公司通常也面临更高的外汇风险。

朱大鹏、孙兰兰（2015）基于高层管理团队（TMT）理论，选用我国沪深两市 2012 年 C5 电子行业上市公司作为研究样本，实证检验了财务总监（CFO）背景特征（比如年龄、学历、专业、任期、职业经历）、上市公司高管激励政策对营运资金管理绩效的影响。实证结果显示：CFO 的年龄与营运资金管理绩效显著负相关，任期与营运资金管理绩效负相关但不显著。CFO 的学历、专业背景、职业背景、高管激励政策与营运资金管理绩效呈正相关。

营运资金管理影响因素研究成为近几年大家研究的热点之一，学者们不再仅仅局限于对企业内部特征的分析，而是进一步从外部治理环境、宏观经济形势等诸多方面对营运资金管理的影响因素展开分析，以实证研究方法为主，这为企业加强营运资金管理、提高企业价值提供了有益指导。

第二节 营运资金管理绩效评价体系研究

随着营运资金管理思想和研究重心的不断转变，营运资金管理的绩效评价体系也不断转变。营运资金绩效评价指标经历了由单独的流动资产周转率向综合性指标转变的过程。在营运资金项目优化阶段多采用流动资产周转率（或周转期）指标进行评价，最常用的指标有：存货周转率（或者周转期）、应收账款周转率（或者周转期）等。但这些指标都只是考察营运资金中的流动资产项目的管理状况，忽视了各项目之间的内在联系，许多学者针对早期指标存在的缺陷提出了一系列衡量营运资金管理效率的综合性、动态性指标，主要有现金周期、营运资金周转期、基于渠道的营运资金周转期等。

一、现金周转期

1976 年，汉普顿（Hampton C，Hager）在论文《现金管理和现金周期》中首次提出"现金周期"这一概念。理查德（Richard）和劳克林（Laughlin，1980）将现金周期定义为采购现金支出到最终产品销售收回现金的净时间间隔，即现金周期 = 应收账款周转期 + 存货周转期 − 应付账款周转期，用以反映企业营运资金管理状况的全貌。约瑟夫卡维那托（Dr. Joseph Cavinato，1990）提出了一个衡量管理层营运资金管理效率的指标，即"产品现金周期"，并以制造业为例，对产品现金周期这一指标进行了细化，提出了缩短产品现金周期的一些方法。1990 年，詹姆斯·金特里（James A. Gentry）、瓦伊迪耶纳坦（R. Vaidyanathan）和何伟（HeWi aiLee）在"现金周期"的基础上，通过综合考虑在现金周转期各个阶段现金流量的时间和数量，按照不同时间点所占用的营运资金数量重新计算原材料、半成品、产成品、应收账款和应付账款周转天数，建立了修正的现金周期（a weighted cash conversion cycle，WCCC）指标——加权现金周期。该模型与现金周转期（CCC）模型的主要区别在于：第一，把存货周转期进一步细分为了原材料周转期、在产品周转期和产成品周转期三个部分；第二，在模型中引入了权重的思想。这里的权重指的是在构成最终产品的过程中，各阶段对于形成最终产品的总资金贡献份额。

二、REL 咨询公司和 CFO 杂志提出的绩效评价体系

REL 咨询公司和 CFO 杂志从 1997 年就开始对美国最大的 1 000 家企

业开展营运资金管理调查，每年发布年度营运资金调查报告，该报告最初采用营运资金周转期（days of working capital，DWC）和变现效率（cash conversion efficiency，CCE）两个指标的等权平均对企业营运资金管理绩效进行排名，所用公式如下：

$$某企业得分 = \frac{最高\,CCE - 该企业\,CCE}{最高\,CCE - 最低\,CCE} + \frac{最低\,DWC - 该企业\,DWC}{最低\,DWC - 最高\,DWC}$$

这里的营运资金周转期（DWC = DSO + DIO − DPO）实质上与理查德（Richard V. D.）和劳克林（E. J. Laughlin）提出的现金周期相同，变现效率指标则被定义为经营现金流量除以销售收入。自 2003 年以后，该调查改用营运资金周转期作为营运资金管理绩效排名的唯一指标。

REL 咨询公司和 CFO 杂志发布的调查报告除了分行业对所调查企业按照营运资金管理绩效进行排名之外，还结合不同的经济环境对营运资金管理的热点和趋势进行评述。自 2001 年开始，调查报告就始终倡导将供应链企业关系作为企业营运资金管理的重点。2009 年发布的以"清洁资产负债表"［Cleaner（Balance）Sheets］为标题的调查报告提出，在全球经济危机的大背景下，企业加紧应收账款收回、批量生产减少库存以减少营运资金占用资金，保证现金流。埃里克霍夫曼（Erik Hofmann）和赫伯特·科茨布（Herbert Kotzab，2010）在"营运资金管理的供应链导向研究方法"一文中也指出基于供应链视角的物流和资金流管理是有效管理企业营运资金的强有力手段。该调查报告为理论界构建营运资金理论架构提供了指导，而且为实务界认清企业营运资金管理状况、探寻适合营运资金管理的对策提供了依据和建议。

三、基于渠道管理的营运资金管理绩效评价体系

王竹泉（2007）等在基于渠道管理的营运资金管理新视角的基础上提出了基于渠道管理的营运资金绩效评价体系并发布中国上市公司营运资金管理调查报告。王竹泉教授在将经营活动营运资金按渠道进行分类的基础上，研究设计出新型的营运资金管理绩效评价体系，即将营运资金总体管理绩效、经营活动营运资金以及各渠道营运资金管理绩效有机衔接起来。具体如下：

（1）营运资金周转期 = 营运资金总额 ÷（全年销售收入/360）。

（2）经营活动营运资金周转期 = 经营活动营运资金总额 ÷（全年销售

收入/360）=（营销渠道营运资金 + 生产渠道营运资金 + 采购渠道营运资金）÷（全年销售收入/360）。

（3）营销渠道营运资金周转期 = 营销渠道营运资金 ÷（全年销售成本/360）=（成品存货 + 应收账款、应收票据 - 预收账款 - 应交税费）÷（全年销售成本/360）。

（4）生产渠道营运资金周转期 = 生产渠道营运资金 ÷（全年完工产品成本/360）=（在产品存货 + 其他应收款 - 应付职工薪酬 - 其他应付款）÷（全年完工产品成本/360）。

（5）采购渠道营运资金周转期 = 采购渠道营运资金 ÷（全年材料消耗总额/360）=（材料存货 + 预付账款 - 应付账款、应付票据）÷（全年材料消耗总额/360）。

营运资金周转期与经营活动营运资金周转期及各渠道营运资金周转期之间的关系为。

（6）营运资金周转期 = 经营活动营运资金周转期/经营活动营运资金占营运资金总额的比重。

（7）经营活动营运资金周转期 = 营销渠道营运资金周转期 ×（全年销售成本/全年销售收入）+ 生产渠道营运资金周转期 ×（全年完工产品成本/全年销售收入）+ 采购渠道营运资金周转期 ×（全年材料消耗总额/全年销售收入）。

该绩效评价体系明晰了营运资金管理与渠道管理的关系，不仅能够考核整体营运资金管理绩效，而且可以进一步考核各个渠道的营运资金管理绩效，引导企业应从供应链管理和渠道控制、客户关系管理的角度来寻求提升营运资金管理绩效的途径。在此基础上，广泛开展企业营运资金管理调查，发布"中国上市公司营运资金管理调查"，为我国企业营运资金管理的研究和评价提供数据支持。连续在《会计研究》发表了"中国上市公司营运资金管理调查：1997—2006""中国上市公司营运资金管理调查：2007—2008""中国上市公司营运资金管理调查：2009""中国上市公司营运资金管理调查：2010""中国上市公司营运资金管理调查：2011""中国上市公司营运资金管理调查：2012""中国上市公司营运资金管理调查：2013"和"中国上市公司营运资金管理调查：2014"。2009 年 8 月，与中国会计学会合作设立了"中国企业营运资金管理研究中心"，研究中心自成立以来，连续举办"营运资金管理高峰论坛"，连续编撰出版《营运资金管理发展报告系列丛书》，目前已出版《营运资金管理发展报告 2008—2010》《营运资金管理发展报告 2011》《营运资金管理发展报告

2012》《营运资金管理发展报告 2013》《营运资金管理发展报告 2014》《营运资金管理发展报告 2015》和《营运资金管理发展报告 2016》七部，进一步丰富和拓展了营运资金管理研究的内容体系，为推动我国营运资金管理的研究发挥了重要作用。开发建设了"中国上市公司营运资金管理数据库"（http：//bwcmdatabase.ouc.edu.cn），填补我国在营运资金管理专项数据库方面的空白，被学界和业界誉为"营运资金管理的思想库、文献库和信息库"，在该领域处于国内领先水平，进一步丰富和拓展了营运资金管理研究的内容体系，有力地推动了营运资金管理理论研究和实践的发展，引起了广泛的社会反响。

孙莹、王竹泉（2015）等以 2014 年 2 364 家 A 股上市公司作为研究对象，对中国上市公司营运资金管理进行了行业调查、地区调查和专题调查，得到以下结论：①上市公司营运资金配置仍以投资活动为主，但有向经营活动倾斜的趋势；②短期金融性负债占比仍较高，上市公司整体财务风险较高；③从渠道视角看，中国上市公司营运资金管理绩效持续恶化；④从要素视角看，中国上市公司营运资金管理水平较为成熟和稳定；⑤战略新兴产业营运资金越来越依赖营运资本，短期性金融负债占比显著下降，企业财务风险下降，其营运资金管理绩效下降，尤其是营销渠道需要格外重视；⑥国有上市公司与民营上市公司相比，经营活动营运资金管理水平更高，对投资活动投入较大，财务风险较大。王竹泉带领的中国企业营运资金管理研究中心持续开展营运资金管理调查，按年度发布中国上市公司营运资金管理绩效排行榜，并开发中国上市公司营运资金管理数据库和案例库，引领了我国企业营运资金管理理论和实践的发展。

除了以上三个主要绩效评价指标之外，国内外学者还提出了商业周期、营运资金生产率和购销周转率等营运资金管理绩效评价指标。简·科亚特（Jane M. Coat）和克莱恩·卡姆·拉瑟姆（Claine Kamm Latham，1999）针对零售行业对现金周期进行了修正的基础上提出商业周期（merchandising days）指标。

波士顿咨询公司（BCG）使用著名的"营运资金生产率"（营运资金生产率＝销售净额/年度平均营运资本额）来衡量公司营运资金管理效率和业绩水平；1999 年，郁国建在《介绍一种新的财务比率：购销周转率》一文中创建一个单一的高效集成的指标来考核营运资金的总体流转情况——购销周转率，购销周转率＝360/购销周转天数。营运资金管理绩效评价指标的研究前后继承并呈现出不断完善的趋势，越来越能满足企业实践的需要。

第三节　营运资金管理方法研究

随着企业营运资金管理实践的发展，企业营运资金的管理研究重心也从单独的流动资产管理研究转向整体的营运资金管理研究，追求整体的满意化管理，不再追求单一流动资产项目的优化。自 20 世纪后期以来，企业营运资金管理的实践已经明显转向以供应链的优化和管理为重心，与之相适应，基于供应链的营运资金管理研究也逐渐成为主流。

一、单独流动资产管理研究

营运资金管理研究始于单独流动资产项目优化的研究，对存货、现金及应收账款等重要营运资金项目，国内外学者提出的许多模型或方法至今仍广泛使用。

（一）存货项目优化研究

哈里斯在 1913 年首创经济订货批量模型，塔夫脱（E. W. Taft，1918）在此基础上提出了经济生产量模型，威尔逊（Wilson，1934）则将安全存量因素考虑进去，经济订货批量模型得以大范围推广使用。1972年，奈特（W. D. Kight）提出了在存在保险储备情况下的最优订货模型，并促生了一系列存货模型。管理学家迪基（H. F. Dicki）于 1951 年将帕累托分析法应用于库存管理实践，命名为 ABC 法，实行分品种重点管理、分类别一般控制和按总额灵活掌握的存货管理方法。由于经济订货批量模型假设采购价格、销售价格、采购成本、市场需求、单位持有成本等参数均为常数，且库存不存在损耗，多与现实情况不符，近年来许多研究者提出了许多 EOQ 改进模型。张金隆（2004）等提出了持有成本与单位时间需求量和订货量都相关时的 EOQ 模型，伯曼（Berman，2006）等提出了随机需求下的经济订货批量模型，徐贤浩（2008）等则提出了基于库存价值改变和随机需求的经济订货批量模型。

（二）最佳现金持有量研究

最佳现金持有量的确定方法主要包括均衡分析法、成本优化分析法、因素分析法等，其中成本分析法由于可量化、操作性强，得到广泛应用。1952 年，鲍莫尔（Baumol）借鉴最佳库存水平的基本原理建立了现金库存模型，托宾（Tobin，1956）引入利率因素创建了著名的 Baumol-Tobin 模型，并由此形成了基于现金库存模型的货币需求理论。米勒（Miller）与奥尔(Orr)放宽现金流量与现金收支完全可预测的假设，并考虑因持有现金而损失的机会成本，于 1966 年创建出能处理每日随机变化的现金流入和现金流出的米勒-奥尔模型(Miller-Orr model)。此后，许多学者对现金持有模型进行了改进，如弗兰克尔(Frenkel)和杰尼维克(Jovnoavic，1980)将净支付额、投资组合调节成本、净支付额的波动等引入模型，增强了模型的解释力。黄微平(2004)针对成本分析模型存在将管理成本固定、未考虑利息收入等缺陷，提出了成本曲线分析模型，通过分析现金总成本曲线的变化趋势，确定最佳现金持有量。祝小勤(2008)等借鉴成本分析模式的思路，运用弹性预算原理，对随机模式进行了创新。

（三）应收账款管理研究

应收账款管理研究主要集中于信用风险的分析和控制方面，对于信用风险的分析主要有专家系统模型(5C 法是典型代表)、信用评分模型、非线性区别模型与神经网络分析系统等模型，而对于信用风险的控制多从企业管理体制改善层面对应收账款进行全程管理。张维迎(1995)从博弈论的角度研究应收账款形成的原因，解决的方法是通过建立健全有效的信用制度，进行信用调查、信息跟踪，加强全程控制管理。何红渠等在 2001 年提出了应收账款管理的新方法——PDCA 循环法，对应收账款从事前控制、事中控制、事后控制及反馈控制四个环节动态进行管理。谢旭(2002)提出了应收账款风险管理的全程信用管理体系。王洪海、卞艺杰(2009)指出企业可以采用创新金融工具如应收账款保理等规避信用风险、借鉴 PDCA 循环思想设计应收账款风险控制流程、运用法律武器等加强应收账款管理。

二、整体营运资金管理研究

奈特(W. D. Knight，1972)指出每一项的最优并不代表整体营运资金的最优，单独研究流动资产项目的最优水平是不合适的，应将各流动资产项目联合起来进行研究，因此，营运资金决策的结果不应当是最优化，而应该是满意化。基思·史密斯(Keith V. Smith，1979)首次对整体营运资金规划与控制的内容进行了探讨。约翰·汉普顿(John J. Hampton)和塞西利亚·瓦格纳(Cecilia L. Wagner，1989)出版了《营运资金管理》一书，书中不仅包括流动资产管理，而且拓展到了信用评级、短期融资、消费者信贷等方面的内容，即从盈利性和风险性两个角度进行考察，将流动资金的存量配置(投资政策)与资金来源(融资政策)联系起来，从总体上观察和研究如何据此制定出合理的营运资金政策，奠定了整体营运资金管理研究的基本框架。毛付根（1995）同样认为应当从流动资产与流动负债之间的关系着手，将流动资金的存量配置与资金的来源联系起来进行考虑，从总体上观察和研究如何据此制定合理的营运资金管理政策。

零营运资金管理作为整体营运资金管理的一种重要方式，相关研究成果较多。肖恩·塔利（Shawn Tully，1994）对美国标准公司和通用电气公司零营运资金管理实践进行了分析，指出通过加强经营预算，确定最佳生产量，建立更加灵活的制造系统，提高交货速度以降低库存，加速应收账款收回等措施来实现营运资金为零的目标。向平（1997）指出"零营运资金管理"的基本原理，即从营运资金管理的重点出发，在满足企业对流动资产基本需求的前提下，尽可能地降低企业在流动资产上的投资额，并大量地利用短期负债进行流动资产的融资活动。王金梁（2004）从营运资金的内涵出发，探讨如何在企业财务管理中实现"零营运资金管理"这一目标，并提出通过营运资金与总营业额比值的高低来判断一个企业在营运资金管理方面的业绩水准。但是零营运资金属于风险决策型，财务风险相对较高，企业必须合理衡量其收益和风险。朱晓（2014）论述分析了零营运资本管理，包括零营运资本的基本概念、要求、基本原理、不足，并为实现零营运资本提出了以下几点措施：缩短占用在生产上的时间、有针对性地开拓市场、尽量实现零存货、以各种结算方法保持资金顺畅、充分利用短期的筹资方式等。"零营运资金管理"这一目标的显著特点是：能使企业处于较高盈利水平，但同时使企业承受的风险也大，即所谓高盈利高风险并存。"零营运资金管理"概念的提出，使人们认识到"存货＋应收账款－应付账款＝零"存在的可能性，并可围绕这一概念展开许多理论和实务上的讨论。

三、基于供应链的营运资金管理研究

在 20 世纪中后期企业营运资金管理实践中，营运资金管理已不再局限于企业自身，明显转向以供应链的优化和管理为重心。REL 咨询公司和 CFO 杂志营运资金调查报告自 2001 年起便持续倡导将供应链关系管理作为营运资金管理的重点，2002 年度的报告以"不要让供应链断裂"为标题指出客户与供应商关系管理的重要性，2005 年度的调查报告提出了构建"供应商、企业、客户"之间的无伤痕链接的新思路。王竹泉、马广林（2005）在《分销渠道控制：跨区分销企业营运资金管理的重心》一文中，提出了"将企业营运资金管理的重心转移到渠道控制上"的新理念，

并倡导将营运资金管理研究与供应链管理、渠道管理和客户关系管理等研究有机结合起来。王竹泉、逄咏梅、孙建强（2007）在对国内外营运资金管理现状进行系统分析研究的基础上，提出"应以营运资金分类为切入点，建立基于渠道管理的营运资金管理新框架"。刘树海和齐二石（2008）在此基础上探讨了营运资金管理的基本原则及绩效评价指标，给出了降低营运资金占用水平、提高营运资金使用效率的有效途径，提倡以流程管理的思想进行营运资金管理。江其玫（2009）等同样在对营运资金重新分类的基础上，构建了基于供应链的营运资金管理模型，提倡以系统的观点加强营运资金管理。

以供应链的优化和管理为重心，营运资金管理的大量创新模式得到广泛应用，其中供应链库存管理和财务供应链管理创新最为突出。在供需市场发生变化、国内外激烈竞争下，企业纷纷进行业务流程再造，推动库存管控模式的创新发展，日本丰田公司在 20 世纪 70 年代后期成功应用 JIT 库存管理，1985 年沃尔玛和宝洁率先成功实施 VMI 模式，1999 年 UPS 成立了专门的金融公司开展物流金融服务业务并取得显著成效，等等。理论界研究也主要集中在这两方面，其中，供应链库存管理模式相关研究主要集中于库存具体问题的策略模型研究，大致可以概括为生产库存系统、库存/配送系统、生产库存—配送系统、库存分配四个方面。徐贤浩、马士华（1998）引入供应率和需求率两个参数，建立了供应链网络结构模型的多级库存控制模型，根据经济批量原理，求出了最佳订货批量和最佳订货周期。金姆（Kim，2003）等建立、求解了在一条供应链中由一定数量的供应商供应原材料或零部件给一个制造商生产不同类型的产品的数学模型，寻求在供应商和制造商一定生产能力的限制下，应从某个供应商处订购多少数量的某种原材料。王瑛、孙林岩（2004）基于核心制造企业的多级库存系统，提出了采用合作需求预测确定订货临界点，建立了由供应网络、核心企业、分销网络组成的多级库存系统优化模型。汤中明（2010）等引入第三方物流（TPL），通过相关模型分析了在供应商拥有库存决策权、TPL 拥有库存决策权以及引入不允许缺货约束机制三种情况下对易逝品 VMI 模式供应链库存水平、顾客满意度以及零售商和供应商收益的影响。此外，基于供应链的贸易融资也得到广泛应用，并且成为解决中小企业融资困境的重要方式。

管庆胜（2014）重点研究了集团企业价值链导向的营运资金管理模式改革，对改革的现实背景、理论基础、变革过程等方面进行了阐释，对改革后的各项营运资金管理财务指标进行了收集、整理与分析，验证了价值链导向的营运资金管理模式变革对于集团而言是卓有成效的。

王秀华(2015)以星河生物为案例,采用王竹泉(2007)等对营运资金管理绩效的评价方法,分析了星河生物生产渠道、营销渠道和销售渠道的营运资金管理绩效及其各个渠道的营运资金管理过程,诊断出星河生物营运资金管理存在的问题,并提出农业类企业加强渠道管理、提升营运资金管理绩效的对策建议:农业类企业应将渠道管理提升到战略高度,利用"公司+基地+散户"的方式构建上游关系资本网以加强采购渠道管理,构筑"公司+分销商+消费者"关系资本铁三角掌控终端来创新分销商管理模式。类似地,吴楠(2015)以某饲料加工企业为案例,引入渠道管理理论,结合饲料加工企业的业务流程,分析当前我国饲料加工企业营运资金管理特点,并将基于渠道管理理论的营运资金管理体系运用于该案例的营运资金管理绩效提升。

彭慧卿(2015)采用案例分析方法,结合价值链中渠道管理、供应链管理、客户关系管理三个细分角度来衡量青岛啤酒营运资金管理现状,并以价值创造的各环节为载体分析了青岛啤酒的营运资金管理措施,并得出以下青岛啤酒实施基于价值链导向下的营运资金管理的启示:第一,树立价值链的观念指导营运资金管理;第二,组织结构的变革是经营效率提高的保障;第三,价值链上的"四流合一"是整体运作效率提高的关键;第四,加强营销渠道建设,提高业务财务一体化水平;第五,加强各要素、各渠道营运资金的协同管理。

史江亚(2015)基于协同管理理论和营运资金管理的研究成果,研究供应链营运资金的协同管理问题。基于企业现金周转期的分析原理,构建供应链营运资金周转协同管理模型,给出转移存货和转移资本成本两种协同管理策略,并结合电子产品制造业简单三级供应链进行案例分析。研究结果表明:转移存货协同管理策略可实现供应链节点企业间存货持有成本的优势互补,降低供应链整体成本;转移资本成本协同管理策略能利用节点企业间加权平均资本成本的相对优势,降低供应链整体成本;建立公平合理的利益补偿机制能够提高供应链合作关系的长期性和稳定性。

在实证研究方面,于博(2014)构建了检验营运资本是否存在最优规模及是否存在过度投资的实证模型和附加营运资本平滑作用的投资效率检验模型,从而为解读营运资本自身管理效率提供实证逻辑,也为刻画营运资本对投资效率的影响、揭示营运资本管理价值提供实证思路。

赵自强、程畅(2014)利用2003—2013年中国沪市427家制造业上市企业的相关数据，实证分析了企业的上下游关系强度与其营运资金、股利分配水平和财务风险的关系。结果表明：企业与主要供应商的关系越密切，其财务风险越小、所持营运资金水平越低、股东获利水平越高；企业与主要客户的关系越密切，其财务风险越大、所持营运资金水平越高、股东获利水平越低。

随着供应链理论、渠道理论等的不断发展，对营运资金管理模式的研究越来越深入、越来越广泛。但相对来说，以供应链优化和管理为重心的营运资金管理实践领先于相关研究，相关研究活动主要包括理念探索、策略研究以及案例分析等方面，其中策略研究中存货管理集中于从供应链角度进行多级优化研究，实际应用价值有待考验。而由于企业供应链管理实际应用情况不同，供应链管理数据相对匮乏，故实证研究较少，近两年逐渐呈增多趋势。

第四节　营运资金管理的专题研究

随着营运资金管理研究在广度和深度上的发展，研究领域不断具体化，研究视角多元化，对营运资金管理的专题研究逐渐增多，主要包括中小企业的营运资金管理研究、跨国公司的营运资金管理研究、利益相关者视角的营运资金管理研究等，研究方法多采用案例分析、实证分析等方法，研究内容多侧重于管理策略和方法研究。

一、中小企业的营运资金管理研究

截至 2014 年年末，全国工商注册的中小企业总量近 7 000 万家，占全国企业总数的九成以上；中小企业在促进国民经济平稳较快增长、缓解就业压力、实现科教兴国、优化经济结构等诸多方面，均发挥着越来越重要的作用。但是，在如此重要的经济和社会贡献背后，中小企业的生存环境堪忧。我国中小企业的营运资金管理处于比较混乱的阶段，受宏观经济环境变化和体制的影响，融资难、资金结构不合理，中小企业在加强财务管理方面遇到了一定的阻力。

据统计，我国中小企业的平均寿命只有 3～5 年，其中一个非常重要的原因就在于中小企业营运资金的贫乏和资金管理的随意性，以及资金运营不畅。现金流量贯穿于整个营运资金管理的始终，营运资金管理实际上就是以经营活动现金流量控制为核心的一系列管理活动的总称，具体包括货币资金管理、存货管理、短期负债管理、短期投资管理、应收应付款管理等。由于受企业规模及管理方法的局限,大部分中小企业只重视销售、生产和利润,忽视了财务管理的核心地位,企业的营运资金管理还处于较混乱的阶段。中小企业货币资金短缺、周转能力不强、存货占用额较大、筹资渠道狭窄,营运资金管理面临的诸多问题对企业影响较大,中小企业应当尤其关注他们的营运资金管理。

由于缺少营运资金管理基本理论的指导,中小企业较少地采用科学的营运资金管理方法这一现象并未得到理论上的重视,同时大多数的经验研究也仅仅停留在对样本公司特性和采取特殊的营运资金管理技术公司的占比描述上。纳比勒(Nabil,1999)等通过调查报告的方式对加拿大350家中小企业进行营运资金管理状况调查,并与过去20年已有的三份美国、澳大利亚营运资金调查报告进行对比,得出大部分的企业决策者在财务预算中重视营运资金的预算。豪沃思(Howorth)和韦斯特海德(Westhead,2003)采用主成分分析方法和聚类分析方法,根据营运资金管理方式的不同将小企业分为四种类型,其中前三个类型的公司分别关注现金管理、存货和债务人,而第四种类型则更倾向于不采取任何管理措施。通过回归分析表明小企业仅仅会关注那些能改进企业边际收益的营运资金管理领域,但是如何建立因果关系还有待研究。这篇文章鼓励更多的有关该领域的研究,该领域的研究不论对学者、政策制定者还是实务工作者来说,都具有重要的建设性和指导性意义。梁彤缨、陈广兵(2003)对中小企业营运资金管理的外包策略进行了研究,分析了中小企业营运资金管理外包的内涵及其所具有的优势,探讨了中小企业在营运资金管理中实施外包策略的具体条件和关键因素,并针对外包策略实施过程中可能存在的问题提出了相应对策。曾水良(2009)在《如何优化中小民企的资金链》一书中指出针对中小民营企业财务管理不规范、信用管理差、融资难的现状,主张其进行财务管理模式的转型,实行资本运营以拓展融资渠道。郑文欣(2009)指出中小民营企业应加强营运资金预算,确定一个合理的营运资金需求范围,利用应收账款保理、商用物业贷、商品存货贷等多元化融资方式,并建立良好的供应商经销商关系,以应对金融危机。

阿瑞法(2015)等研究了营运资金管理对中小上市公司业绩的影响,并进一步对中型企业和小企业进行了细分研究。实证结果显示:对于中小上市公司而言,营运资金管理绩效与公司业绩呈倒U形关系;进一步细分来看,相比于中型企业,营运资金管理对小企业的经营业绩更为重要。在此基础上,阿瑞法(2016)等又进一步验证了最优现金周转期的存在。埃尔多安（Erdogan，2015）以土耳其中小上市公司为样本，研究了营运资金管理的影响因素和中小企业投融资模式。实证结果显示，对大公司、具有国际质量认证的公司和较多使用赊销策略的公司而言，其营运资金融资来源中，内部资金占的比重较小，而银行借款的比重相对较高；在大公司和成立年限较短的公司中，商业信用是营运资金融资的最主要来源；成立年限较长和较少使用赊销策略的公司的营运资金融资来源中，内部资金比重较大。利马（Lima，2015）等以19个欧元区国家的中小企业为样本，研究了营运资金管理绩效与公司业绩的关系。结果显示：对中小企业而言，营运资金管理绩效的提升有助于提升公司业绩，充足的流动性可以在很大程度上降低中小企业面临的融资约束问题；此外，财务经营绩效与公司治理结构也紧密相关。麦吉尼斯（McGuinness，2015）研究了金融危机对英国、爱尔兰等欧洲中小企业营运资金管理的影响。研究发现，金融危机时期，中小企业去杠杆化趋势明显；对于融资困难的企业而言，商业信用在很大程度上发挥了融资作用。

二、跨国公司的营运资金管理研究

跨国公司在近十几年来得到了迅速的发展，跨国公司数量的增多及其业务的扩展极大地促进了国际财务管理研究的发展。该领域的研究也不断增多。Hill和Sartoris认为跨国公司营运资金管理主要包含：国际汇兑风险管理、国际现金管理、国际现金收款和信用管理等。柯林斯（Collins）和弗兰克尔（Frankle）、利玛窦（Ricci）和莫里森（Morrison）、利玛窦和维托（Vito）分别对跨国公司样本企业的国际营运资本管理现状进行了实证研究，使我们对跨国公司营运资金管理有了一个较为全面的认识。

国内对跨国公司的营运资金管理研究起步较晚，主要集中于资金集中管理、资金融通等单个项目的研究，储海林、石海和原家德（1996）是国内较早讨论跨国公司营运资金管理的作者，指出跨国公司的资金安置受政治、利税、外汇和变现能力的限制，为妥善进行资金安置要采取适当的对策，可以利用各地子公司所在国利率的差异，将低利率地区的资金调到高利率地区使用，以赚取利率差额，并将现金集中在主要货币中心（如伦敦、纽约、苏黎世等地）或避税地国家，建立多国性现金调度系统。毛付根（2002）指出跨国公司营运资金管理的主要内容包括营运资金的存量管理和营运资金的流量管理。刘建民（2005）指出跨国公司营运资金管理的目标是促进跨国公司资金在母公司以及子公司之间合理有效的流动，实现其流动资产持有水平的最优化，降低流动资产余额，保证公司全球化战略目标的实现。

三、利益相关者视角的营运资金管理研究

王竹泉(2013)提出，从利益相关者视角来审视营运资金管理对开拓营运资金管理的研究视野、进一步创新和发展营运资金管理理论具有重要的理论意义，对提升营运资金管理的整体水平具有科学的指导意义。席龙胜(2013)也认为利益相关者管理有利于提高营运资金管理效率。

杜媛(2014)提出了基于股东和基于债权人的资金管理策略。王苑琢(2014)指出，供应商关系会影响企业的经营策略、商业模式，进而影响企业的业务流程，对企业营运资金管理产生重要影响。同时，供应商与企业相互提供商业信用，通过供应链金融产品传递信用，也会影响企业营运资金管理绩效。增强供应商关系管理，有助于企业营运资金管理绩效的提升。孙莹(2014)基于不同类型的客户关系，提出客户视角的资金管理策略可以分为基于客户关系的资金运用策略、资金筹措策略以及资金运用与资金筹措并举策略，认为企业应该与客户建立不同程度的合作关系，合理运用优先供应关系下有效客户反应的品类管理模式、合作伙伴关系下的直销模式、客户战略联盟关系下的"大企业"模式，以达到企业与客户共赢的目的，提高企业资金管理效率。

张先敏(2014)分别从战略供应商关系、精益生产与延迟策略、战略客户关系三个方面论述了供应链管理影响营运资金管理的机理，并基于此提出了提升营运资金管理绩效的相关建议：据企业内外部经营环境选择合适数量的供应商建立战略合作伙伴关系；强化企业文化建设，实施人本管理，充分调动员工的积极性和创造性；有针对性地强化客户关系管理。

王凤华、王竹泉(2014)提出了利益相关者管理与营运资金管理协同的策略选择。该文先介绍了利益相关者和其分类，在此基础上了分析了利益相关者管理与营运资金管理协同的策略，提出了战略型利益相关者—主动型管理策略，核心型利益相关者—谨慎型管理策略，公众型利益相关者—维持型管理策略三种策略，并分别针对采购、生产、销售三个渠道分析了其适用的营运资金管理策略。

可见，利益相关者视角的资金管理逐渐受到关注。除此以外，学者们还进行了对集团公司、银行、国有企业及电力企业等领域营运资金管理的研究，多行业交叉研究是营运资金管理研究的一个趋势。

第五节　现有文献的研究结论与启示

纵观已有文献，国内外营运资金管理的研究重心经历了从营运资金各项目的优化研究到整体营运资金管理研究再到基于供应链管理、渠道管理、利益相关者视角等新视角下营运资金管理的演变，在此影响下，营运资金管理的方法经历了从单纯的数学方法转向以供应链的优化和管理为重心的演变，营运资金管理的绩效评价研究也经历了由流动资产周转率到营运资金周转期再到基于渠道管理的营运资金周转期的变化，新视角下营运资金管理的研究得到了广泛认同并掀起了新的研究热潮。

研究方法上呈现出多样化的特点，其中实证研究方法及案例研究方法在营运资金管理研究中的比重有逐渐增大的趋势，实证研究主要集中在营运资金管理与企业价值最大化的关系、营运资金管理影响因素等方面，案例研究多从供应链管理角度对营运资金创新模式的应用进行分析总结。营运资金管理研究无论是在研究内容上还是研究方法上都有所突破。

总体而言，我国营运资金管理研究近几年来呈现出逐年增温的状态，但还处于积极探索阶段，对营运资金管理的研究还有很多未加以重视和尚未深入挖掘的问题，从文献梳理中我们得到以下启示。

（1）营运资金管理基本理论研究相对薄弱。在众多的文献中，鲜有探讨营运资金概念重构方面的文章，说明营运资金概念不符合现状及环境的发展并没有引起足够的重视，导致营运资金管理的研究在源头上就存在问题；营运资金管理理论未在财务理论研究中占据与其重要性相对应的位置，在营运资金概念界定、目标、影响因素等方面未形成一个完整的理论框架，营运资金管理实践亟待科学的理论指导。

（2）进一步完善营运资金绩效评价体系的研究势在必行。单视角、单因素的营运资金绩效评价体系显然不能系统、准确地衡量营运资金管理的质量，而这其中很重要的一个原因是没有准确把握营运资金管理的研究视角和深入思考营运资金管理的目标，这是研究营运资金管理的前提。

（3）对传统的营运资金管理理论要勇于突破和创新。以供应链管理、渠道管理、利益相关者管理为基础的营运资金管理为研究打开了新视野，需要使这些理论的结合进一步落地生根以及开拓更好的研究视角；应使营运资金管理与供应链管理的融合不仅体现在思想层面更应落实于理论和实践应用层面，这也是近期营运资金管理研究主要的改进和发展方向。

（4）营运资金管理方法和模式的探讨并不存在统一的方式，制度和环境等方面的差异，需要结合我国国情和企业的特点寻求适合的营运资金管理模式，为企业营运资金管理绩效的提高提供适宜的方法。

（5）进一步加强营运资金管理的实证研究，加快我国营运资金管理的数据平台建设。

（6）对营运资金管理的专题研究关注不够。中小企业有其不同于大型企业的特殊投融资模式，其营运资金管理也与大型企业存在差异，因此有必要对中小企业营运资金管理进行单独研究，以更好地发挥营运资金管理对中小企业发展的作用。已有的文献多是对中小企业和跨国公司营运资金管理的研究，研究的视野还有待进一步展开，可以进一步探索国有企业、民营企业等不同类型营运资金管理的具体特点和管理模式；加大对跨国公司、国有企业等特殊领域的研究，进一步探索营运资金管理策略和方法研究。对营运资金管理与企业盈余管理和会计操纵等行为的研究也开拓了营运资金管理研究的新视角，仍需进一步展开。

第三章　营运资金概念的界定

第一节　现有营运资金界定的不足

如第二章所述，"营运资金"来源于财务报表，其出现与财务报表分类列报的演变息息相关，营运资金产生之初作为财务分析的重要工具或衡量指标而存在。目前，大多营运资金管理研究都是以流动资产减流动负债的净营运资金概念为基础的，这种概念界定在债权人评价企业的流动性和偿债能力时具有一定的意义，但是从企业经营管理的角度来看未必得当。这样的概念界定不仅禁锢了营运资金管理的理论研究也不符合企业营运资金管理的实践，是营运资金管理效率低下的根源。

（一）现有营运资金界定束缚了企业营运资金管理的视野

现有营运资金项目仅包括流动性项目，企业营运资金管理的研究局限于各流动性项目管理的研究，即便是整体性营运资金管理的研究也仅局限于流动项目之间的整体性考虑，束缚了企业营运资金管理的视野和范围。

营运资金管理研究始于单独流动资产项目优化的研究，对存货、现金及应收账款等重要营运资金项目，国内外学者提出的许多模型或方法至今仍广泛使用。基思·史密斯(1972)指出：尽管对各个营运资金项目管理的研究已有很大进展，但将营运资金作为一个整体进行的研究却进展大不，并第一次探讨了整体营运资金规划与控制的内容。1989年，约翰·汉普顿和塞西利亚·瓦格纳出版了《营运资金管理》一书，其内容不仅包括流动资产管理，而且拓展到了信用评级、短期融资、消费者信贷等方面的内容，但仍旧局限于流动项目的局部规划，忽略了短期资金与长期资金的配合，注定束缚了企业营运资金管理的视野。

（二）现有营运资金界定导致了企业营运资金管理的短期行为

企业对营运资金管理局限于流动性部分的管理，营运资金管理的绩效衡量局限于流动性指标的计算，流动性指标作为利益相关者衡量企业营运资金周转情况的重要指标而备受关注。企业为了得到较为"美观"的流动比率，常常会出现"短债长还""长债短还"等短视行为来降低流动比率从而粉饰企业财务状况，造成了部分企业短期内营运资金周转比率的美观是以长期营运资金效率的低下为代价的。从长期来看，不利于营运资金管理的长远整体规划，导致企业营运资金管理效率低下。

（三）现有营运资金界定不符合企业管理实践

营运资金的概念界定过于狭窄，企业在营运过程中占用的资金除了流动性资金之外还包括长期资金。在企业实务操作过程中，营运的概念代表了整个资金的统筹规划，这其中既包括短期流动资金也包括长期资金。而理论研究还停留在对单个流动项目的管理规划上，显然已经与实际不符，由此造成了营运资金概念的界定名不副实。营运资金理论研究与实践做法的脱节，束缚了营运资金管理研究的发展。

因此，我们需要从企业管理角度出发，重新考虑整体性营运资金的概念，使营运资金概念符合企业管理实践，才能从根本上提高营运资金管理绩效。

第二节　营运资金概念重构的环境诉求
——由 IASB/FASB 联合概念框架引发的思考

一、联合概念框架中财务报表列报的初步意见

截至 2008 年 10 月 16 日，关于 IASB 与 FASB 联合概念框架项目，两个理事会已经颁发了三份讨论稿（初步观点），分别是：《财务报告的目标与财务报告对决策有用的信息质量特征》《报告主体》和《财务报告列报》；还有《财务报告目标与决策有用信息质量特征》的一份征求意见稿。其中，2008 年 10 月 16 日由 IASB 和 FASB 发出的题为"关于财务报表列报的初步意见"的讨论稿中，虽然企业应编报的三张基本报表（资产负债表、全面收益表和现金流量表）不变，但是对现行财务报表表内信息的分类列报进行了"大刀阔斧的改革"，提出了分类列报的新观点，在报表内项目的分类和排列上有了重大改变。新模式把主体的两类信息即营业活动（business activities）与筹资活动（financing activities）分开。具体列示方法如表 3-1 所示。

表 3-1   财务报表列报方式

财务状况表	全面收益表	现金流量表
营业 • 经营资产与负债 • 投资资产与负债	营业 • 经营收益与费用 • 投资收益与费用	营业 • 经营现金流量 • 投资现金流量
筹资 • 筹资资产 • 筹资负债	筹资 • 筹资资产收益 • 筹资负债费用	筹资 • 筹资资产现金流量 • 筹资负债现金流量
所得税	关于持续经营的所得税 （营业和筹资）	所得税
终止经营	终止经营 纳税净额	终止经营
	其他全面收益 纳税净额	
权益		权益

新模式把产生价值即主体的营业活动同它旨在营业活动的资金来源即筹资活动两类信息分开列示。即新模式下分类列示信息的指导原则是产生价值的两方（营业活动与筹资活动）分开列示，其中营业活动列示的信息进一步划分为经营活动（operating activities）和投资活动（investing activities）；筹资活动中又将向非业主筹资的活动与向业主筹资的活动分开列报。究其原因，我们发现现行的三张主要财务报表的列报方式逐渐暴露出现行财务报表列报方式的不足。

二、现行财务报表列报方式的不足

现行主要财务报表（资产负债表、利润表和现金流量表）表内项目的分类方法具体为，资产负债表主要以流动性作为划分标准，区分流动资产、非流动资产、流动负债、非流动负债、所有者权益；利润表根据收入和费用两大要素的初步划分后再根据业务性质进行具体划分；现金流量表则根据现金流来源和业务性质划分为筹资活动的现金流量、投资活动的现金流量和经营活动的现金流量。这样的分类方法已经延续了很长时间，并且在世界各主要国家和地区之间基本达成了一致。但如此分类方式的弊端逐渐暴露，并引起了财务分析师与投资者对财务报表列报信息的不满。主要原因如下。

（1）现行财务报表的列报方式缺乏内在一致性

现行财务报表之间对报表项目的划分标准缺乏一致性。资产负债表以流动性划分，收入以来源和性质、费用以功能或性质进行划分，现金流量则以现金来源和业务性质进行划分。这种不同的分类处理方法将会影响到三张报表之间的内在一致性，使信息使用者理解各财务报表信息之间的联系存在一定困难，进而影响了财务报表反映主体财务图像的能力。

（2）现行财务报表的列报对分析企业绩效上的不足

财务报表的列报方式决定着信息使用者利用财务报表对企业状况分析的结果。三张报表中只有现金流量表区分了经营活动、投资活动与筹资活动，使经营收益与经营性现金流量的比较成为困难，而这又是评估主体盈余质量的重要手段，资产负债表中资产类项目没有按照营业性资产和筹资性资产列示，也导致了在评价企业资产盈利能力时不够准确，例如，在现行财务报表分析体系中，总资产报酬率是衡量企业资产盈利能力的重要指标。

$$总资产报酬率 = \frac{息税前利润总额}{平均资产总额} \times 100\%$$

公式中平均资产总额实际既包括了经营性资产、投资性资产又包括了筹资性资产，而总资产报酬率应该是反映企业营业用资产盈利能力的指标，所以分母理应使用经营性资产与投资性资产之和，不应包括筹资性资产，由此导致了分子分母不相对应的关系，使得信息使用者无法准确对企业资产绩效进行评价。新的报告体系将资产负债表中的资产分为经营性资产、投资性资产、筹资性资产，全面收益表中收益相应分为经营性资产收益、投资性资产收益和筹资性资产收益。在新的列报方式下，分子使用经营性资产收益加上投资性资产收益，分母使用经营性资产和投资性资产之和，这样才能较准确地衡量出企业营业性资产的盈利能力。

（3）现行财务报表对投资活动的重视程度不够

现行现金流量表的列报中分别列示企业经营活动、投资活动与筹资活动产生的现金流量。投资活动是指企业长期资产的购建和不包括在现金等价物范围内的投资及其处置活动，既包括实务资产投资，也包括金融资产投资；筹资活动是指导致企业资本及债务规模和构成发生变化的活动；而经营活动是指企业投资活动和筹资活动以外的所有交易和事项。虽然不同企业由于行业特点对经营活动和投资活动的认定是存在差异的，但是投资活动相对于经营活动而言处在相对辅助的位置是显而易见的。如此处理忽略了企业多元化发展模式下，不是只有产品经营活动才可以称为营业活动，更多企业的投资活动渐渐上升到跟经营活动一样的地位，资产经营、资本经营与产品经营一样成为企业价值创造的重要方式之一。对营业活动的认定显示出现行的表内分类方式已经不符合环境发展和企业实际。

总体而言，现行财务报表的列报方式距离会计信息的决策有用性目标相差较远，既没有满足企业管理者以及监管当局对财务报表信息的需求，其列报方式又不便于信息使用者的比较分析。

三、联合概念框架中财务报表列报的初步意见带来的启示

IASB/FASB 联合概念公告中新的列报方式是随着环境发展对现有列报方式不断完善的产物。从中带给我们以下启示。

（1）对营业概念的理解与时俱进、符合实际

营业活动的概念突破了传统经营活动的界定把投资活动包括在内是联合概念公告中的一大突破。大的营业概念是随着经济环境的变化和企业实践发展的必然产物。随着经济的快速发展以及企业多元化的发展模式，营业概念也经历了从产品运营到资产经营、资本运营的不断演变。

传统观念中，企业的经营活动只是指产品运营，这部分比重在一个企业中占有相当大的比例。而资产经营、资本运营作为市场经济发展的必然产物，是随着经济的不断发展而不断完善的，企业可以通过运用资本杠杆，在最短的时间内以最小的成本迅速实现扩张。可以说，企业的资本运营对于优化资源配置、调整经济结构、促进企业的改革和发展具有极其重要的作用。一方面，企业可以通过重组、兼并、合并、IPO（首次公开上市）、扩股、企业债券等资本运营的方式，使企业迅速获得大量的资金、资产，可以使企业的规模在短时间内迅速地增大成长为大企业或者大的企业集团，提高企业在市场经济中的竞争能力。另一方面，某

些经营困难的企业可以通过兼并、重组等资本运营手段，使合并、重组后的新企业在管理及生产技术上都有所提高，被兼并企业还可以借助优秀企业的品牌和销售渠道等无形资产，使自己的产品迅速地打开市场，获得较好的商机和市场占有率。可以说，产品经营和资本运营在企业创造价值的过程中有着同等重要的地位。然而，由于企业资本运营的理论研究和实践探索时间还不长，人们长期形成的传统观念、经营思维和企业运作方式与规范化的企业资本运营还存在较大的距离，导致了企业资本运营在实践中还存在着诸多的误区，把资本运营当作游离于生产经营的更高级的经营形式，而不考虑资本运营的实质及其与生产经营的内在联系，由此导致了经营活动与投资活动的割裂，进而导致了营运资金管理效率的低下。进一步，企业应以创造企业价值为导向来合理分配经营活动和投资活动营运资金的比重，鼓励投资活动的进一步扩大、创新。可见从产品经营到资本运营的营业概念的变化使得营业概念逐步扩大，从而使投资活动成为企业营业活动中重要的组成部分。

（2）新的列报方式契合讨论稿中财务报表列报的目标

从《财务报告列报》这份讨论稿的摘要中可以看到 IASB 与 FASB 从部分财务报表使用者与他们的咨询集团的反馈意见的基础上，提出了三项财务报表列报的目标，即信息在财务报表的列报应以以下的方式：①描述一家主体的内在一致的财务图景。一个内在一致的财务图景意味着不同报表的有关项目之间的关系是清晰可见的，而一个主体的几种财务报表间应当尽可能的互相补充。②分解合计的信息以便于主体对未来现金流量的预测。财务报表分析者试图达到这样几个目的：利用财务信息及时预测具有不确定性的现金流量；希望财务信息按照同质的一组项目进行合理分类，等等。如果某些项目在经济上具有不同的性质，使用者在预测未来现金流量时可能希望将它们纳入不同的账户。③帮助使用者评估一家主体的流动性和财务弹性。关于一个主体财务流动性的信息有助于使用者评估该主体对已到期的财务承诺的支付能力；而关于一个主体财务弹性的信息则有助于使用者评估该主体应对投资机遇的投资能力和未曾预期的现金需求反应能力。① 由此可见，三项目标都是从信息需求者的角度出发，具体分析信息使用者的组成及需求，以期能够提供给信息使用者决策相关的信息。而新的列报方式契合了以上目标，不论在列

① 见 IASB/FASB · Discussion paper/preliminary views · October 16, 2008 · S3（摘要第三段）。

报方式的一致性方面还是在评价主体的流动性和财务弹性方面相对于现行的列报方式都具有无可比拟的优势。

（3）价值创造两方相对应的关系从信息使用者的角度更加合理和清晰

现行财务报表之间对报表项目的划分标准缺乏一致性，而新列报方式中资金来源与资金去向的划分不仅增强了各报表之间的内在一致性，而且对于信息使用者分析企业价值创造两方的关系提供了便利条件，增加了财务报表信息的决策有用性。改革后的财务报表，将企业的价值创造业务与价值创造结果更好地连接起来，有利于信息使用者对会计主体的价值创造活动进行分析评价。显然，两个理事会都旨在提高财务报表信息对信息使用者的决策有用性。

总之，新的列报格式和内容满足了企业管理者或监管当局对财务报表信息的需求，而不再是像过去仅仅单纯从出资人角度要求披露会计信息，通过前面的分析，我们发现该讨论稿提议的财务报表的列报方式是以管理方法为基础进行分类的，而信息提供的最终目的也是要为管理服务的，分类的改变势必会带来企业管理方方面面的变化。在营运资金管理方面，应紧跟国际理论发展趋势，在新的营业概念下考虑价值创造两方的相对关系、结合企业实践对营运资金概念进行重新界定和分类。

第三节　营运资金概念重构与分类的初步设想

一、营业活动与营运资金

每个企业都是其内部利益相关者（或企业所有者）集体选择的产物，为内部利益相关者创造价值是所有企业共同的目标追求。无论什么样的企业，要实现其目标，都必须开展营业活动，而一切营业活动的开展都离不开资金的支持。因此，营运资金概念与营业活动紧密相连。对营业概念的不同理解，也就会有不同的营运资金概念（王竹泉，2013）。

通常，我们将企业的全部经济活动划分为经营活动、投资活动和筹资活动三大类，并习惯于将投资活动和筹资活动合在一起称为理财活动，从而将全部经济活动划分为经营活动和理财活动两大类。与这种认识相对应，营业活动被视为经营活动的同义语，投资活动、筹资活动则依附于经营活动而存在；从事营销、生产、采购等经营活动的人员成为企业的关键员工，而理财活动则被视为服务性、辅助性的活动，其相应的从业人员被视为辅助人员。从以前的营业利润将投资收益排除在外（仅包括主营业务利润和其他业务利润，而不管是主营业务利润还是其他业务利润，反映的都仅是经营活动的成果，并未将投资收益涵盖在内）、现金流量预算中以经营活动现金余绌的预算为主体以及营运资金周转期被简化为"存货周转期＋应收账款周转期－应付账款周转期"等现象中都可以看到这种认识的痕迹。在狭隘的经营观念下，经营活动是为企业创造价值的主要业务，营业活动等同于经营活动，而投资活动则附属于经营活动而存在，并以服务于经营活动为目的。在产品处于供不应求状态而资本市场也不够发达的 20 世纪，将经营活动作为企业的主要活动，而将投资活动和筹资活动均作为附属活动是无可厚非的，但是，在大部分产品供过于求且资本市场高度发达的当今世界，若仍然将产品经营作为首要活动而将投资活动和筹资活动作为附属活动显然已不合时宜。

　　事实上，经营活动是企业运用资金为其内部利益相关者创造价值的一种活动，而投资活动同样也是企业运用资金为其内部利益相关者创造价值的一种活动，两者都是运用资金的活动，而且其目的也是相同的，所不同的只是直接运用资金的主体不同。经营活动是企业直接运用资金为其内部利益相关者创造价值，而投资活动则是企业将资金的直接使用权转移给被投资企业，通过分享被投资企业创造的价值以实现为其内部利益相关者创造价值的目标。基于此，我们应拓宽营业活动的范畴，将营业活动界定为企业从事的各种运用资金为其内部利益相关者创造价值的活动，包括经营活动和投资活动两大类。前者是企业运用资金直接为内部利益相关者创造价值；后者是企业运用资金间接为内部利益相关者创造价值。与此相对应，企业的全部经济活动应划分为营业活动和筹资活动两大类，前者是企业运用资金的活动，而后者则是企业为营业活动提供资金保障的活动。这种拓展的营业观念不仅更有助于解释为什么营业利润由原来不包括投资收益到现在将投资收益包括在内的转变，而且更有助于厘清业务与财务的关系，并赋予营运资金以新的内涵。在拓展的营业观念下，企业的资金在经营活动和投资活动之间如何配置，完全取决于哪类活动的配置效率更高，即在同样的资金投入前提下哪类活动能够为内部利益相关者创造更多的价值。而企业的筹资活动也不再是仅仅考虑为经营活动提供融资支持，而且也要将投资活动的融资需求统筹考虑在内。

　　无论是从企业的使命，还是从资金运动的过程和内在逻辑来看，经营活动和投资活动才是具有共性的经济活动，也应该是企业的主要经济活动。企业的使命是通过运用资本为投资者创造价值，实现资本的增值，至于以何种方式实现资本的增值则是企业经营管理的自主选择。经营活动固然是企业运用资本实现资本增值的重要方式，但并非唯一的方式。投资活动同样也是企业运用资本实现资本增值的重要方式。经营活动与投资活动的共性就在于，一方面，两者都是企业运用资本旨在实现资本增值的活动；另一方面，两者都是企业的主要活动，如果企业没有了运用资本的经营活动和投资活动，筹资活动就失去了意义，因此，筹资活动必须依附于经营活动和投资活动而存在，是从属于经营活动和投资活动的辅助活动。科学的经济活动分类应该是将经营活动和投资活动划分为一类，可称为营业活动，也是企业的主要活动，而将筹资活动作为从属于营业活动的另外一类。每一个企业都要通过开展营业活动实现资本增值，从而为投资者创造价值，至于企业是将资本更多地投放于经营活动通过产品经营来实现价值创造，还是更多地投放于投资活动通过资本经营和资本运作来实现价值创造，则完全取决于哪一种资本运用方式的投资回报率更高，它们之间根本不存在天然的主从关系。

相对于运用资本的经营活动和投资活动来说，筹资活动则完全是一种从属性的活动，其意义和使命就在于为经营活动、投资活动需要运用的资本提供保障。显然，将企业全部经济活动划分为营业活动和筹资活动既是企业营业观念拓展的体现，更是理顺业务、财务关系的科学选择。无论是从财务报告的营业利润从以前不包括投资收益在内到现在将投资收益涵盖其中，还是从联合概念框架讨论稿所体现的理念，以及专业化的投资经理人队伍的兴起和资本经营、资本运作观念的广为接受，都体现了人们对这种新的分类方式的认同。

因此，如果与营业活动相联系界定营运资金，从事经营活动和投资活动的业务管理人员可能关心的是在这些日常运营的活动中需要投入的资金总额，其心目中的营运资金就是指营业活动所占用的全部资产，而财务管理人员更关注营业活动对资金的融资需求。因此，从与营业活动相联系的角度来界定营运资金，是必要且合理的。

二、营运资金的重新界定

从企业管理实践的需要来重构营运资金的概念需要结合企业营运资金管理的实际和难点。一方面，应考虑企业中营运资金的实际界定。传统营运资金只考虑流动资产与流动负债的相互关系，而没有考虑长期资产与长期负债在企业运营过程中所起的作用。以企业的固定资产为例，是企业正常运营离不开的资产，即为企业运营的必要条件之一，固定资产作为资金占用的一个方面，企业在进行营运资金管理时自然应把固定资产的占用考虑在内。固定资产等非流动资产不仅影响了其他项目的资金占用，而且作为企业运营不可缺少的部分，理应就是营运资金的组成部分。由此，营运资金不应只包含流动资产与流动负债，还应包括非流动资产与长期负债；另一方面，整体性营运资金管理应从协调性入手。由于狭窄营运资金的界定导致营运资金管理只能关注流动性，而营运资金的管理单纯从流动性角度来考虑，是营运资金管理效率低下的根源。营运资金的管理只有考虑营运资金管理的整体性与协调性，才能使营运资金管理有实质上的突破。具体而言，营运资金管理不应只包括短期资产与短期负债的管理，而应该考虑企业长期资金与短期资金的协调，并注重考察企业筹资与用资的关系。

　　如图 3-1 所示，传统营运资金界定是指流动资产部分和流动负债部分，其中流动资产包括经营性流动资产和短期对外投资，流动负债包括经营性流动负债和非经营性流动负债；而经营性非流动资产和长期对外投资组成的非流动资产与长期负债和所有者权益组成的长期资本属于长期资金管理的范畴。由此割裂了短期资金管理和长期资金管理的关联，不便于企业从资金筹措和运用两个方面来衡量企业营运资金的管理。鉴于此，我们应该把企业长期占用的资产纳入营运资金的范畴。

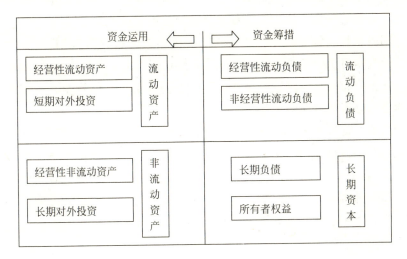

图 3-1　营运资金的筹集与使用

本书从两个层面来界定营运资金或营运资本：

（1）从资金使用或营业活动的资金需求的层面来界定，即将营运资金界定为总资产减去营业活动负债后的差额，也就是说，将营运资金界定为营业活动的资金净需求，这一差额不仅反映了维持营业活动（经营活动、投资活动）运营的资金净需求，而且为衡量企业供应链管理、客户关系管理等业务管理与财务管理的融合效果提供了很好的指标。显然，这一差额越小，说明企业在营业活动中的资金净融资需求越小。

（2）从资金融通或资金来源的层面来界定营运资金，但为了区分于从资金使用或营业活动流动资金需求角度定义的营运资金，我们将从这个角度定义的营运资金称为营运资本（working capital，WC），即营运资本等于流动资产与流动负债的差额，其表示企业长期资本（长期金融性负债和所有者权益）用于满足企业营业活动营运资金需求的数额。

综合上述两个方面的分析，营运资金，顾名思义，是指企业正常营业运行过程中用于日常周转的所有资金。本书将营运资金界定为企业在营业活动（经营活动和投资活动）中净投入或净融通的资金，等于资产减去因营业活动（包括经营活动和投资活动）带来的负债，如表 3-2 所示①。即

$$营运资金 = 营业活动资金净需求 = 总资产 - 营业活动负债$$

如此结果才能够代表企业营业过程中用于日常周转的资金，即营业活动中运用的资金，从而便于营运资金的管理。

同时，我们将流动资产减去流动负债差额的部分称为"营运资本"，而营运资本对于分析企业的流动性和短期偿债能力也具有很好的解释力。营运资金概念的重新界定并不代表不重视企业的流动性资金，营运资本仍然是营运资金概念中重要的组成部分。

由此，营运资金 = 营业资产 - 营业负债 = （经营资产 + 投资资产） - （经营负债 + 投资负债） = （经营资产 - 经营负债） + （投资资产 - 投资负债） = 经营活动营运资金 + 投资活动营运资金。在这里，营运资金的概念不再强调流动性与非流动性，而是更加强调营运资金的运动方向，资产和负债的内部划分也强调其来源与使用。

---

① 后文所有营运资金概念均是基于此处新的营运资金界定。

表 3-2　营运资金的重新界定

财务状况表	全面收益表	现金流量表
营业 ● 经营资产与负债 ● 投资资产与负债	**营业** ● 经营收益与费用 ● 投资收益与费用	**营业** ● 经营现金流量 ● 投资现金流量
筹资 ● 筹资资产 ● 筹资负债	**筹资** ● 筹资资产收益 ● 筹资负债费用	**筹资** ● 筹资资产现金流量 ● 筹资负债现金流量
所得税	**关于持续经营的所得税** （营业和筹资）	**所得税**
终止经营	终止经营 纳税净额	**终止经营**
	其他全面收益 纳税净额	
权益		**权益**

三、营运资金的重新分类

在营运资金重新界定的基础上，要提高营运资金管理效率应从营运资金的重新分类入手，而分类标准的确定决定着营运资金管理的重点、难点和效果。通过第二部分的分析，将企业的价值创造业务与价值创造结果作为分类列报的标准，一方面为信息使用者对企业进行分析评价提供了便利，对分析企业的价值具有重要意义；另一方面价值创造两方的相对应关系把筹资活动和用资活动有机地联系起来使之成为一个整体，便于企业整体性和协调性的管理。

从企业经营管理的角度，按照资金的筹集与资金的运用两方对应关系，营运资金代表企业资金的运用，总营运资金即营业活动所占用的资金包括经营活动营运资金和投资活动营运资金，投资活动营运资金上升到与经营活动营运资金同样的管理地位。

　　根据联合概念公告的相关界定，业务项目包括管理当局将其视为持续业务活动组成部分的资产和负债，以及这些资产和负债的变动。营业活动是指那些目的在于创造价值的活动，也就是说凡是能够创造价值的活动都属于营业活动，那么营业活动营运资金是指与客户、供应商、雇员等交易所形成的资产和负债，这类交易通常直接与主体的价值创造活动是相关的。这其中既包括了经营活动又包括了投资活动，例如，生产产品、提供劳务、购买股票及固定资产。经营性资产和经营性负债的所有变动，应该列示于全面收益表和现金流量表中的经营类别。

　　投资活动界定为管理当局认为与企业业务活动核心目的无关的资产和负债。投资活动同样为创造企业价值，投资活动所占比重根据企业类型及环境变化而不同。主体有可能利用投资性资产和投资性负债去取得回报，例如，通过利息、股利、市场价格上涨等方式来取得回报。投资性资产和投资性负债的所有变动，应该列示于全面收益表的投资类别和现金流量表的投资类别。可以发现，经营类别与投资类别的主要区分是基于"核心"与"非核心"的活动。虽然国际会计准则（IAS）《现金流量表》与财务会计准则公报（SFAS）《现金流量表》也都划分了经营活动、投资活动和筹资活动，但是其含义是有差别的，后者是根据经济业务性质和现金流量来源进行划分的。根据 IAS 7 和 SFAS 95，财产、厂房和设备的购买和处置等，都是属于现金流量表中的投资活动，而根据以上观点，正常情况下，财产、厂房和设备等应该属于经营活动，它们与产生主营业务收入或其他业务收入的经济活动是直接相关的。这样也增强了经营利润、经营性资产、经营性现金流量三者之间的内在一致性。

　　具体而言，营运资金中经营活动营运资金包括材料存货、在产品存货、库存商品、应收账款、应收票据、长期应收款、固定资产、无形资产、在建工程、预付账款、其他应收款、应付账款、应付票据、预收账款、应付职工薪酬、应付税费、长期应付款等。

　　投资活动营运资金具体包括货币资金、交易性金融资产、应收股利、应收利息、可供出售金融资产、持有至到期金融资产、长期股权投资等。之所以将货币资金归入投资活动营运资金中，是由于企业经营活动营运资金是以其他经营用的资产形态存在的，企业以货币资金状态存在的这部分资产相当于一种投资状态。

　　营运资金管理的进一步落实需要与企业业务活动紧密相连，营运资金管理研究自从 20 世纪 90 年代起就与供应链理论、渠道理论等相结合，并在企业实践中得到检验和认可。在将营运资金分为经营活动营运资金和投资活动营运资金的基础上，可以进一步将经营活动按照其与供应链或渠道的关系分为采购渠道的营运资金、生产渠道的营运资金和营销渠道的营运资金。

基于供应链或渠道对营运资金进行分类不仅能够将各个营运资金项目涵盖在内，而且能够清晰地反映出营运资金在渠道上的分布状况，从而为基于渠道管理的营运资金管理绩效评价和管理策略奠定基础。

（一）有助于完善营运资金管理绩效评价

目前对营运资金管理绩效的评价要么是以存货、应收账款、应付账款等经营活动中部分营运资金要素项目的周转绩效为主体，要么是以流动资产、流动负债差额构成的整体营运资金周转绩效为主体，前者不仅缺乏对投资活动营运资金管理绩效的考察，而且其对经营活动营运资金管理绩效的考察也不够全面，也没有很好地体现出业务、财务一体化的管理理念。"营运资金"概念的提出，有助于进一步将营运资金区分为经营活动营运资金和投资活动营运资金，在补充和完善投资活动营运资金管理绩效评价的同时，进一步深化和完善经营活动营运资金管理绩效的绩效评价，以更好地体现业务、财务一体化的营运资金管理理念，引导企业关注那些对经营活动营业资金管理绩效具有战略性决定作用的因素，如供应链与渠道关系管理、业务流程再造和供应链金融等。

（二）有助于深化对营运资金配置结构的分析

在将流动资产减流动负债的差额作为营运资金的概念范畴下，我们难以对营运资金的配置结构及其合理性进行分析。因此，目前对营运资金配置结构的分析大都是将营运资金视为流动资产，分析流动资产各组成项目所占的比例，缺乏整体性和系统性。

在将营运资金界定为营业活动资金净需求基础上，我们不仅可以将营运资金首先区分为经营活动营运资金和投资活动营运资金，从而分析企业营运资金在经营活动、投资活动上配置的合理性，而且可以进一步考察经营活动营运资金在各个经营环节或渠道上的配置状况，从而分析企业在各个经营环节或渠道上营运资金配置的合理性。

（三）有助于引导企业实施基于渠道管理的营运资金管理策略

20世纪末以来，海尔通过业务流程再造、分销渠道整合、优化供应链等举措破解了一系列营运资金管理难题。特别是进入21世纪之后，海尔通过实施"零库存下的即需即供""大客户加应收账款保理"等模式，有效地解决了全球化扩张和竞争中营运资金管理的难题，实现了零营运资金、负营运资金的良好绩效。海尔的成功经验告诉我们，要根本性提升营运资金管理的绩效，必须将营运资金管理的重心转移到供应链或渠道管理和控制上来，实施"基于渠道管理的营运资金管理"，通过企业内部的业务流程再造和跨越企业的渠道优化和整合来化解营运资金管理的难题，JIT(实时制)、VMI(供应商管理库存)、JMI(联合管理库存)等的广泛应用正是这种理念实施的典范，基于供应链或渠道的营运资金分类为这些策略的实施提供了支持。

第四章 营运资金管理的观念转变与目标定位

第一节 营运资金管理的观念转变

营运资金的重新界定与分类是为营运资金管理服务的，且必然带来营运资金管理的观念转变。传统营运资金管理在现有流动资产减流动负债的定义下，只重视流动性项目的管理，致力于提高流动性项目的周转速度，提高营运资金管理绩效。进入 21 世纪以来，营运资金管理与渠道关系管理理论相结合，使营运资金管理研究迈向了新的台阶，但是基于渠道管理的营运资金管理的重点是经营活动的营运资金，这样一方面忽略了投资活动的营运资金与经营活动营运资金同等的管理地位，不便于投资活动营运资金为创造企业价值服务；另一方面忽略了资金的来源与用途的合理搭配，使营运资金管理的视角仅限于局部，相对狭隘。

根据第三章内容，由于营运资金管理拓展了长期资金管理的部分，营运资金代表着营运资金的运用与营运资金的筹集相对应。营运资金的管理应该从营运资金的筹措和使用出发，结合供应链或渠道理论，在风险与收益能力权衡的前提下，注重营运资金整体性和协调性的管理。具体而言，新的界定和分类下营运资金管理的观念应该基于以下几个方面的认识。

一、营运资金的筹措和使用是其基本管理视角

营运资金的筹措和使用是新界定下营运资金管理的基本管理视角。

无论要开办什么样的企业都必须筹措一定量的资金，并且要转化为再生产过程中使用的营运资金。企业的营运资金表现为营运资金的使用与营运资金筹措的对立统一，它们是相互依存，相互制约的：它一方面要采取一定的形式占用在一定的项目上；另一方面又应有其相应的来源。使用与筹措，有了一方，必须会出现另一方；失去了一方，另一方也将

不复存在。

营运资金来源与营运资金使用的划分明确了企业价值创造两方的关系，将企业的价值创造业务与价值创造结果更好地连接起来，有利于信息使用者对会计主体的价值创造活动进行分析评价。营运资金的使用和营运资金的筹措的相互配合可以更清晰地考量营运资金管理的绩效，营运资金管理上应注重减少筹资活动营运资金的同时利用好筹资活动的营运资金，使其发挥最大效用；应该本着"什么业务配置什么营运资金项目"或者"什么需求找什么钱"的原则，充分把握"资产负债表"左右两侧项目的内在关联与差异，设计与运作公司营运资金的筹集和使用问题。绝对不能割裂筹资与投资的固有联系，"只见树木不见森林"。所以说，营运资金的筹措和使用是其管理的基本视角（见图4-1）。

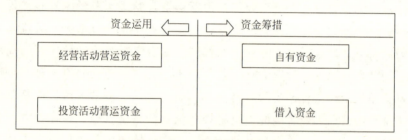

图 4-1　营运资金的筹措与使用

二、营运资金的协调性问题是其管理重点

在营运资金筹措与使用的基本视角下，营运资金的协调性是营运资金管理的重点。营运资金的协调性具体表现为协调经营活动营运资金和投资活动营运资金，协调短期营运资金与长期营运资金，协调采购渠道营运资金、生产渠道营运资金和营销渠道营运资金。

（一）协调经营活动营运资金与投资活动营运资金

经营活动的营运资金与投资活动的营运资金都是以为企业创造价值为目的的，它们具有同等的管理地位，增大创造价值的可能性需要经营活动营运资金与投资活动营运资金的相互配合，如何让有限的资金有效地分配在经营活动和投资活动之间，寻求其创造价值的最大化是企业需要努力的方向。由此，协调经营活动营运资金与投资活动营运资金既是观念上的转变又需要行动上的配合。

（二）协调短期营运资金与长期营运资金

新界定下的营运资金将长期资产部分纳入营运资金的范畴，并不代表营运资金不再考虑资金的流动性，而是应当关注长期营运资金的地位，使短期营运资金和长期营运资金协调配合，提高营运资金的管理效率。长期营运资金与短期营运资金同样都是企业的营运资金，从企业长远发展来看，一味关注流动性资金的管理效率，势必为企业带来一定的短期效益，损害企业长期营运资金管理绩效。处理好短期资金和长期资金的协调配合，从长远看则会提高营运资金的绩效。

（三）协调采购渠道营运资金、生产渠道营运资金与营销渠道营运资金

基于渠道管理将经营活动营运资金分为采购渠道营运资金、生产渠道营运资金和营销渠道营运资金，如此分类较好地将营运资金落实到了各业务流程，但与此同时要考虑到各渠道营运资金整体同步，三个渠道营运资金周转形成闭环，要协调各渠道的周转速度才能保证营运资金的顺畅运转。采购渠道营运资金、生产渠道营运资金、营销渠道营运资金的管理不能顾此失彼，每个渠道营运资金的绩效固然重要，但要同时兼顾三个渠道营运资金管理的连贯一致性，才能使整体营运资金绩效得到提高。

第二节　营运资金管理的前提问题

一、营运资金的筹措和使用

（一）营运资金的筹措

企业筹资是指企业根据其生产经营、对外投资和调整资本结构的需要，通过筹资渠道，运用筹资方式，筹措所需资金的财务活动。筹集资金是企业资金运动的起点，是决定企业规模和生产经营发展速度的重要环节。企业筹资的基本目的是为了自身的生存与发展和增加股东财富。企业具体的筹资活动通常受特定目的的驱使，筹资目的对筹资行为和结果产生直接影响。

按照资金的来源渠道不同，可将筹资分为权益性筹资和负债性筹资。权益资本是指企业股东提供的资金。企业可通过发行股票、吸收投资、内部积累等方式筹集权益资本。权益资本不需要归还，筹资的风险小，但其期望的报酬率高，因而企业付出的资本成本也相对较高；借入资金是指债权人提供的资金。企业通常可通过发行债券、借款、融资租赁等方式筹集借入资金。借入资金要按期归还，有一定的风险，但其要求的报酬率比权益资本低，企业付出的资本成本较低。

企业筹资渠道即企业取得资金的来源和途径，体现着资金的源泉和流量。目前我国企业的筹资渠道主要有国家财政资金、银行信贷资金、非银行金融机构资金、其他法人单位资金、民间资金以及企业内部形成资金。企业具体取得资金的方法主要有吸收直接投资、发行股票、借款、发行债券、租赁、商业信用、利用留存收益等。不同来源的资金，其所能筹资的总量、资金占用时期的长短、资本成本的大小、限制条款的宽严均不相同。为了有效地筹集企业所需资金，必须遵循规模适当原则、筹措及时原则、结构合理原则和方式经济原则。

研究公司营运资金的筹集有多种切入点，如筹资方式、筹资成本、筹资风险、筹资结构等，而更重要的是应注意从战略视角分析和把握筹资的决策问题，即要立足于战略分析。筹资的首要目标是足额和适时地满足有效益的资本预算、投资战略，以及生产经营所需的财务资源，防范"巧妇难为无米之炊"的困难出现。所谓适时筹资是指企业必须按照投资机会来确定合理的筹资计划与筹资时机，避免因取得营运资金过早而造成资金的闲置，或者取得营运资金较晚而错过投资时机。所谓足额筹资是指企业无论通过何种渠道、采用何种筹资方式筹资，都应该预先确定营运资金的需要量，使筹资量与需要量相互平衡，防止筹资不足而影响正常经营活动的顺利开展，同时也避免筹资过剩而降低了筹资收益。

（二）营运资金的使用

营运资金的使用是企业创造价值的途径。具体而言，营运资金的使用是指用于经营活动的营运资金和用于投资活动的营运资金的数量分配问题。经营活动和投资活动所占用的营运资金存在此消彼长的关系。传统营运资金管理思想将投资活动作为经营活动的有益补充，在新的营运资金管理视角下，经营活动营运资金水平不再决定投资活动营运资金水平，而是获利能力决定投资活动营运资金水平。

从营运资金使用方面来看，根据它在企业营业过程中的不同形态，分为经营活动营运资金的使用和投资活动营运资金的使用。经营活动营运资金可简单分为固定资金和流动资金两大类。固定资金是指那些运用在房屋、建筑物、机械设备等固定的劳动资料方面的资金，其实物形态叫作固定资产。固定资产的价值是在不断重复的生产过程中逐渐地向产品转移的，它相对长期地在生产过程中发挥着作用，在报废以前，仍然保持其原有的实物形态。流动资金则不一样，流动资金一部分用于购买劳动对象，且劳动对象只要参加一次生产周转，就会改变自己的实物存在形态，并一次性把全部价值都转移到产品上。流动资金的另一部分用于支付员工的工资及各项生产费用，作为预付价值一次性全部参加周转。从任何一个周转瞬间来看，企业的流动资金同时并存于生产的每个阶段，具体表现为采购阶段的原料、主要材料、辅助材料、燃料等的库存储备；生产阶段的在产品、半成品；销售阶段的库存产品、发出商品；结算中的应收账款以及处于两次周转之间的货币资金等。

（三）营运资金的筹措与使用

营运资金的筹措是营运资金运用的前提，是企业创造企业价值的必要手段。营运资金的筹措不是独立存在的，营运资金筹措的存在是为了满足营运资金的使用，其关键是要确定营运资金筹措的来源和数量问题。营运资金筹措过多，容易造成资金呆滞的现象，造成资本成本过高，降低利润；营运资金筹措过少，固然可以节省成本，但可能造成周转困难，影响正常的营业活动，增大技术性偿债不足的风险。然而由于企业财务地位及营运状况的变化，不同的经营环境可能有不同的来源选择与组合；企业唯有通过事先详细的规划来洞悉应该何时借入资金，借入多少资金以及何时偿还资金，才能按照企业整体利益要求做出最合适资金来源的选择。由此看来，营运资金的筹措和使用是价值创造紧密相连的两方，是不可分割来考虑的，营运资金的筹措和使用归根结底都是为企业创造价值服务的，营运资金筹措的最优化就是最大限度地满足营运资金的使用，营运资金的使用应该使得筹资活动的营运资金最大限度地创造企业价值。

二、营运资金的循环周转

营运资金循环周转，方能取得利润。之所以常常把营运资金比作企业流动的血液，正是由于营运资金在企业运转过程中的重要作用。其数量大小、周转次数均与企业营业利润有直接关系，如果能够妥善管理，不仅可以增强企业的获利能力，进而可以加强企业的偿债能力，提高信用能力。

如图 4-2 所示，营运资金的周转从筹资活动带来的一定数量的营运资金开始形成封闭的流转，经营活动营运资金的周转、投资活动营运资金的周转各自形成其流转通道又相互传递，其中经营活动营运资金的周转经历了从采购渠道营运资金、生产渠道营运资金到营销渠道营运资金不同形态的转换，最后以利润的形式回到货币资金的形态。

（一）经营活动营运资金的循环周转

经营活动营运资金的循环周转是在营运资金进入企业以后，随着生

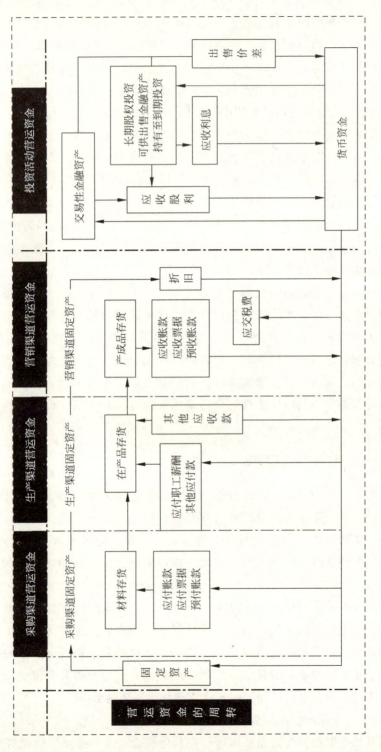

图 4-2　营运资金的周转

产活动而开始不断地运动着。企业营运资金的运动，既表现为营运资金的循环与周转，也表现为营运资金的耗费与收回。首先在经营活动营运资金的循环周转过程中，企业以货币资金购买劳动对象，形成生产所需的储备，企业的资金随之也由货币形态转化为材料储备形态，即形成储备资金，这是经营活动营运资金循环的第一阶段即采购渠道营运资金。其次进入生产过程，在生产过程中，工人借助于劳动资料对劳动对象进行加工，使劳动对象发生形态或性质上的变化，创造出来在产品。在这一过程中，一方面将原材料投入生产，并用货币支付工资和其他生产费用，企业的营运资金随之由材料储备的形态和货币形态转化为在产品、半成品形态，即形成生产渠道营运资金；另一方面在生产过程中使用的固定资产发生磨损及其发生价值转移，企业的资金于是逐渐脱离固定资产形态而转化为在产品、半成品形态。随着生产的继续进行，在产品、半成品最终转化为完工产品，从而脱离生产过程而成为入库待售的产成品。于是企业的营运资金再由在产品、半成品形态转化为库存的产成品形态，即形成产成品营运资金，这是营运资金循环的第二阶段即生产渠道营运资金。最后进入营销过程。在营销过程中用货币支付销售费用以及为发出销售产品而耗用材料，企业的资金随之由货币形态和材料储备形态转化为发出销售的产品形态。随着产品销售的实现，企业的营运资金终于由发出销售的产品形态重新转化为货币资金形态，这是经营活动营运资金循环的第三阶段即营销渠道营运资金。由此也完成了从采购渠道营运资金到生产渠道营运资金再到营销渠道营运资金的周转循环。

（二）投资活动营运资金的循环周转

投资活动营运资金的循环周转是企业将货币资金投资于交易性金融资产、长期股权投资等金融资产，企业通过应收的股利和利息收回货币资金以及其出售的差价为企业创造投资收益，当企业需要现金时会将交易性金融资产转换为现金。这一个流转与经营活动流转是同样为企业创造利润的，它应该是同属于营业活动营运资金的流转。

企业的营运资金周转就是像上述的从货币形态开始，经营活动的营运资金依次经过采购、生产、营销三个连续阶段，投资活动营运资金经过投资与收回的简单阶段，最后又回到原来出发点的过程，这就是营运资金的循环。营运资金循环周而复始，不断重复，就是营运资金的周转，总称为营运资金的循环周转。

三、营运资金的投入和产出

在营运资金不断循环周转的过程中，营运资金的投入与产出不断配合产生利润。可以说，营运资金运动的结果是可以用营运资金的投入与产出来衡量的。

（一）营运资金的投入

营运资金的投入是指营运资金周转循环过程中所付出的营运资金成本；营运资金的投入包括了经营活动营运资金的投入、投资活动营运资金的投入。企业生产中的资金耗费，主要表现为生产费用。在生产过程中劳动"消费它自己的物质要素，即劳动对象和劳动资料，把它们吞食掉，因而是消费过程"。工业企业为生产产品而发生的厂房、机器设备等劳动资料的消耗，在价值上表现为固定资产的耗费；消耗的原材料及主要材料、辅助材料、燃料等劳动对象的价值以及支付的工人工资和各项费用等，表现为流动资金的耗费，这些资金耗费的总和，构成产品的生产成本。此外，在销售过程中，为了销售产品，在包装、发运等方面发生的销售费用，表现为追加的资金耗费。在生产、销售过程中耗费的所有这些资金，最后都要通过产品的销售而收回。收回的资金中，不仅包括了在生产、销售过程中已耗费的物质资料的价值，还包括了工人在生产过程中新创造的全部价值。因此，所收回的资金除用于补偿生产中的耗费（其中包括支付的工资等）外，其余额就是工人在生产过程中创造的利润，应该按照规定在国家与企业之间进行分配，其中一部分要以税金（或税金及利润）的形式上交给国家。

（二）营运资金的产出

营运资金的产出是指营运资金周转循环过程中所收回的营运资金，或者说是对营运资金投入的补偿。由于生产过程同时又是再生产过程，这一个生产周期所耗费的营运资金，通过产品的销售而收回，就为进行下一个生产周期创造了物质条件。所以，在企业再生产过程中，耗费转化为收回，收回又进一步转化为耗费，如此循环重复，使再生产活动得以连续不断地进行。投入企业的经营资金，也会由于某些原因而退出企业经营过程，脱离企业资金的循环周转。例如，固定资产报废清理等，将引起企业营运资金占用及其来源的减少。具体而言，经营活动带来的产出包括了经营活动产生的利润和折旧的补偿；投资活动带来的产出包括应收股利和应收利息等投资收益。

在实际工作中，营运资金运用与其筹措是对立统一、相互平衡的，统称为营运资金运动的静态表现；而营运资金的投入与退出、循环与周转、耗费与收回，则称为营运资金运动的动态表现。它们相互依存、相互制约并相互转化，从而构成一个有机联系的整体。

第三节　营运资金管理的目标定位

营运资金管理的目标是营运资金管理理论的核心和起点，是决定营运资金管理绩效评价标准的指导方向。

传统营运资金管理注重营运资金的周转速度，片面追求营运资金的周转速度，是营运资金管理短期行为的根源，导致营运资金管理的短期速度的提升而不利于营运资金保持长期高效率的运转。在新的营运资金界定下，营运资金管理应在权衡风险和收益的前提下，从营运资金筹措和使用的角度出发，应注重营运资金的管理效率而不仅是周转速度。

在经济学上，对"效率"的定义是用帕累托最优的观念来说明的，即指在不损及他人利益的情况下，无论资源如何分配，都无法再使个人获得更高的利益，可称为已经达到经济效率。其强调的是从资源投入产出之间是否最佳化，若从投入面及生产面两个方面来看，就投入面而言，一个组织在不以增加其他投入或降低产出量为代价时，就无法进一步减少现行某一投入的使用量，则可谓此组织目前处于有效率的状态；从产出面而言，则是在不以其他产出的减少或增加投入量为代价时，一个组织无法增加现行某一产出之产量，亦可称该组织为有效率的，只有在固定规模报酬的假说下，投入与产出的衡量效率才会相等。就营运资金管理而言，其效率最大化，就是在投入量一定的情况下，使风险与收益的协调下的营运资金占用最小，即营运资金产出最高，营运资金投入最小。

营运资金是筹资与用资的具体表现，在对其管理中，企业按照营运资金的整个循环周转，一方面使筹集来的营运资金得到最好的运用，避免闲置；另一方面使营运资金的使用能够创造最大的企业价值。而企业的收益产生于营运资金流转之中，要使收益最大，就必须加强对营运资金的管理，加快其周转速度，缩短其循环周转的时间。因此营运资金管理目标要尽量使营运资金的占用最小，即总成本最低，收益最高。由此，在新的界定下，营运资金管理基于企业筹资和用资的角度出发，营运资金管理的总体目标是追求营运资金利用效率的最大化，即在协调风险与收益的前提下使营运资金占用最小（营运资金投入最低，营运资金产出最高）。

　　要想实现营运资金管理的效率最大化，要从以下几个具体目标来保障：

　　（1）营运资金的周转性，是指营运资金在企业经营运作过程中的周转速度。营运资金的周转速度越快，说明该项营运资金被利用得越充分，为企业赚取收益的能力越强。

　　（2）营运资金的盈利性，是指营运资金在筹措和运用过程中能够为企业带来经济利益的能力，它强调的是营运资金作为一个整体能够为企业创造价值的效用，营运资金是企业流动的血液，营运资金周转的速度是企业较好利用营运资金的前提，而营运资金的盈利能力是营运资金直接为企业带来的企业价值。

　　（3）营运资金的协调性，是指协调营运资金各项目、各流程以及风险与收益之间的关系的能力。财务结构的良莠在于其对资金运用的获利能力与流动性是否平衡。企业的流动性强，表示到期债务均能顺利偿还，则企业日常的运营活动，方能正常运作。不过企业个体以营利为目的，自然需要顾及获利性，所以对于资金的筹集、调度和运用，就成为企业管理的主要工作之一，甚至于攸关企业生命的持续。即整体性由周转性和获利性同时决定。

　　营运资金的协调性即强调营运资金的整体性，具体而言，注重协调短期营运资金和长期营运资金之间的关系；注重营运资金的筹措和使用之间的协调；注重采购渠道营运资金、生产渠道营运资金、销售渠道营运资金之间的协调；注重营运资金的风险与收益之间的协调；注重营运资金周转性和获利性之间的协调。

第五章 营运资金管理绩效评价体系的构建

第一节 营运资金管理绩效评价体系总体思路

一、现有营运资金管理绩效评价体系的不足

传统的营运资金管理绩效评价多是采用流动资产周转率指标进行的评价，主要衡量的是企业各项流动资产的周转效率。主要指标有存货周转率、应收账款周转率、应付账款周转率。但是这些指标只能单独地考察营运资金中的流动资产项目部分的管理绩效，忽视了对这些项目之间内在的联系，导致企业在应用这些指标进行评价时经常出现冲突和矛盾。尤为严重的是，以上这些指标完全没有涉及营运资金中的流动负债部分，所以很难从总体上把握存货、应收账款、应付账款周转及其变化对营运资金的具体影响程度，不易判断营运资金的策略变化或所做调整在某一比率上的改善是否会抵消在其他比率上带来的恶化。

现金周期的概念是 1976 年由汉普顿·哈格（Hampton C. Hager）提出的，他强调现金周期是用来衡量营运资金流动性的，并指出了具有较少的现金资产的企业通常会具有较好的运营绩效，现金周期较短的企业，运营绩效也较好。直到 1980 年，理查德（Richard）和劳克林（Laughlin）将现金周期定义为采购现金支出到最终产品销售收回的净时间间隔。虽然还出现过"产品－现金周期"以及修正的现金周期（a weighted cash conversion cycle，WCCC）的概念，但始终无法取代现金周期的重要性。

2003 年，马丁·戈斯曼（Martin Gosman）和特里什·凯利（Trish Kelly）提出了"剩余日"（excess days）指标，是指存货的销售天数和由于采购所形成的应付账款的清偿天数的差额。该指标是针对美国零售企业的营运资金管理效率提出的，由于零售企业销售商品通常情况下收到的是

现金，一般可以忽略应收账款带来的影响，因此剩余日实际上等同于前述的"现金周期"。

产生现金周期（CCC）与加权现金周转期（WCCC）之间不同的原因在于两者的假设基础不同。现金周期假定与原材料、生产、销售以及收款有关的所有成本都在周转期的第一天开始形成，并且与产成品的最终价值保持一致；它只是不同流动资产周转天数的简单加减，忽略了处于不同时点、不同生产阶段的流动资产项目所占用营运资金数量的差异。加权现金周期指出这些成本实际上是在周转期内的每一个阶段被不断投放的，所以应当根据其权重进行相应的调整。因此，加权现金周期更加科学，它为管理当局提供了有关营运资金的管理状况更加精确的解释，金特里、瓦伊迪耶纳坦和何伟的研究成果也得到了其他学者（Shin、Soenen和 Deloof 等）的肯定。但若要计算加权现金周期，须计算存货的组成部分各自的周转期，而这仅仅是企业内部可以获取的数据，因此，外部投资者很难计算该指标进而对企业的营运资金管理效率做出相应评价。

此后，理论界又提出了用来评价营运资金管理效率的另一个指标，即商业周期。

1999 年简和克莱恩·卡姆·拉瑟姆针对零售行业对现金周期进行了修正，提出商业周期指标，用公式表示为

$$商业周期 = \frac{360\ 天}{销售成本 / [\,应收账款平均余额 \times (1 - 销售毛利率) + 存货平均余额 - 应付账款平均余额\,]}$$

商业周期是在现金周转期（CCC）的基础上经过改进得到的，是一个合成指标。商业周期将现金周期中的周转额由销售收入改为销货成本，并将应收账款中的毛利部分剔除，以便更准确地反映企业在应收账款上实际占用的资金。相对三个独立的周转期（应收账款周转期、存货周转期和应付账款周转期）商业周期可以提供营运资金管理策略的净影响情况的证据，而且商业周期综合考虑了营运资金管理中的购买活动、销售活动、收款活动和支付活动，对营运资金策略的有效性有了更全面认识，为进一步研究管理当局某一具体营运资金策略提供了线索，还便于结合相关非财务信息进行更细致的分析。

1999 年，郁国建在《介绍一种新的财务比率：购销周转率》一文中，指出传统评价通常由对购货、存货和销货三个环节进行孤立管理而达成，这种评价缺乏战略高度和整体性，笔者建立了一种高效集成的营运资金管理战略评价体系，以加强对营运资金的更有效管理，并创建了一个单一的集成指标来考核营运资金的总体流转情况——购销周转率。购销周转率是指一年内从购买存货产生应付款至以销售存货收回的货款归还欠款发生的次数，它能说明营运资金循环的重要性并证实如何分析营运资本管理战略的质量。购销周转率是分析营运资本战略管理综合影响的有用工具，它使人们看到财务变量之间的相互关系并使管理营运资本战略的分析简单化(用天数计算更简单)，并且它能通过组合分析加强分析者的财务分析技能。同时购销周转率提供了对营运资金循环时间的直觉评价，有助于评价营运资金周转效率。

王竹泉教授提出了基于渠道管理的营运资金管理绩效评价体系。在将经营活动营运资金按照渠道进行分类的基础上，将营运资金整体管理绩效与经营活动营运资金以及各渠道营运资金管理绩效有机衔接的新型营运资金管理绩效评价体系。他认为不论是营运资金总体管理绩效还是经营活动营运资金及各渠道营运资金管理绩效的评价，均采用营运资金周转期指标进行评价，只不过在计算营运资金总体管理绩效和经营活动营运资金管理绩效时，统一以销售收入作为周转额，而在评价各渠道营运资金管理绩效时，则分别以销售成本、完工产品成本和材料消耗总额作为周转额。

从绩效评价指标的研究发展可以看出，现代财务管理对营运资金的概念界定都是一致的，即认为营运资金包含了流动资产及流动负债两个部分，所设计的指标便融合了对流动资产和流动负债两部分的综合评价，于是综合评价应收账款、存货及应付账款的现金周转期指标成为最优的选择，只是在具体的计算中选择的周转额不同，或是应用于特殊的行业，使其产生了某些差异。而且，从营运资金管理绩效评价指标的发展演进来看，绩效评价指标前后有继承并呈现出不断完善的趋势，同时绩效评价指标越来越能满足企业实务界的需要，但是现行营运资金管理绩效评价仍存在以下问题：

(1) 现行营运资金管理绩效评价体系基于现有营运资金概念

不论是现金周转期还是基于渠道管理的营运资金管理绩效评价指标，

都是建立在原有营运资金定义的基础上，这本身就片面衡量了流动性营运资金的绩效，割裂了流动性营运资金与长期营运资金的互动，是企业短期行为的根源所在。

（2）现行营运资金管理绩效评价体系只考虑营运资金周转性

营运资金管理绩效评价体系应重视衡量营运资金管理的效果和效率，而现行营运资金绩效评价体系只考虑了营运资金各项目的周转性。营运资金管理的效率是指营运资金在流转中的投入与产出的比率，效率评价显示了营运资金流转转化为效益的程度，即平均营运资金流转量的单位效益，效率评价能够用于评估业务操作时所花费的时间或者比较不同的责任中心的操作情况，而且其可以用货币进行计量。业务单位的效果是指其目标达到的程度，效果评价未必可用比例来反映，但它们对一个部门和公司的目标应是可比较的，它们必须将操作结果和满足外部需求的业绩目标联系起来。

（3）现行营运资金管理绩效评价体系不注重财务与业务的结合

除了王竹泉教授提出的基于渠道管理的营运资金管理绩效评价体系结合渠道管理将经营活动营运资金管理分为采购、生产、营销三个渠道分别衡量外，现行营运资金管理绩效多重视财务绩效的衡量，割裂了营运资金与业务流程的天然联系，顾此失彼，难以调和。

（4）现行营运资金管理绩效评价体系不注重财务指标与非财务指标的平衡

一个有效的营运资金管理绩效评价体系，应注重财务指标与非财务指标的互补与平衡。不但需要像存货周转率、应收账款周转率、应付账款周转率之类的财务指标，还需要像顾客信用(有助于分析应收账款收款时间及收款率)、劳动生产率和管理水平(有助于分析存货占用量及周转时间)之类的非财务指标，这两类指标结合衡量才有助于长远、全面、准确地把握企业营运资金管理绩效水平，提供相关部门及其有关人员努力的重点与方向，以便于企业落实战略。财务评价指标侧重于评价过去，而非财务评价指标侧重于评价导致未来管理的业绩动因，两者之间的平衡和互补使企业能以此为依据进行长期营运资金管理和短期营运资金的管理。

二、构建营运资金管理绩效评价体系的总体思路

"绩效"一词，对于不同的组织形态、性质或评估的立场、角度区别等各种因素，其含义因而有所差异。但不论是营利性组织还是非营利性组织，都是在从事将投入转化为产出的活动，因此通常以产出所能达成组织目标的程度来评估组织的效能，即以最小或合理的投入，能获得最大的产出。效率的衡量是提高生产力的基础，效率衡量的结果可以帮助决策者了解组织对于资源的使用是否达到了预期效率。有效的绩效评价体系与完善的管理方法是企业经营管理程序中不可分割的重要组成部分，它通过定期或者不定期地对企业的生产经营活动进行绩效评估，以事实作为依据，帮助发现企业经营管理中的薄弱环节，提出相应的改进措施，使企业得以保持长足的发展。

在新的营运资金概念界定下，以营运资金的筹集和使用作为基本视角，营运资金管理的总体目标是追求营运资金利用效率最大化，即在协调风险与收益的前提下使营运资金占用最小，即营运资金投入最低，营运资金产出最高。营运资金效率最大化作为营运资金管理的目标，权衡营运资金的周转性和盈利性。

营运资金管理绩效评价体系包括定量衡量和定性分析两个部分。营运资金绩效评价体系一方面从量化的角度衡量营运资金管理的效率；另一方面分析营运资金各组成项目的品质，并着重营运资金整体协调性的分析，作为营运资金管理绩效的补充考量。可以说，营运资金管理的定性分析是营运资金管理绩效定量考评的有益补充，能更全面地把握营运资金管理绩效的衡量，有利于企业更长远地看待营运资金管理绩效，从整体上关注营运资金管理的协调性。

从量化角度衡量营运资金管理效率采用数据包络分析法进行两个层次的衡量，第一个层次是总营运资金管理效率衡量，确定营运资金管理的投入项衡量指标和营运资金管理的产出项衡量指标，得到营运资金管理的效率值及其排名；第二个层次是分别使用数据包络分析法对经营活动营运资金效率和投资活动营运资金管理效率进行衡量，比较企业经营活动和投资活动营运资金管理效率的差异，分析营运资金管理绩效差异的原因。

对营运资金的品质分析就是具体针对营运资金所涉及的主要资产或者负债项目做必要的定性分析，作为营运资金管理效率值的必要补充和充分解释。包括了经营活动营运资金的品质分析、投资活动营运资金的品质分析和整体营运资金的品质分析。

　　以上两个部分构成了营运资金管理绩效评价体系的全部。如图 5-1
所示。

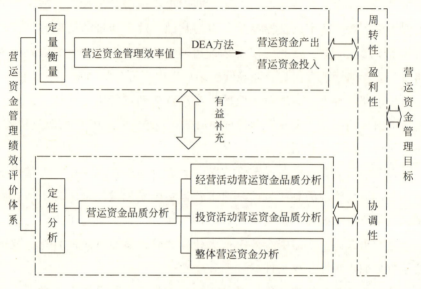

图 5-1　营运资金管理绩效评价体系

第二节　用数据包络分析法衡量营运资金管理效率

一、数据包络分析法

（一）数据包络分析法简介

　　数据包络分析法（data envelopment analysis, DEA）是查恩斯
（Charnes）、库珀（Cooper）与罗德（Rhodes）三位学者于 1978 年所提出之
效率衡量方法。它是根据帕累托最优解（pareto optimal solution）的观念，
评估一组决策单元（decision making unit, DMU）的效率，所衡量出的效率
值是客观环境下对受评单位最有利的结果。DEA 模式最先发展的目的，
是为提供非营利机构的效率评估，但后来被广泛应用到生产事业及公共部
门组织上。它不仅可应用来评估各家公司间的相对效率，亦可衡量某一公
司内各分支机构的相对效率，甚至可用来衡量跨地理区域的空间效率。
　　DEA 方法是一种以（产出/投入）比率方式呈现的效率评估模式，和
所谓的总要素生产力的意义相似，唯一的差异是总生产要素生产力通常
以市场价格当作投入及产出的权重，因此其权重是固定的；而数据包络
分析法不需预先设定生产函数，也不需人为设定权重，其投入及产出

的权重选择是以对自己最为有利为准则，因此 DEA 的权重是变动的，法瑞尔（1957）提出生产效率衡量（the measurement of productive efficiency）一文，以"预设生产函数代替预设函数"来预估效率值，奠定数据包络分析法的理论基础。他首先提出以生产前缘衡量效率的观念，利用线性规划（mathematical programming）的方法求出确定性无参数效率前缘（deterministic non-parametric efficiency frontier），即效率生产函数（efficiency production function）。"确定性"是指与企业的技术水准相同，面对相同的生产前缘线。而"无参数效率前缘"则指未对投入与产出间预设某种特定生产函数。利用实际被评估单位与效率前缘的相对关系求出被评估单位的效率值，衡量出的效率称为技术效率（technical efficiency）。所谓技术效率是指企业在现有的技术上，以一定水平投入项目所能产生的最大可能产出。落在生产前缘在线的被评估单位，则称为有效率单位，其效率值为 1。若再考虑成本函数之项目价格比，则可求出价格效率（price efficiency）。

DEA 当初被发展时的概念不同于一般计量经济模式，DEA 数学模式是以分数规划形式呈现，经过线性转换过程转变为线性规划以求解出最适效率值的数学方法。经 DEA 模式分析后，所得结果包括效率分数、各投入产出变数的权数，以及无效率单位的参考群组和差额变数。一个 DMU 的效率分数如果小于 1 为无效率，如果等于 1 且最佳权数为正，则为有效率的 DMU。所有有效率的点都位于前缘上，但一个 DMU 可能为边界点却是无效率的，必须再加上最佳解是所有限制条件中的差额皆为零的条件，才为有效率的 DMU。所以 DEA 所能提供的资讯包括决策单位的效率值，以及无效率决策单位应如何改进方能成为有效率决策单位的资讯，是一种可以有效协助管理者改进组织效率的量化方法。

总括来说，DEA 效率衡量有以下特点：

（1）能从多投入多产出的作业特征整合出单一的效率值。

（2）为每个 DMU 个别进行最适化分析，得到的效率值是相对效率。

（3）除了能产出整体的效率分数，还能指出无效率的来源及大小。

（4）为无母数方法，不需事先假设生产函数的形式。

（5）不受衡量单位不同的影响，能容纳更多元的变数形态。

（6）对变数的选择较敏感。

应用 DEA 的程序简单来讲主要可分成三个步骤：定义与选择要进行分析的 DMU；决定攸关且适当的投入产出因素，以评估 DMU 的相对效率；应用 DMU 模式并分析结果。具体如图 5-2 所示。

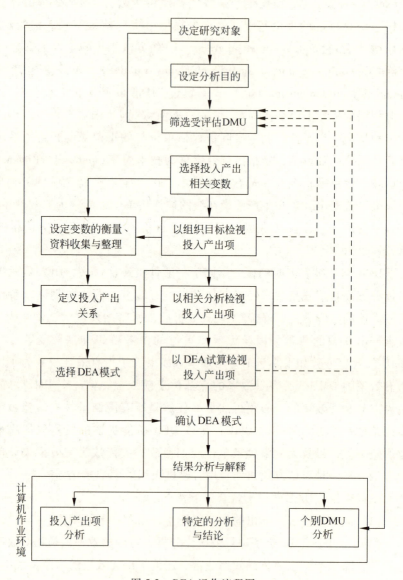

图 5-2   DEA 运作流程图

资料来源：Golany&Y. Roll，An Application Procedure of DEA，OMEGA，Vol. 17，No. 3，p. 240

（二）数据包络分析法在衡量营运资金管理绩效中的应用

舍曼（1984）等曾指出，DEA可视为简单比率分析的延伸。在最简单的情形下，只牵涉单一投入和产出，目标函数退化为一简单比率。DEA也可以视为"全部因素生产力"的概括情形。DEA是以相对效率概念为基础，以数学规划为主要工具，以优化为主要方法，根据多指标投入和多指标产出数据对相同类型的单位进行相对有效性或效益评价的多指标综合评价方法。它把单输入、单输出的工程效率概念推广到了多输入，特别是多输出的DMU的有效性评价中。正是由于DEA进行效率评价时，不是简单的排序，更可获得很多管理信息，因此，DEA一经诞生，便吸引了众多学者，DEA也被广泛应用于经济管理领域。

可以说，DEA作为一种相对效率评价方法已经得到学界认可，在使用过程中不断进行完善，以求更能反映实际情况。在已有运用数据包络分析法的文献中，数据包络分析法多用来衡量组织的经营或运营效率的分析评价。例如，对宏观经济发展评价研究，对区域资源配置的相对有效性研究，对商业银行效率以及竞争力研究，对高等教育办学效率评价。新的界定下营运资金的界定，是企业运营活动中所涉及的所有资金的概念。衡量一个企业营运资金管理的绩效，某种程度上是衡量企业营业活动的运转绩效，也就是所谓的运营绩效。所以，数据包络分析法应用到新的界定下营运资金管理绩效的衡量中来，对投入指标和产出指标做相应的调整和倾斜，应当是准确和合适的。表5-1和表5-2是部分相关文献对企业运营绩效投入变数和产出变数的选择情况。

表 5-1　相关文献中投入变量的选择

投入变数选择		
项目	投入变数	文献
1	营业毛利率	SFI；Chen, 2000；Lin, 2001；Chou, 2006
2	负债比率	SFI；Chen, 2000；Lin, 2001；Chou, 2006
3	流动资产	Huang, 2003
4	销售成本	Chen, 2000；Huang, 2003；Lin, 2003
5	经营活动现金流入	Chen, 2000；Lin, 2001
6	净营运资金	Huang, 2003

表 5-2　相关文献中产出变数的选择

产出变数选择

项目	产出变数	文　献
1	利息保障倍数	SFI；Chen, 2000；Lin, 2001；Chou, 2006
2	总资产报酬率	SFI；Chen, 2000；Lin, 2001；Chou, 2006
3	股东权益报酬率	SFI；Chen, 2000；Lin, 2001；Chou, 2006
4	流动比率	SFI；Chen, 2000；Lin, 2001；Chou, 2006
5	存货周转率	SFI；Chen, 2000；Lin, 2001；Chou, 2006
6	应收账款周转率	SFI；Chen, 2000；Lin, 2001；Chou, 2006

二、营运资金投入变数的选择

以 DEA 方法评估相对效率是建立在各受评决策单元的投入产出资料上的，显然本书的研究决策单元是企业营运资金管理的效率。

对于营运资金投入指标的选择有很多，并非所有与营运资金效率投入项相关的指标通通纳入进来，一般而言，由于 DEA 赋予各单位选择权数的弹性，因此变数的数目若过多会影响其区别能力。一个单位如果在某个比率上表现优异，可将全部的权数分配其上，成为有效率的单位，如此将失去区别的意义与价值。这样的单一比率数目为投入和产出变数个数的乘积，因此，一般认为这项乘积可视为最少所必须的 DMU 的数目参考值。若选择了不适当的投入产出项，必然会扭曲效率评估的结果。

对于判断筛选程序一般而言有这样的要求：所有变量必须与 DMU 有关；变量是否与想要达成的目标有关；变量数据尽量取得且具有可信度；尽可能地将完全替代因素加以合并；尽可能使得异类因素之间无替代存在。

数据包络分析法对于投入与产出项目的选取十分敏感，若选择的项目不同将会产生截然不同的结果，因此，产出项必须能够代表营运资金管理的成果，投入项必须是对企业营运资金效率有具体贡献的投入。本研究遵循筛选变数的一般要求，参考过去的相关文献，来界定本研究所采用的投入与产出变量。

营运资金投入变数的选取便是在以上原则之上，从不同角度选择营运资金相关的投入变数。

（1）营业活动现金流出。营业活动现金流出包括企业经营活动和投资活动所产生的现金和现金等价物的流出。营业活动现金流出代表当期企业因营业活动而发生的现金付出。

营业活动现金流出 = 经营活动现金流出 + 投资活动现金流出

（2）总资产。总资产是指企业过去的交易或者事项形成的，由企业拥有或者控制的，预期会给企业带来经济利益的资源。总资产作为营运资金的主要部分，能够部分代表营运资金的投入。

（3）销货成本。销货成本即营业成本，反映经营活动营运资金投入的变数。

（4）净营运资金。净营运资金 = 总资产 - 营业性负债，代表着营运资金投入的净额。

三、营运资金产出变数的选择

营运资金产出变数的指标衡量从两个方面考虑：一是周转性；二是盈利性。

在新的营运资金概念下，评价制造业企业的营运资金管理绩效可以采用如下财务比率，分别针对周转性、盈利性两个方面展开分析。

（一）营运资金周转性评价指标

在第三章中，我们将营运资金分为经营活动的营运资金和投资活动的营运资金两部分，在此基础上，进一步将经营活动的营运资金按照其与供应链或渠道的关系分为营销渠道的营运资金、生产渠道的营运资金和采购渠道的营运资金。因此，评价营运资金周转性应该在侧重于评价经营活动营运资金周转期的基础上落实到评价各渠道营运资金的周转速度。

（1）营业活动营运资金周转期 = 营运资金总额 ÷〔（全年销售收入 + 投资收益）/360〕。

（2）经营活动营运资金周转期 = 经营活动营运资金总额 ÷（全年销售收入/360）=（营销渠道营运资金 + 生产渠道营运资金 + 采购渠道营运资金）÷ 全年销售收入/360）。

（3）投资活动营运资金周转期 = 投资活动营运资金总额 ÷（投资收益/360）。

（4）营销渠道营运资金周转期 = 营销渠道营运资金 ÷（全年销售成本/360）=（成品存货 + 应收账款、应收票据、长期应收款 + 营销渠道所

占用的固定资产 + 预收账款 - 应交税费等）÷（全年销售成本/360）。

（5）生产渠道营运资金周转期 = 生产渠道营运资金÷（全年完工产品成本/360）=（在产品存货 + 其他应收款 + 生产渠道占用的固定资产 - 应付职工薪酬 - 其他应付款等）÷（全年完工产品成本/360）。

（6）采购渠道营运资金周转期 = 采购渠道营运资金÷（全年材料消耗总额/360）=（材料存货 + 预付账款 + 采购渠道占用的固定资产 - 应付账款、应付票据、长期应付款等）÷（全年材料消耗总额/360）。

（7）存货周转期 = 存货÷（营业收入/360）。

（8）应收账款周转期 =（应收账款 + 应收票据等）÷（营业收入/360）。

资产营运能力的强弱关键取决于资产的周转速度。一般来说，资产周转速度越快，资产的受用效率越高，则资产的营运能力越强；反之，营运能力就越差。鉴于指标选取应避免过大的相关性，又要照顾到所衡量的周转性的全面性，选择如下营运资金周转性指标来衡量营运资金产出的指标：

（1）流动比率。流动比率表示企业每一元流动负债有多少流动资产作为偿还的保证，反映企业可用在一年内变现的流动资产偿还流动负债的能力。其计算公式如下：

$$流动比率 = 流动资产÷流动负债$$

（2）营运资金周转率。营运资金周转率表示营运资金周转速度的总体指标。其计算公式如下：

$$营运资金周转率 =（全年销售收入 + 投资收益）/营运资金总额$$

（3）存货周转率。存货周转率是企业一定时期内营业收入与平均存货余额的比率，是反映企业流动资产流动性的一个指标，也是衡量企业生产经营各环节中存货营运效率的一个综合性指标。其计算公式如下：

$$存货周转率 = 营业收入÷存货$$

（4）应收账款周转率。应收账款周转率是企业一定时期内营业收入与平均应收账款余额的比率，是反映应收账款周转速度的指标。其计算公式如下：

$$应收账款周转率 = 营业收入÷（应收账款 + 应收票据）$$

（5）固定资产周转率。固定资产周转率是企业一定时期内营业收入与平均固定资产净值的比率。其计算公式如下：

$$固定资产周转率 = 营业收入÷固定资产$$

（二）营运资金盈利性评价指标（占用和产生）

营运资金周转的快慢，直接影响企业的营业收入和 EBIT，营运资金成本的高低，直接影响企业的净利润。

（1）营业毛利率。营业毛利率是指企业一定时期毛利与营业收入的比率，表示营业收入扣除相应成本后，有多少钱可以用于各项期间费用和形成盈利。其计算公式如下：

$$营业毛利率 = （营业收入 - 营业成本）÷ 营业收入$$

（2）总资产报酬率。总资产报酬率全面反映了企业全部资产的获利水平，企业所有者和债权人对该指标都非常关心。一般情况下，该指标越高，表明企业的资产利用效益越好，整个企业盈利能力越强，经营管理水平越高。企业还可以将该指标与市场资本利用率进行比较，如果前者较后者大，则说明企业可以充分利用财务杠杆，适当负债经营，以获得更多的收益。其计算公式如下：

$$总资产报酬率 = 息税前利润 ÷ 平均总资产$$

（3）股东权益报酬率的计算公式如下：

$$股东权益报酬率 = 净利润 ÷ 平均股东权益$$

汇总选取的营运资金投入指标和营运资金产出指标，如表 5-3 所示。

四、用数据包络分析法衡量营运资金管理效率——SBM 模式

传统的 CCR 模式及 BBC 模式衡量的是射线效率，此两个模式假设投入或产出可以等比率调整（缩减或扩增），然而，这项假设在某些情况下并不适用，例如，劳力与资本等两项投入之间可能存在替代效果，想要等比率缩减劳动力与资本的投入量，显然不符事实。由此，托恩（Tone，1997）提出 SBM（slack-based measuer），以差额变数为衡量基础的模式，除了修正 CCR 模式及 BBC 模式射线效率衡量缺失外，还可改正加法模式缺乏单位不变性（units invariance）的缺点，SBM 模式使用一个单一数值（scalar）来呈现 SBM 效率，其具有下述两项特性：

（一）单位不变性（units invariance）

单位不变性又称为单位面向不设限性（dimension free），亦即受评 DMU 的效率值不会受到投入项及产出项的衡量单位改变而随之改变，换言之，使用千米为距离的衡量单位，或是以万元或百元为金钱的衡量单位，所得出的效率值会相一致。

（二）同向性（monotone）

投入过剩（input excess）或产出短缺（output shortfall）之差额呈现同向递减（monotone decreasing）特性，也就是说投入或产出差额会逐渐减少。

表 5-3　DEA 所采用的投入产出变量

变　　数	定　　义	资 料 来 源
产出变数		
营业毛利率	毛利率 =（营业收入 – 营业成本）/营业收入	利润表数据
总资产报酬率	总资产报酬率 = 息税前利润/平均总资产	资产负债表数据与利润表数据
股东权益报酬率	股东权益报酬率 = 净利润/平均股东权益	资产负债表数据与利润表数据
流动比率	流动比率 = 流动资产/流动负债	资产负债表数据
营运资金周转率	营运资金周转率 =（全年销售收入 + 投资收益）/营运资金总额	资产负债表数据与利润表数据
存货周转率	存货周转率 = 营业收入/存货	资产负债表数据与利润表数据
应收账款周转率	应收账款周转率 = 营业收入/（应收账款 + 应收票据）	资产负债表数据与利润表数据
固定资产周转率	固定资产周转率 = 营业收入/固定资产	资产负债表数据与利润表数据
投入变量		
营业活动现金流出	营业活动现金流出 = 经营活动现金流出 + 投资活动现金流出	现金流量表数据
总资产	全部资产	资产负债表数据
销货成本	销货成本	利润表数据
净营运资金	净营运资金 = 总资产 – 营业性负债	资产负债表数据

要求出一个 DMU 的 SBM 效率，首先我们必须使用式(5.1)的分数线性规划式：

$$\min\rho = \frac{1 - \dfrac{1}{m}\displaystyle\sum_{i=1}^{m}\dfrac{S_i^-}{x_{io}}}{1 + \dfrac{1}{s}\displaystyle\sum_{r=1}^{s}\dfrac{S_r^-}{y_{io}}} \tag{5.1}$$

$$s.t \quad x_0 = X\lambda + S^-$$

$$y_0 = Y\lambda - S^+$$

$$\lambda, S^-, S^+ \geqslant 0$$

在式(5.1)中，ρ 是非射线差额指标；S_i^- 及 S_i^+ 分别代表差额及产出差额，$X\lambda$ 及 $Y\lambda$ 分别代表投入项及产出项效率边界的标杆值，我们假设 $X \geqslant 0$，而假如 x_{io}，则必须将 $\rho = \left(\dfrac{1}{m}\displaystyle\sum_{i=1}^{m}\dfrac{x_{io} - S_i^-}{x_{io}}\right)\left(\dfrac{1}{S}\displaystyle\sum_{r=1}^{s}\dfrac{y_{ro} + S_r^+}{y_{ro}}\right)^{-1}$ 从目标函数中去除，若 $y_{ro} \leqslant 0$，则必须将 y_{ro} 以一个极小的正值取代，如此才能凸显 S_i^+/x_{io} 对 SBM 效率的负面影响，其中 $0 \leqslant \rho \leqslant 1$；表示 SBM 效率值限制在 0~1。$\rho$ 为使用 S_i^- 及 S_i^+ 所构建的指标。当所有 S_i^- 及 S_i^+ 均为 0 时，代表 DMU 的所有投入项及产出项均无差额存在。此时 $\rho = 1$，我们可以说该 DMU 具有 SBM 效率。

式(5.1)中的 ρ 可以转换成式(5.2)来加以呈现：

$$\rho = \left(\frac{1}{m}\sum_{i=1}^{m}\frac{x_{io} - S_i^-}{x_{io}}\right)\left(\frac{1}{S}\sum_{r=1}^{s}\frac{y_{ro} + S_r^+}{y_{ro}}\right)^{-1} \tag{5.2}$$

式(5.2)中 $x_{io} - S_i^-/x_{io}$ 衡量的是第 i 项投入宜缩减的比率，因此，上式反映出投入项的平均缩减比率，或称投入混合无效率（input mix inefficiencies）；相似地，$(y_{ro} + S_i^+)/y_{ro}$ 衡量的是第 r 项产出宜扩展的比率。第二个括号分式反映产出项的平均扩展比率，平均扩展比率的倒数值即为产出混合无效率（output mix inefficiencies），因此，ρ 可以解释为平均投入混合无效率与平均产出混合效率的比率。

为了求解式(5.1)，我们可以加入一个正数值变量 t 来做转换，转换后的非线性规划式 SBM_t，如式(5.3)所示：

$$\min\tau = t - \frac{1}{m}\sum_{i=1}^{s}S_i^-/x_{io} \qquad (5.3)$$

$$s.t. \quad 1 = t + \frac{1}{s}\sum_{r=1}^{s}S_r^+/y_{ro}$$

$$x_0 = X\lambda + S^-$$

$$y_0 = Y\lambda - S^-$$

$$\lambda,S^+,S^-,t \geqslant 0$$

为了将式(5.3)转化为线性规划式，我们令：

$$S^- = ts^-, \quad S^+ = ts^-, \quad \Lambda = t\lambda$$

SBM$_t$之线性规划式可以式(5.4)表示：

$$\min\tau = t - \frac{1}{m}\sum_{i=1}^{s}S_r^+/y_{ro} \qquad (5.4)$$

$$s.t. \quad 1 = t - \frac{1}{s}\sum_{i=1}^{s}S_r^+/y_{ro}$$

$$tx_0 = X\Lambda + S^-$$

$$ty_0 = X\Lambda - S^+$$

$$\Lambda,S^+,S^- \geqslant 0,$$

$$t \geqslant 0$$

在式(5.4)中，$t > 0$ 代表转换具有可还原性(reversible)，假设我们令上式线性规划 SBM$_t$ 的最适解为：

$$(\tau^*,t^*,\Lambda^*,S^{-*},S^{+*})$$

则 SBM$_t$ 的最适解可以式(5.5)表示：

$$\rho^* = t^*, \quad \lambda^* = \Lambda^*/t^*, \quad S^{-*} = S^{-*}/t^*, \quad S^{+*} = S^{+*}/t^* \qquad (5.5)$$

从式(5.5)的最适解，我们可以得知一个 DMU 是否具有 SBM 效率，

若且唯若 $\rho = 1$，则该 DMU 具有 SBM 效率，而 $\rho = 1$ 意指 $S_i^- = 0$，$S_i^+ = 0$，无任何投入差额及产出差额存在。

而对于不具有 SBM 效率的 DMU，我们可以借由去除投入过剩的数量，加产出短缺的数量来改善 SBM 效率，以达到 SBM 效率的境界，式(5.6)不具 SBM 效率的 DMU 调整方式，其中 $(\hat{x}_o, \hat{y}_o)$ 代表效率边界的投射点，调整方式与加法模式不同。

$$\hat{x}_o = x_0 - S^{-*}, \quad \hat{y}_o = x_0 - S^{+*} \tag{5.6}$$

在 SBM 模式之下，营运资金管理效率值的计算较好地定量衡量了企业间营运资金管理绩效的相对效率，配合营运资金各部分的定性分析，可以作为企业营运资金管理绩效衡量的方法选择之一。此体系全面长远地衡量了企业营运资金管理绩效。

第三节　营运资金各部分品质分析

对营运资金的品质分析就是具体针对营运资金所涉及的主要资产或者负债项目做必要的定性分析，作为营运资金管理效率值的必要补充和充分解释。包括经营活动营运资金的品质分析、投资活动营运资金的品质分析和整体营运资金的品质分析。营运资金各组成部分的品质分析是营运资金管理绩效定量考评的有益补充，能更全面地把握营运资金管理绩效的衡量，有利于企业更长远地看待营运资金管理绩效，从整体上关注营运资金管理的协调性。

一、经营活动营运资金品质分析

（一）存货品质分析

存货是指企业在正常生产经营过程中持有以备出售的产品或商品，处在生产过程中的在产品、在生产过程或提供劳务过程中耗用的材料、物料等。存货区别于固定资产等非流动资产的最基本特征是：企业持有存货的最终目的是出售，无论是可供直接出售，还是需要进一步加工后出售，但不是自用或者消耗。

存货在不同企业中的构成是有差别的。在工业企业中，存货包括库存、加工中和在途的各种原材料、燃料、包装物、低值易耗品、在产品、外购商品、自制半成品、产成品、分期收款发出商品、材料物资、包装物、低值易耗品等。

对存货质量的分析，应该结合该项目本身所具有的物理属性和预期效用，要以分析存货的物理质量、时效情况和存货的品种构成为基本关注点。

1. 关注存货的物理质量

存货的物理质量是指存货存在的自然质量，即存货的自然状态。例如，商业企业中的销售商品是否完好无损、制造业企业的产成品的质量是否符合相应产品的等级要求等等。关注存货的物理质量可以发现存货真实的存在状态。对存货的物理质量进行分析，可以初步确定存货的存在状态，为分析存货的周转性、盈利性和协调性奠定基础。

2. 关注存货的时效状况

关注存货的时效状况，是指对企业存货的时效性状况进行的分析。与时效性相关的企业存货，是指那些盈利性和变现性与时间关联较紧密的企业存货。便于企业从长远角度衡量存货的质量。按企业存货的时效性对其进行分类，可以分为：

（1）与保质期相关的存货的时效性，最常见的比如食品类存货。在食品类存货中，保质期限较长的存货时效性相对较弱；反之，保质期较短、即将达到保质期的存货时效性相对较强。应根据不同种类具体分析对待。

（2）与具体内容相关的存货的时效性，例如，出版物。在出版物中，内容较为稳定、可利用时间较长的（如教科书等），其时效性相对较弱；内容更新较快、可利用的时间较短（如杂志、报纸等），其时效性就相对较强。

（3）与技术手段相关的存货的时效性。这里的技术手段，除了我们熟悉的科学技术以外，也包括配方等无形资产。同样是与技术相连，有的存货的支持技术进步较快（如计算机技术）；有的存货的支持技术则进步较慢（如传统中药配方、药品配方、食品配方等）。支持技术进步较快的存货时效性较强，支持技术进步较慢的存货的时效性较弱。

3. 关注存货的品种构成

在企业生产和销售多种产品的前提条件下，不同品种产品的盈利能力、技术状态、市场发展前景以及产品的抗变能力等可能都有较大的差异。过分依赖某一种产品或几种产品的企业，极有可能因产品出现问题而使企业全局受到重创，影响营运资金的整体质量。因此，应当对企业存货的品种构成进行分析，并关注不同品种产品的盈利能力、技术状态、市场发展前景以及产品的抗变能力等方面的状况。

4. 关注存货的盈利性

可以通过对存货的毛利率走势进行分析，存货的毛利率在很大程度上体现了企业在存货项目上的获利空间，也反映了企业在日常经营活动中的初始获利空间。毛利率下降，可能意味着企业的产品在市场上的竞争能力下降，可能意味着企业的产品生命周期出现了转折，也可能意味着企业生产的产品面临着激烈的竞争。当然，企业年度之间毛利率的变化也有可能是企业通过低转或高转成本、改变存货计价和盘存方式等手段，人为进行利润操纵的结果。在对存货进行品质分析时，应尽量剔除诸多主观因素的影响。

5. 关注存货的变现性

会计准则规定，存货的期末计价采用成本与可变现净值孰低法，对于可变现净值低于成本的部分，应当计提跌价准备。存货跌价准备在质量方面的含义是其反映了企业对其存货贬值程度的认识水平和企业可接受的贬值水平。因此，通过对存货跌价准备计提的分析，考察存货的变现性时，应首先对其计提的合理性进行判别。一方面要特别关注企业是否存在利用存货项目进行潜亏挂账的问题。一些企业利用存货项目的种类繁多、金额庞大、重置频繁、计价方法多样、审计难度大等特点，采用种种非法手段，将呆滞商品、积压产品、残品等已经失去了变现性的存货及违规行为（如不符合财务制度的费用开支），通过在存货项目中长期挂账，来隐瞒潜在的亏损形式；另一方面还要注意考察企业是否通过存货跌价准备计提进行巨额摊销，为来年的"扭亏为盈"提供新的机会。

此外，还要关注报表附注有关存货担保、抵押方面的说明。如果企业存在上述情况，这部分存货的变现性就会随之受到影响。

（二）应收账款品质分析

应收账款是指企业因赊销商品、材料、提供劳务等业务而形成的商业性债权。这种债权应向购货单位或者接受劳务方索取。对绝大多数的企业而言，对外销售产品或劳务时，一般采用预收货款（如广告业）、现销或者赊销。因此，企业债权规模与企业的经营方式和所处的行业都有直接联系，各行业债权规模相差较大，例如，处于商业行业的零售企业，绝大部分的业务是现金销售业务，因而其商业债权很少；而相当一部分的工业企业，则常常采用赊销方式，从而形成商业债权。结算方式对营运资金运转的速度和质量都有很大的影响，是值得单独探讨的课题。

企业赊销商品实质上就是向购买方提供商业信用。因此，企业的信用政策对其商业债权规模有着直接的影响。若是放宽信用政策，就会刺激销售，增大债权规模；若是紧缩信用政策，就会制约销售，减小债权规模。但不应忽视的是：企业应收账款规模越大，其发生坏账的可能性就越大，进而可以进一步断定，企业在放宽信用政策达到一定程度之后，销售规模的进一步扩大并不一定能最终带来企业盈利的提高。因此，合理确定信用政策，争取在刺激销售和减少坏账之间寻找赊销政策的最佳点，是企业营销渠道营运资金运转的重要问题，是企业营销策略中必须面对和解决的问题。对于应收账款项目来说，分析其变现性的能力是对其进行品质分析的重中之重。对应收账款变现性的分析，主要从以下几个方面进行：

1. 关注债权的账龄情况

对债权的账龄进行分析是通过对债权形成的时间长短进行分析，进而对不同账龄的债权分别判断品质：对现有债权，按欠账期长短（账龄）进行分类分析。一般而言，未过信用期或已过信用期但拖欠期还较短的债权出现坏账的可能性比已过信用期较长时间的债权发生坏账的可能性更小。这种分析，对了解企业的坏账情况，调整或制定企业的信用政策是十分有益的。

账龄分析一是可以看出一个公司应收账款的账龄结构，进而分析其流动性能；二是从其应收账款的回收情况来分析该公司的信用政策是否需要调整或者重新制定，以改善应收账款回收的速度；三是分析个别客户的信用等级，以便于为日后预期继续来往作为参考；四是指出客户拒绝交付某一笔货款而产生的特殊交易，以提醒该公司采取必要的措施来解决问题。从平均收账期的长短，还可以了解企业对应收账款的管理是否过于宽松，信用条件及赊销所附的付款条件是否需要调整。

2. 关注债务人的构成情况

企业债权的质量，不仅与其账龄有关，而且与债务人的构成相关。因此，在有条件的情况下，应当尽可能地通过对债务人的构成分析来对债权的质量进行了解。对债权人的分析可以从以下几个方面进行：

（1）关注债务人的行业构成情况。由于不同行业的成长性差异可能很大，处于同一行业内的企业往往在财务状况质量方面有较大的相似性，因此，对债务人的行业构成分析至关重要。

（2）关注债务人的区域构成情况。从债务人的区域构成来看，不同地方的债务人，由于在经济发展水平、法制建设条件以及特定的经济环境等方面存在的差异，对企业自身债务的偿还心态以及偿债能力具有很大的差异：一般而言，经济发展水平较高、法制条件较好以及特定的经济环境较好地区的债务人，一般都具有较好的债务清偿心态，因而企业对这些地区债权的可回收性相应较强；经济发展水平较为落后、法制条件较为落后以及特定的经济环境较差（如正面临动乱）地区的债务人，其还款能力较差。

（3）关注债务人的信用构成情况。在现实生活中，银行等金融机构经常对企业进行信用等级评价。一般来说，信用等级较高的债务人，其偿还债务能力较强，企业相应的债权质量也就越高。需要注意的是，企业的信用等级状况不是一成不变的，而是动态的，与企业所面临的经营环境的动态变化、资本结构的动态变化以及人力资源结构的动态变化都密切相关，需要时时更新。

（4）关注债务人的所有权性质情况。从债务人的所有权性质看，对于不同所有制的企业，其自身债务的偿还心态以及偿还能力也有较大的差异。这一点从许多企业的实践已经看出。

（5）关注债务人的稳定程度。从债务人的稳定程度来看，稳定债务人的偿债能力一般比较好把握，但同时也要关注其近期是否发生了财务困难。一般情况下，稳定债务人过多，通常意味着企业的经营没有太多起色。而临时性或不稳定的债务人，虽然有可能是企业扩大经营业务的结果，但其偿债能力一般较难把握，这是需要进一步权衡的问题。

3. 对坏账准备政策进行分析

由于资产负债表上所列示的是应收账款净额，因此，在分析应收账款的质量时要特别关注企业坏账准备计提的合理性。2006 年颁布的《企业会计准则》强调应收账款作为一项金融资产，应当在资产负债表日对其进行减值检查，将其账面价值与预计未来现金流量现值之间的差额确认为减值损失，计入当期损益。

（三）固定资产品质分析

固定资产，是指同时具有下列特征的有形资产：①为生产商品、提供劳务、出租或经营管理而持有的；②使用寿命超过一个会计年度。其中，固定资产的使用寿命是指企业使用固定资产的预计期间，或者该固定资产所能够生产产品或提供劳务的数量。通常情况下，固定资产的使用寿命是指使用固定资产的预计期间。固定资产是企业生产经营中重要的劳务手段，也是企业获取盈利的主要物质基础，在企业的生产经营过程中发挥着重要作用。它有助于企业提高劳动效率，改善工作条件、扩大生产经营规模、降低生产成本，是企业营运资金中非常重要的组成部分。

一般情况下，固定资产呈现出以下特点：①长期拥有并能够在企业生产经营过程中持续发挥作用；②投资数额大，经营风险也相对较大；③反映企业生产的技术水平、工艺水平；④对企业的经济效益和财务状况影响非常大；⑤变现性相对较差。固定资产在资产总额中所占的比重不可一概而论，往往带有浓厚的行业色彩，而一个企业拥有的固定资产的规模和先进程度，又代表着该行业在整个行业中相对的竞争实力和竞争地位。针对某项具体的固定资产项目，其利用效率和利用效果的大小，与企业所处的不同历史时期、不同发展阶段以及不同的客观经济环境都有着直接联系，因此，在对固定资产进行品质分析时，一定要强调其相对有用性。此外，固定资产在规模、配置以及分布等方面与企业战略的吻合程度，也直接影响其盈利性、周转性和协调性的大小。同时，固定资产如果能够得到合理安排的使用，还可以与企业其他资产产生协同效应，给企业带来意想不到的收益。

1. 关注固定资产分布和配置的合理性

对于制造业企业而言，在其各类固定资产中，生产用固定资产，特别是其中的生产设备，同企业的生产经营直接相关，在全部资产中应占据较大比重。非生产用固定资产应根据实际需要适当安排，但其增长速度在一般情况下不应该超过生产用固定资产的增长速度。未使用和不需用的固定资产所占比例过大，会影响企业固定资产的整体利用效果，应尽早查明原因，及时采取措施予以处理。对固定资产分布和配置合理性的评价，必须根据企业会计报表相关附注的说明，结合企业的生产经营特点，技术水平和发展战略等因素综合地加以分析。固定资产的分布与配置是否合理，在很大程度上决定了固定资产的利用效率和效益的高低。

2. 关注固定资产的规模

企业固定资产的规模必须与企业的发展战略、整体生产经营水平以及所处的行业特点相适应，同时也应注意与企业的流动资产规模保持一定的比例关系。如果企业置这些因素于不顾，盲目购置新设备，进而盲目扩大生产规模，就会造成资源的低效利用甚至是浪费，从而影响企业的整体获利水平。因此，企业应根据其战略发展的需要，适时制订生产经营计划，核定固定资产需要量，据此添置新设备，扩大固定资产规模。

3. 关注固定资产与其他资产组合的增值性

固定资产与其他资产组合的增值性，强调的是固定资产可以通过与其他资产的适当组合，在使用中产生一系列协同效应的能力。由于有相同的物理质量的资产，在不同的企业或在同一企业的不同时期，甚至是在同一企业同一时期的不同用途中，都有可能会表现出不同的贡献能力，在对固定资产进行质量分析时，一定要强调其相对有用性。因此，有必要按照不同时期的经济发展方向和市场变动对企业的固定资产进行重新组合，这也是固定资产本身所具有的一项重要特征。

由于无形资产所独有的胶合功能与催化激活功能，因此，把固定资产与无形资产进行适当组合，从而一定程度上实现增值，是一条极为有效的途径。我国的国有企业有一个重要的特点是优势分散化。即技术、产品、管理、市场、人才、设备等要素的优势分散在不同的企业中。即存在这样的情况：有时某个企业缺乏的正是其他企业所拥有的，而某个企业所擅长的却正是其他企业所不足的。各企业分散的要素优势成不了企业的经济优势，并且会出现严重的优势闲置。所以，如果能把不同特色的企业联合在一起，把各自拥有的优势集中起来，就会使潜在的优势变成现实拥有的优势。这样一来不仅充分利用了资源，还解决了生产能力短缺、资本不足与生产能力过剩、设备闲置等并存的问题。由此可见，重组是解决固定资产不足与闲置并存问题的有效手段。

此外，在不同企业之间对固定资产进行重新组合从而实现增值的方式，也是当前企业一种经济而有效的途径。我国在过去几十年的经济建设中形成了数万亿的经营性国有资产，这部分资产中又有较大比重的资产处于闲置状态，如果能通过资产重组使这部分闲置资产重新活跃起来，不仅可以提高资源的利用率，而且可以使这部分资产在结构调整中发挥了积极作用。通过固定资产的重组，可使劣势企业的固定资产流入优势企业中，从而加速资本的集中，扩大企业的规模，增强企业的实力，迅速提高市场的竞争能力和市场占有率。因此，利用资产重组来实现固定资产的增值具有很大潜力。

（四）应付账款与应付票据品质分析

应付账款项目反映企业购买原材料、商品和接受劳务供应等而应付给供应单位的货款。它是由于购买商品或接受劳务的发生时间与付款时间不一致所造成的。一般来说，凡是购进商品的所有权转到企业时，或企业实际使用外界提供的劳务时，就需要确认应付账款并予以入账。应付票据项目反映企业购买材料、商品和接受劳务供应等而开出并承兑的、尚未到期付款的商业汇票，包括银行承兑汇票和商业承兑汇票。商业汇票规定有一定的承兑期限（最长不超过六个月），在承兑期限内由交易双方商定具体承付日期。如果是分期付款，则应一次签发若干张不同期限的汇票。

要特别注意应付票据与应付账款的规模变化及其与企业存货规模变化之间的关系。这是因为，应付票据与应付账款构成了存货的财务来源。

在企业应付票据与应付账款的数量变化所包含的经营质量信息里，一般认为，应付票据和应付账款的规模代表了企业利用商业信用推动经营活动的能力。但是，由于应付票据和应付账款的财务成本并不相同(在我国的商业汇票普遍采用银行承兑的条件下，应付票据是有成本的)，因此，从企业应付票据和应付账款的数量变化，可以透视出企业的经营质量。若随着企业存货或营业成本的增长，应付账款相应增长，从债务企业的角度来说，这种增长在很大程度上代表债务企业与供应企业在结算方式的谈判上具有较强的能力，因为企业成功地利用了商业信用来支持自己的经营活动，又避免了采用商业汇票结算可能引起的财务费用。从债权企业角度来说，之所以接受这种结算方式而不采用商业汇票结算方式，是因为对债务企业的偿债能力有信心，对到期回收商业债权有信心；若随着企业存货或营业成本的增长，应付票据相应增长，从债务企业角度来说，这种增长在很大程度上代表债务企业处于因支付能力下降而失去与供应企业在结算方式上进行谈判的优势，并且不得不采用商业汇票结算的境地。同时，采用商业汇票结算，不可避免地会增加财务费用，加大货币资金的周转压力。从债权企业角度来说，之所以只接受商业汇票结算方式，除了商业汇票具有更强的流动性外，还可能是因为对债务企业的偿债能力缺乏信心。

二、投资活动营运资金品质分析

(一)货币资金品质分析

货币资金是指企业在生产经营过程中停留于货币形态的那部分资金，它具有可以立即作为支付手段并被普遍接受的特性。货币资金具有较强的流动性。资产负债表中反映的货币资金包括企业的库存现金、外埠存款、银行汇票存款、银行本票存款、信用证存款、信用卡存款和在途资金等。

货币资金的品质主要是指企业对货币资金的运用是否合理以及企业货币资金的构成质量。因此，对企业货币资金的品质分析，主要应从以下几个方面进行：

1. 关注企业日常货币资金规模是否适当

为维持企业经营活动的正常运转，企业必须保有一定的货币资金余额。从财务管理角度来看，货币资金保有量过低，将严重影响企业正常的生产经营活动、制约企业的发展，并进而影响到企业的商业信誉；而过高的货币资金保有量，则在浪费投资机会的同时，还会增加企业的筹资成本。因此，判断企业日常货币资金规模是否适当，就成了分析企业货币资金运用质量的一个重要方面。那么，各个企业货币资金的规模应为多少才合适？由于企业的情况千差万别，企业货币资金的适当规模，主要由下列因素决定：

（1）企业的资产规模、业务收支规模。一般而言，企业资产总额越大，相应的货币资金规模也就应当越大；业务收支频繁，且绝对额较大的企业，处于货币资金形态的资产也会较多。

（2）企业的行业特点。企业的行业特点也制约着其货币资金规模：银行业、保险业与工业企业，即使在相同的总资产规模条件下，也不可能保持相近规模的货币资金。

（3）企业对货币资金的运用能力。货币资金如果仅停留在货币形态，则只能用于支付，其对企业资产增值的直接贡献将会很小。如果企业的管理人员善于利用货币资金从事其他的经营或投资活动，则有可能提高企业的获利水平。

也就是说，企业过高的货币资金规模，一方面可能意味着企业丧失了部分潜在的投资机会；另一方面也可能表明企业的管理人员生财无道。

此外，需要考虑的因素还有：企业近期偿债的资金需求、企业的利润状况和带来的现金后果、所处的融资环境等。

2. 关注企业在货币资金收支过程中内部控制制度的完善程度以及实际执行质量

货币资金在收支过程中内部控制制度的完善程度以及实际执行质量，构成了对企业货币资金质量分析的另一重要方面。国家从宏观管理角度出发，在有关货币资金收支方面有严格的管理规定，企业必须遵循国家有关的结算政策、现金管理制度，合理调度资金。但是，从企业微观财务管理角度来看，企业在收支过程中内部控制制度的完善程度以及实际执行质量，则直接关系企业的货币资金运用质量。

这里所说的企业货币资金收支过程中的内部控制制度，涉及企业货币资金收支的全过程。

3. 关注企业货币资金构成质量

企业资产负债表上的货币资金的金额代表了在资产负债表日企业拥有的货币资金数额。由于物价波动、技术发展等方面的原因，相同数量金额的货币资金在不同时点其购买力会发生变化。在企业的经济业务仅仅用记账本位币来完成的前提下，由于资产负债表金额的时点特性以及货币资金所具有的自动与资产负债表日的货币购买力相等的特性，使得资产负债表日企业的拥有量本身难以揭示出企业货币资金的真正数量。

（二）交易性金融资产品质分析

金融资产属于企业资产的重要组成部分，是一切可以在有组织的金融市场上进行交易、具有现实价格和未来估价的金融工具总称。金融资产的最大特征是能够在市场交易中为其所有者提供即期或远期的货币收入流量。尽管金融市场的存在并不是金融资产创造与交易的必要条件，但大多数国家经济中的金融资产还是在相应的金融市场上交易的。金融资产主要包括库存现金、银行存款、应收账款、应收票据、股权投资、债权投资、金融衍生工具形成的资产等。企业应当在初始确认金融资产时，结合自身业务特点、投资策略和风险管理要求，将其划分为下列四类：交易性金融资产、持有至到期投资、贷款和应收账款以及可出售金融资产。

分析交易性金融资产的质量特征时，应关注其公允价值这一计量属性，着重分析该项目的盈利性大小，具体地说，应从如下两方面进行分析：一是分析同期利润表中的"公允价值变动损益"及其在会计报表附注中对该项目的详细说明，通过把握因交易性金融资产投资而产生的公允价值变动损益为正还是为负，来确定该项资产的盈利能力；二是分析同期利润表中的"投资收益"及其在会计报表附注中对该项目的详细说明，通过把握因交易性金融资产投资而产生的投资收益为正还是为负，来确定该项资产的盈利能力。当然，若此项投资的规模过大，必然影响企业的正常生产经营，也有人为地将长期投资划入该项目挂账之嫌疑，得以"改善"其流动比率。我们可以从其规模的波动情况、现金支付的能力、投资收益的构成等方面进行判断。

（三）持有至到期投资品质分析

持有至到期投资是指到期日固定、回收金额固定或可确定，且企业有明确意图和能力持有至到期的非衍生金融资产。包括企业持有的在活跃市场上有公开报价的国债、企业债券以及金融债券等。持有至到期投资的目的主要是通过定期收取利息来获得长期稳定的收益，同时又由于到期收回本金从而在很大程度上降低了投资风险。

1. 关注持有至到期投资盈利性

企业购买国债、企业债券以及金融债券是持有至到期投资的主要内容，其投资收益为定期收取的利息。对持有至到期投资盈利性的分析，首先应当根据当时宏观金融市场环境，判断投资收益的相对水平。一般来说，持有至到期投资的收益率应高于同期银行存款利率，具体收益水平要视债券种类以及所承受的风险大小来定。另外还要注意，持有至到期投资的收益是按照权责发生制原则确定的，并不与现金流入量相对应，即无论投资企业是否收到利息，都要按应收利息计算出当期的投资收益。大多数情况下，投资收益的确认都先于利息的收取，由此会在一定程度上导致投资收益与现金收入的不一致。

2. 关注持有至到期投资的变现性

对持有至到期投资而言，虽然按照约定，投资者将定期收取利息且到期收回本金，但是债务人能否定期支付利息且到期偿还本金，则取决于债务人在需要偿还的时点是否持有足够的现金。因此，一方面有必要对其项目构成及债务人构成进行分析，并在此基础上对债务人的偿债能力做进一步的判断，从而评价该项目的变现性。分析时可参阅会计报表附注中关于持有至到期投资明细表，并结合其他市场信息因素进行判断。另一方面应根据持有至到期投资的减值情况来分析其变现性。当持有至到期投资发生减值时，应当将其账面价值减至预期未来现金流量的现值。因此，通过分析该项目减值准备的计提情况，便可直接判断持有至到期投资的变现性。但必须注意的是，一些企业有可能出于粉饰业绩的目的，通过少提或多提减值准备的方式来达到虚增或虚减持有至到期投资账面价值和利润的目的。

三、整体营运资金品质分析

营运资金是一个整体，对营运资金进行品质分析不能仅仅孤立地看待各个组成项目的品质，而应在整体上把握其质量特性。总体而言，在对营运资金管理绩效评价时，需注意关注以下问题。

（一）关注资产总规模及其变化

关注资产总规模及其变化即应该着重掌握企业的资产总额在各年度间的变化情况。换句话说，就是分析资产总额年末规模及其与年初规模之间的差异。通过对资产总额年末规模及其与年初规模之间差异的变化了解，我们既可以体会企业"盘子"的大小，也可以对企业拥有或控制的资源规模的变化及其方向（是越来越雄厚而得以持续的发展，还是越来越萎缩）有一个初步的认识，以便于预测企业发展的动向。

（二）关注经营性营运资金与投资性营运资金的比重

在企业的资产结构中所奠定的利润支持基础如何，即企业以什么样的方式给利润带来贡献。是以经营活动为主，还是投资活动为主，抑或两者并重。可以直接比较平均营运资金中，平均经营性资产和平均投资性资产各占的比重。便于分析企业营运资金管理的发展方向。

如果在企业的平均营运资金总额中，经营性营运资金占有较大的比重，而投资性营运资金占较小的比重，且双方之间有一定差异，那么我们认为这是一个经营主导型的企业，这样的资产结构决定了对企业利润做出主要贡献的应该是其自身的经营资产，不包括投资收益的营业利润应成为利润的主要支撑点。如果在企业的平均营运资金中，投资性营运资金占有较大比重，经营性营运资金占有较小比重，且双方之间有一定差异，那么我们认为这是一个投资主导性的企业，这样的营运资金结构决定了对企业利润做出贡献的应该是投资性营运资金，投资收益理应成为利润的主要支撑点。

如果在企业的平均营运资金中，经营性营运资金与投资性营运资金所占的比重大体相当，那么我们认为这是一个两者并重型的企业，即这样的营运资金结构决定了经营性营运资金和投资性营运资金将共同对企业利润做出贡献。

（三）关注主要资产项目规模的重大变化及其方向性含义

在任何会计期间内，企业的资产结构和规模可能会发生某些变化。由于不同的资产项目在企业战略实施过程中所处的位置不同，因而其变化的质量含义也不相同。在分析中应注意其中产生的重大变化及其方向。

（四）关注流动资产与流动负债的协调性

关注流动资产与流动负债的协调性，主要关注流动资产与流动负债的差异到底多少比较好。这个问题实际上是没有一个确切的答案的。我们认为，在正常情况下，流动资产只有大于流动负债，企业流动资产对流动负债可能有较为安全的保障。但到底应该是多少最为合适，还应进一步结合企业所处的行业特点、自身经营特点、外部市场环境等因素加以具体分析，绝不能一概而论。

必须特别注意的是，除了关注流动资产与流动负债的对比关系，还要关注其他方面，主要包括：企业流动资产剔除不良部分（其他应收款、呆滞存货等）后的有效部分对流动资产的保障程度；企业存货的周转和增值状况；企业盈利能力及其产生现金流量的能力，企业尚可动用的融资安排等。可以肯定地说，如果企业具有较强的盈利能力，且资金周转较为顺畅，不论流动资产与流动负债的对比关系如何，企业流动资产对流动负债的保障就应不会出现太大问题。

（五）关注企业负债筹资与权益筹资的比重

资产负债率是企业的负债总额与资产总额之间的比率。尽管企业负债率有多高对债权人来说才算安全的问题很难回答，但一般来说，企业的负债率低于70%还是比较安全的。例如，我国有关方面曾经规定，上市公司担保对象的资产负债率如果超过70%，则董事会关于为担保对象提供贷款担保的有关决议在董事会通过以后，还要在股东大会获得通过。

在企业负债率不高的情况下，企业未来的发展可以通过进一步债务融资来提供资金支持。通过举债，使得企业的资金更加雄厚，通过以下途径可以给企业带来新的发展契机：对企业经营活动的内部条件进行改善，如增加固定资产、无形资产、流动资产等项目的规模，并通过相应措施提高其财务状况质量，从而提高企业经营活动的盈利能力；对企业现有的对外投资结构进行调整，使其更加符合企业发展的战略规划，从而改善企业对外投资的盈利能力；通过实施并购重组，对企业的现有资源重新进行整合，从而改善企业的投资或者经营活动的盈利能力；进入新的行业区域，拓展企业的市场影响力和竞争实力，从而提高企业整体营运资金的盈利能力等。

第六章　营运资金管理方法创新

第一节　营运资金管理方法创新的基础

营运资金管理方法的创新应有其理论基础，只有把握好影响营运资金管理绩效的相应因素，才能找到营运资金管理创新的突破口，从根本上提高营运资金管理效率。新视角下营运资金管理研究引起了广泛关注的同时，应当理清企业战略、业务流程再造与营运资金管理绩效的关系，强调从战略、商业模式和流程创新推进营运资金管理方法创新，这也是营运资金管理方法创新的总体趋势。

一、企业战略：营运资金管理方法创新的导向

关于企业战略的研究始于 20 世纪 30 年代，1938 年"战略"一词首次出现在美国经济学家巴纳德(Barnard)所著的《经营者的职能》一书中，巴纳德认为管理工作的重点在于创造组织的效率，并应使企业组织与环境相适应，为现代企业战略分析方法打下了基础。在此之后出现了一系列关于企业战略的研究成果，其中比较有代表性的包括安德鲁斯(Andrews)在 1965 年建立的著名的 SWOT (strength, weakness, opportunity and threat)分析模型，迈克尔·波特在 20 世纪 80 年代提出的成本领先战略、聚集战略和差异化战略，以及迈克基和普鲁塞(McGee & Prusak, 1993)提出的基于信息资源整合的信息管理战略。

战略问题是市场经济条件下任何一个企业不容回避的话题，战略管理的核心任务在于，客观分析内外部环境和自身竞争优、劣势的前提下，为企业在市场上寻找一个合理的目标定位，并制定为实现这一目标的战略规划和行动部署；而市场地位的确立与巩固，则来源于相对竞争优势的培育和保持。因此，战略重点的关注和核心竞争力的培养是任何一个具有发展眼光的企业日常经营过程中必须考虑的头等大事，企业任何经营行为和过程都必须服从和服务于这个工作重心。作为企业管理系统的

一个子系统，营运资金管理方法体系在构建过程中也自然必须关注战略重点和竞争优势的形成与保持问题。

营运资金管理作为企业财务管理的一部分，与企业战略存在密切关系：一方面，企业战略会指导营运资金管理，对营运资金管理提出更高要求，并有助于营运资金管理绩效的提升；另一方面，营运资金管理落实企业战略，营运资金管理绩效的改善也会促进企业战略的实施。

具体而言，每一个新的战略的推出都需要投入大量资金，这首先需要从企业内部提供资金支持，必将对改善营运资金管理绩效、产生正现金流提出更高要求。同时，企业战略的不断实现也会推进营运资金管理绩效的不断提升。以海尔集团为例，海尔澳大利亚公司为了降低融资成本，实现正现金流，通过海尔品牌的树立（"海尔要树的是品牌，因此通过差异化的产品来实现品牌的提升。海尔根据澳大利亚水资源缺乏的需求，开发的阳光丽人滚筒洗衣机成为第一家获澳大利亚政府节水津贴的中国品牌……"[①]），吸引了银行的眼球，促使中国银行澳大利亚分行从战略合作角度给海尔提供了开证成本最低、保证金比例最少、开证手续最便捷的开证授信额度[②]，改善了贸易公司的营运资金状况，为实现盈利和正现金流目标的实现提供了有力的支持。同时，战略目标的实现促进了海尔规模的不断扩大、行业地位的不断提升，使其在整个供应链中的话语权不断加强，这对供应商管理库存、寄售制采购等模式的运用起到了至关重要的作用（张先敏，2010）。

对于一个不断发展的企业而言，营运资金管理绩效的改善必定会促进其战略目标的实现。比如海尔在全球化战略阶段，需要到全球去布局、去为品牌打广告，这都需要资金，尤其是流动资金，所以提升营运资金管理的绩效，在风险一定、利润最大化的条件下，尽可能地提升营运资金管理的绩效，加速现金的回流，对企业实施全球化战略具有非常重要的意义。而且，营运资金管理绩效的提升可以美化企业的财务报表，有助于提升企业的信用评级标准、降低融资成本，这又将进一步促进企业战略目标的实现。

综上，企业战略目标是企业在各个时期经营活动的总奋斗方向，企

---

① 海尔集团企业文化中心．海尔人在海外——中国企业第一部海外运营实务[M]．青岛：青岛出版社，2007．

② 开证授信额度是指银行对业务情况及收付汇情况良好、诚信可靠、具备一定经济实力的客户提供的开信用证的最高额度。在开证授信额度范围内，可以减免开证保证金，并提供便捷迅速的开证流程，从而减少资金占用，降低资金成本，提高开证效率。

业战略决定了企业营运资金管理的目标，而且企业战略目标的实现有助于提升营运资金管理绩效，所以营运资金管理必须服从于企业战略目标，并为战略目标的实现服务。企业战略是营运资金管理方法创新的导向。

二、业务流程再造：营运资金管理方法创新的前提

近年来，随着理论界和实务界广泛从"供应链"的视角来研究和管理企业运营，人们开始关注运营活动中所需要的营运资金与企业供应链间的内在一致性，对营运资金管理方法的创新开始转向对供应链的优化。

供应链管理是围绕产品流、信息流和资金流来完成的。进行产品流研究的学者与持物流观点的学者的研究方向相似，考虑的是如何最经济、最有效地将产品从供应链的起点交付给最终用户。专注于信息流研究的学者更多地主张供应链管理的核心是用 IT 系统将供应链上的企业进行无缝整合，并在整个供应链上实施信息共享。研究方法多以概念研究、数学模型和问卷调查为主，目的是证明信息共享可以改善供应链绩效。从事资金流研究的学者主要研究的是如何在整个供应链上提高库存周转率和资金利用率，定量分析是较常用的研究方法。从另一个角度来说，供应链管理的目的是使得一个企业产品流、信息流和资金流能够协调发展。供应链管理覆盖了从供应商到客户、从生产领域到流通领域的业务过程，有效的供应链管理要求构成供应链的各个企业之间能够实现信息的无缝连接，将过去分离的业务过程集成起来，建立起一种跨企业的合作关系。企业实行供应链管理的重要一步是进行业务流程管理，这为营运资金管理提供了良好的管理基础，因为没有有效地优化企业的业务流程，大量资金被困在企业的营运资金链中难以释放，从而增加了企业对营运资金的需求。脱离了实物流、工作流和信息流，资金流无法有效流转。与其说供应链管理是营运资金管理的崭新视角，不如说供应链管理与营运资金管理水乳交融，供应链管理融入营运资金管理的每一个环节或者流程。营运资金管理离不开供应链管理，供应链管理影响着营运资金管理。

理论界关于研究供应链管理与营运资金管理的文献并不多。1985 年 Jones and Riley 的题为"借助供应链管理存货来创造竞争优势"（Using inventory for competitive advantage through supply chain management）一文拉开了供应链管理存货这一方法的大幕，使存货管理由独立需求阶段进入了供应链综合管理阶段。此后李（Lee）等（1992、2000）、贝尔（Beier）等（1995）、霍姆斯特姆（Holmström）等（1998）、理查德（Richard，1998）等学者先后进行了供应链管理存货的研究，最终形成了供应商管理库存

（VMI）、联合库存管理（JMI）、多级库存管理以及协同式库存管理（CPFR）①等先进的存货管理思想和管理方法，后来的众多学者对此进行了更加详细和深入的研究，大大降低了存货成本。在相当长的时间内，理论界和实务界仅是关注供应链对"存货和其他影响企业满足顾客服务需求的关键性的经营参数和经营能力"（Jim，2008）的影响，并不关注其对企业整体营运资金管理的影响。

最早将供应链管理与整体营运资金管理进行结合的是安德鲁·阿加佩（Andrew Agapiou）等（1998）在分析建筑商在建筑行业供应链中的作用时认为其最为重要的作用在于能够为整个行业提供营运资金的支持，他们认为建筑公司之所以应该同建筑商建立良好的合作关系，原因在于其从建筑材料的购买、运输一直到产品销售方面都发挥了不可比拟的作用，是连接整个供应链的关键环节，经常被比喻成小建筑公司的银行，为小建筑公司乃至整个供应链提供了关键的营运资金资源，此外，由于其对营运资金的这一重要作用也促成了产品成本的降低。彼得（Peter，2002）以钢铁行业为例对供应链的国际物流系统进行的研究表明供应链各因素间的优化平衡可以提高营运资金的利用效果。瓦德瓦（Wadhwa，2006）对供应链上的横向合作（horizontal collaboration）方式对营运资金的影响进行了详细的研究，研究结果表明横向合作可以使制造商和零售商都获得节约营运资金的好处，而该营运资金的节约是由供应链条件下持有存货成本的降低以及订货期的缩短所导致的。

以上从供应链角度对营运资金所进行的研究既不系统，也还不够深入，大多仅是对实践方法的描述，极少数进行详细分析的文献（如Wadhwa）依然是从存货成本降低的角度得出供应链管理可以提高营运资金管理绩效的结论，没有真正涉及营运资金的大部分项目。直到2006年春季，美国"次贷危机"开始显现，银行财务状况受到较大的影响，贷款

①　供应商管理库存是一种战略贸易伙伴关系之间的合作性策略，以零售商和供应商双方都获得最低成本为目的，在一个共同签署的协议下由供应商管理存货，并不断监督协议执行情况和修正协议内容，使存货管理得到持续改进的合作性策略。联合库存管理是一种在供应商管理存货的基础上发展起来的供应商与用户权利责任平衡和风险共担的存货管理模式。多级库存管理是在单级存货管理（如 VMI、JMI）基础上形成的，以使存货储存成本、订货成本、缺货成本、丢单损失成本、运输成本之和最小为目标，由供应链核心企业实施的一种库存管理方法。协同式库存管理是一种面向供应链的新型合作伙伴的协同式供应链库存管理策略，建立在 VMI 和 JMI 的最佳分级实践基础上，同时抛弃两者缺乏供应链集成等主要缺点，能同时降低分销商的存货量，增加供应商的销售量的一种存货管理系统。具体见李波、洪涛．供应链管理教程［M］．北京：电子工业出版社，2006：89-103.

市场变得更加谨慎，部分银行将目标瞄准供应链，而此时企业融资渠道受限，开始寻求供应链融资途径，于是在企业界、金融界掀起了"供应链融资"大讨论，很多杂志甚至开辟了供应链融资讨论专栏，聘请企业界CFO、财务经理以及供应链研究专家探讨在市场流动性不足的情况下，企业应用供应链融资来创造营运资金的必要性、主要做法以及供应链融资对企业产生的影响。此时，人们的目光才开始从供应链管理的角度关注应收账款、应付账款及现金流的解决方案。彼得（Peter）定性地分析了供应链融资对供应链企业产生的影响，并重点从现金成本、应收账款、应付账款以及存货购买价格等方面分析了供应链融资对企业营运资金产生的影响。分析结果表明，供应链融资可以通过降低应收账款周转天数、减小应收账款的风险、低成本获得融资、美化财务报表，更有利于企业控制现金流，通过帮助企业降低存货采购价格等方式来提升营运资金管理绩效。供应链管理对营运资金绩效的影响逐渐得到理论验证和受到关注（王秀华，2010）。

进一步的，企业的一切经营活动都是围绕"业务流程"展开的，"流程"是指一组共同为顾客创造价值而又相互关联的活动。哈佛商学院的迈克·波特教授将企业的流程描绘为一个价值链，他认为竞争不是发生在企业与企业之间，而是发生在企业各自的价值链之间。只有对价值链的各个环节实现有效管理的企业，才有可能真正获得市场上的竞争优势。业务流程管理是对供应链上的每一个业务环节进行的管理，不仅包括企业内部的流程管理，也包括企业外部的流程管理。通过业务流程管理，从战略的高度对供应链的每一个环节进行规划、追踪和反馈，及时掌握内外部供应链和市场的变化，提高资金使用效率和资金流的净流入，从而大大提高营运资金的管理效率。营运资金和业务流程的描述对象都是企业的经营过程，是一个事物的不同视角和不同方面。营运资金是从资金占用的角度入手，也是企业各种活动支持现实价值目标的过程的表示；而业务流程是从客观的角度真实反映企业实际的运行过程。因此营运资金和业务流程有着天然的联系，而且业务流程设计的合理性和业务流程管理水平从根本上影响了企业营运资金管理的水平，两者的结合具有必然性。从业务流程角度研究营运资金，使得企业站在更高的层次、从更广阔的视野中去观察和理解各业务流程中营运资金占用情况。

具体而言，业务流程是一个从投入到产出的价值增值过程，根据业务流程的不同特征，它的产出是向企业外部或下一流程提供的产品或服务等，它的投入是为其产出所必需的流程耗用的资源或作业，既可以是从上一流程获得的产品或服务等，也可以是来自企业外的资源。根据营运资金按渠道分类的思想，企业的营业活动由经营活动和投资活动两个主干流程组成，企业的经营活动由采购流程、生产流程、营销流程三个核心流程组成。财务管理流程、服务管理流程等支持流程分别归集到采购流程、生产流程、营销流程、投资流程这些核心流程当中。每个核心流程都由一系列有序的小的业务流程构成。营运资金从企业经营活动的起点，即采购流程起投入，经过生产流程，在营销流程收回，其占用和周转伴随着业务流程运作的全过程。企业业务流程同营运资金的关系如图 6-1 所示。

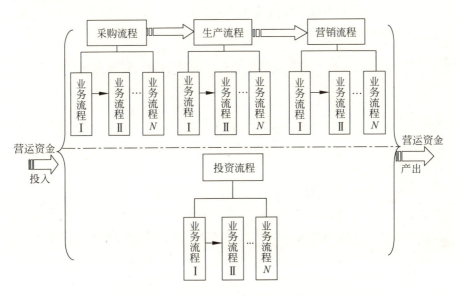

图 6-1　企业业务流程与营运资金的关系

由此来看，业务流程管理影响营运资金管理的机理是各渠道综合作用的结果。单个渠道不仅影响本渠道营运资金周转绩效，还会影响到其他渠道营运资金的占用和周转。因此，企业绝不应该孤立地看待各个业务流程，而应该将它们进行有效的整合，进一步将以业务流程为载体的信息流、资金流进行有效整合，保证资金周转顺畅，提高营运资金周转效率。

将理念形态落实到操作实务上，必须开展商业模式及业务流程的创新，业务流程再造是面向供应链的营运资金管理不可逾越的阶段活动。为保障供应链环境下的营运资金管理方法的创新，还需要先进的信息技术为支撑。面向内部供应链，建立企业管理信息系统，通过 Internet/Intranet 或电子数据交换（EDI）系统将企业无缝连接，使企业的财务同企业的产、供、销各环节业务完全集成与互动，为从整体上把握营运资金的流转、提高营运资金管理效率的方法创新提供了可能。保证供应链运行信息即时共享、准确传达、稳定协调，有利于充分利用内外部供应链的资源共享和优化提高整个供应链的营运资金管理绩效。

因此，应结合企业的战略等其他因素、有选择性地将企业与供应商或者客户进行有效的整合（这需要通过供应商管理流程、客户关系管理流程以及他们内部的一些作业来实现），以此使得双方从持续改进的业务流程中获得营运资金的高效运转。所以说，营运资金管理离不开业务流程的管理，业务流程的管理影响营运资金管理的绩效，营运资金管理绩效先天性地取决于业务流程的先进性。所以说，**业务流程再造是企业营运资金管理方法创新的前提**。

三、利益相关者关系：营运资金管理方法创新的新视角

传统企业以股东财富最大化为目标，与之相对应的企业财务和资金管理是追求自利的增收节支，这种增收节支甚至不惜以损害利益相关者的利益为代价。显然，这样的财务精神难以实现企业的可持续发展。从利益相关者企业管理理论来看，内部利益相关者共同利益的最大化不能靠外部利益相关者利益最小化去实现，而必须通过企业与外部利益相关者之间的合作共赢去实现。体现到企业财务和资金管理上，与利益相关者合作共赢的新财务精神不仅可以在资金筹措方面充分发挥外部利益相关者的作用，积极拓展企业的融资渠道，而且可以在资金运用方面打破了企业的界线，跨越企业优化资金配置，提高资金运用效率。因此，良好的利益相关者关系将会在降低企业营业活动资金需求的同时，大大提高企业筹措资金的能力，从而使企业财务和资金管理步入良性循环。为此，打破财务与业务之间以及部门、企业之间的界线，跨越企业边界与利益相关者开展合作和协同创新，将会成为企业财务和资金管理的必然选择（王竹泉等，2014）。

现代企业管理实践中的许多做法都已充分体现出这种新财务精神的魅力所在。比如说，传统的资金管理认为存货储备是必不可少的，存货管理只能通过经济订货量模型和再订货点模型去控制存货上的资金占用，要实现零存货简直就是异想天开。但是，现在很多企业通过与供应商的战略性合作却轻而易举地实现了零存货，根本不需要再去计算什么经济订货批量，也不必再去核定什么再订货点，所有这些问题都由供应商管理库存的模式解决了。通过这种管理模式的变革，以及跨越企业边界与

供应商的合作，零存货的问题就迎刃而解。

　　随着经济全球化的深入，在全球视野中整合优化产业链已成为各国企业的普遍选择。企业财务和资金管理不仅要思考如何满足企业优化整合产业链的资金需求，更要深入思考如何通过产业链的优化整合解决企业财务和资金管理的难题。在信息技术和网络经济高度发达的今天，与利益相关者合作共赢的新财务精神的实现途径就是促进企业与利益相关者之间的信息共享和资源共享。与供应商、客户等利益相关者之间的信息共享可以降低需求的不确定性从而减少过早、过多的资金占用，减少业务流程各环节之间不必要的等待时间并实现业务流程的并行化运作，从而加快资金周转；与利益相关者之间的资源共享不仅可以降低企业的资金需求，而且可以拓展企业的融资渠道，并提高企业的信用水平，从而增强企业的资金筹措能力。因此，与利益相关者合作共赢的新财务精神将会对企业财务和资金管理产生革命性的影响。

　　从利益相关者视角的资金管理来看，资金管理策略可以区分为基于内部利益相关者的资金管理策略(或称内源式策略)和基于外部利益相关者的资金管理策略(或称外延式策略)两大类。每一类的策略均可再分为资金运用策略、资金筹措策略、资金运用与资金筹措并举策略。

四、营运资金管理控制系统：营运资金管理方法创新的保障

　　一个完整的管理控制体系如图 6-2 所示，由预算管理体系、业绩评价体系、内部报告体系以及相应的激励机制构成。在这里，营运资金预

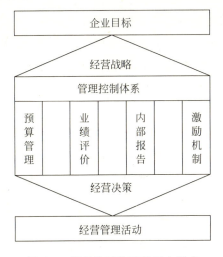

图 6-2　管理控制体系的基本组成

算控制体系、营运资金流量报告与前述营运资金绩效评价体系应当有机衔接、相互协调，共同构成营运资金管理控制体系。具体而言，如图 6-3 所示。营运资金绩效评价体系的目标和重点既是营运资金预算控制体系的目标导向和重点，也是实现企业战略和日常业务运营有机衔接的关键所在。营运资金预算控制体系以及内部报告与分析体系的设计应与企业的绩效评价体系有机衔接，从而实现与企业战略的对接。因此，预算控制体系的改革完善与绩效评价体系、内部报告与分析体系的改革完善应当同步进行。

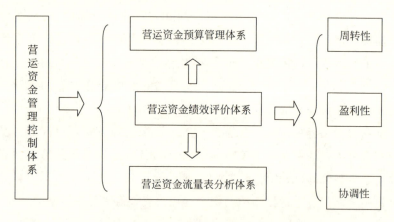

图 6-3   营运资金管理方法体系的关联

另外，营运资金管理应当在以上完整控制体系的基础上注重营运资金管理的整体规划与控制。

营运资金整体规划与控制是指在营运资金筹资与营运资金用资相对应的基本视角下，建立营运资金规划模式，将资金需求问题、资金来源问题、资金流向问题，在营运资金管理目标的要求下，做全盘性的评估与衡量，以期获得营运资金的最适规划。具体观念性构造如图 6-4 所示，其中有这样两个主要部分：

（1）风险与报酬权衡下营运资金生产经营水平和投资水平的规划

决定营运资金经营与投资水平规划的主要要点在于根据企业自身所处行业和宏观经济情况变化，把为企业创造价值作为主要目的，正确划分和融通经营活动营运资金和投资活动营运资金。

经营活动营运资金和投资活动营运资金水平的确定是相互影响的，共同决定企业营运资金管理的水平。过多的营运资金运用起来固然方便，

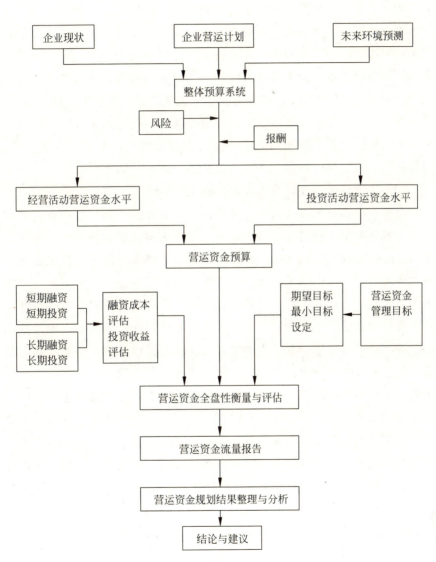

图 6-4　营运资金整体规划与控制

但将增加财务负担，影响企业获利能力，一方面导致企业资金运用难尽其利：营运资金过多，容易造成呆滞现象和资本成本过高，降低利润，投资报酬率也必然相对降低，影响投资者的意愿；另一方面容易造成不必要的扩充或不当的投机：很多企业负责人常常认为很多的营运资金呆滞不用，非常可惜，而有运用以生利的意图，结果往往造成盲目投资和不当投机，容易产生损失，对企业不利。营运资金过少，虽然可以节省成本，但可能资金周转困难，增大技术性偿债不能的风险。可造成下列损失：一方面业务不能有效进行和推动，企业只能为企业筹措资金而奔波，而诸如原材料不足，生产进度受阻，无法大量采购取得折扣利益等；另一方面造成企业信用难以维持、容易受经济变化的影响，即经济景气时，碍于资金限制，不能因时乘势，机会稍纵即逝，而在经济萧条时，销售减少，账款难以回收，外债无法清偿，容易陷入困境。

（2）风险与报酬权衡下的营运资金来源规划

企业资本的形成，从其筹集来源而言，大体分为两种：自有资本和借入资本。由于不同的资金来源会为企业带来不同的利与弊，当企业筹集资金之时，究竟应该选择自有资本还是借入资金，就必须按照企业资本的需求内容，做出慎重判断。本研究使用营运资金规划的两个基本技术为：①预算——基于业务流程的预算；②营运资金流量报告。在进行营运资金规划的第一阶段，将各个营运资金项目均视为变数，以充分反映营业活动的营运资金需求为衡量要素，同时提供基本的界限，借助预算编制过程，对各阶段各项目变数做适度规划，并以现金预算反映企业为配合未来某段时间营业活动所需要资金的需求情况。规划进行的第二阶段根据预算预估的资金需求时间及金额，在符合企业多元化目标的要求情况下，编制营运资金流量报告，评估营运资金运转情况。本章第二节内容将介绍基于利益相关者的资金管理策略，第三节和第四节内容将介绍营运资金预算和营运资金报告两项基本技术。

第二节　基于利益相关者关系的资金管理策略

一、基于内部利益相关者的资金管理策略

（一）基于内部利益相关者的资金运用策略

基于内部利益相关者的资金运用策略主要是在不显著改变企业的筹资规模和结构的前提下通过资本运作、资产重组（如资产置换）、资本投

向和经营范围调整、经营方式(租赁、外包、补偿贸易等)和商业模式变革、管理体制创新(如资金集中管理与现金池)等战略性举措来优化资金配置结构(包括经营活动的资金运用与投资活动的资金运用的比例以及它们各自内部组成部分的比例),提高资金运用效率。由于上述举措通常都属于具有战略意义的重大决策范畴,必须取得内部利益相关者(所有者)的批准方可实施。因此,这类资金管理策略的设计必须以内部利益相关者满意为前提。

(1) 加强资本运作

资本运作是指利用资本市场,通过买卖企业和资产而获利的运营活动,分为资本扩张与资本收缩两种模式。对企业的买卖必然意味着企业的重新组建,即由并购企业的所有者与被并购企业的所有者进行集体选择,以重新确定选择企业契约的内部利益相关者。并购或重建企业契约的目的已不单纯是传统的横向并购和纵向供应链整合等,以吸收新型资本和经营战略调整为目的的资本运作越来越普遍,这将战略性地决定企业的资金投向和资金运用结构,并对企业资金管理产生深远的影响。

(2) 经营方式和商业模式转型

随着信息技术和市场经济的飞速发展,战略投资者股东开始选择新型的经营方式、商业模式,它们也成为影响企业资金管理的重要方式。例如,外包是为维持企业核心竞争能力而将非核心业务委派给企业外的专业公司运作,以降低企业运营成本的经营方式。通过外包,企业可以以较少的运营资金发挥其较高的创值能力,以获得资金最大的运作价值。例如,国美、苏宁等企业通过建立网上商城,以辐射面更广的虚拟网络代替了部分实体商场,甚至大批中小型企业直接将其实体店转型为网店,该商业模式转型大大节省了企业运营所需的资本投入和存货、人员工资等流动资金。

(3) 资金管理体制调整

股东与经营者之间在投融资决策权的分配上是相对集权还是相对分权,将影响企业的资金管理体制,并直接影响企业资金管理的效率。在企业集团中,资金集中管理虽然有助于整个企业集团的战略运营,但也可能对各子公司的运营产生冲击;而当股东赋予经营者较大的经营、投资决策权时,经营者应对市场变化的灵敏性和及时性将大大提高。因此,企业应与时俱进,根据经营和环境的变化适时调整资金管理体制。

（二）基于内部利益相关者的资金筹措策略

基于内部利益相关者的资金筹措策略主要是在不显著改变企业的资金运用规模和结构的前提下通过扩充内部利益相关者的资本投入、引入战略投资者、内部利益相关者为企业增信（如股东为企业融资提供担保、股权质押等）等举措，优化企业资金筹措结构，提高企业资金筹措的质量（权益资金对营业活动资金需求保障的持久性和稳定性优于债务资金）。同样，由于上述举措都属于具有战略意义的重大决策范畴，也必须取得内部利益相关者（所有者）的批准方可实施。因此，这类资金管理策略的设计也必须以内部利益相关者满意为前提。

（1）丰富和扩充权益资本的来源

过去我们对资本的理解仅限于物质资本和财务资本。十八届三中全会提出的"要紧紧围绕使市场在资源配置中起决定性作用深化经济体制改革"和"让一切劳动、知识、技术、管理、资本的活力竞相迸发，让一切创造社会财富的源泉充分涌流"的要求，为企业创新权益资本的筹措途径指明了方向。企业的本质是利益相关者的集体选择，除了物质资本和财务资本以外，企业应创造条件让拥有技术资本、智力资本、社会资本的所有者加入企业契约的集体选择之中，成为企业的所有者，从而让其他形态的资本也可以成为企业的权益资本，借以丰富和扩充权益资本的来源，为企业的发展壮大提供源源不断的资本支持。例如，2009年6月，亚威朗光电（中国）有限公司的发起人以其评估价格为1.4亿元的两项核心技术作为注册资本，大大节省了企业的资金投入，并为公司开启了新的经济活动。

（2）积极引入战略投资者

战略投资者是指持股量大且稳定，在技术、管理、客户、供应商等资源上能给被投资公司带来直接帮助的境内外大企业、大集团。上市公司可通过定向增发、非上市公司则可通过集体选择引入战略投资者。积极引入战略投资者不仅可以增加企业的权益资本，而且其影响力和公信力会带动其他投资者对企业的资本投入，并能够帮助企业追求长期战略地位，促进其产业结构升级，增强企业长远发展能力。

（3）充分利用股权质押与股东担保

近几年，股东以其股权进行质押或股东直接担保以帮助企业获得贷款成为一种新的融资方式。例如，2010年，南国置业（002305）以全资子公司为主体，通过江西国际信托发行两年期股权信托，同时由公司控股股东许晓明所持限售流通股9 000万股提供质押担保协助公司完成融资。

2013年10月，山东迪浩耐磨管道有限公司与齐商银行达成股权质押融资协议，通过600万股权质押，获得银行贷款500万元。

（三）基于内部利益相关者的资金运用与资金筹措并举策略

基于内部利益相关者的资金运用与资金筹措并举策略同时涉及企业的资金运用和资金筹措的规模或（和）结构的显著性改变，如通过内部利益相关者增加投入支持企业的重大战略性调整；内部利益相关者将优质资产或战略性新兴业务注入企业，以及企业利用技术、品牌、渠道等优势与内部利益相关者再合资设立新企业等。这类资金管理策略的设计更需要以内部利益相关者满意为前提。

二、基于外部利益相关者的资金管理策略

（一）基于外部利益相关者的资金运用策略

基于外部利益相关者的资金运用策略主要是在不显著改变企业的筹资规模和结构的前提下通过与外部利益相关者的资源共享、信息共享等措施来优化资金配置结构（包括经营活动的资金运用与投资活动的资金运用的比例，以及它们各自内部组成部分的比例），提高资金整体运用效率。如通过供应商管理库存降低存货占用水平，通过业务外包或合作经营等方式优化资金的配置结构，通过与银行合作开发企业网银或现金池、票据池等降低闲置资金的规模，通过与银行合作开发应收账款保理业务、回购担保销售业务等降低应收账款占用水平，通过特许经营、专卖店等与客户合作的方式降低企业营销活动中的资金占用，提高资金的运用效率。当然，这些资金管理举措只有让参与合作的外部利益相关者获得满意才具有可持续性。

以银行等外部利益相关者为例，银企合作的资金运用策略有以下几个方面：

（1）现金池与票据池

现金池、票据池是银行为协助企业有效运用资金与企业共同采取的管理策略。现金池可实现不同法人实体账户间资金转移。银行每天通过定时将子公司资金上划现金池账户实现集团的收款；子公司付款时以一定额度为限进行透支，银行每日结账时将现金池账户资金划拨到子公司账户以补足透支金额。通过现金池既能汇总集团的资金以提高管理效率，又加强了对子公司的资金管控。而票据池则是直接将企业所有票据业务交由银行管理，一方面能极大地降低大型集团客户的票据业务工作量，以提高票据管理效率；另一方面银行可根据质押票据等情况授予企业融资额度或办理相关融资融信业务，使得非现金的应收票据具备了贴现等能力，使票据能给企业供血，在保持较少现金持有量的同时降低其流动性风险。

（2）网上银行

目前，网上银行能为中小企业、集团企业、行政事业单位等主体提供账户管理、收付款业务、集团理财、贷款等多种服务。通过网银，企业可以有效开展多种业务，银行对企业的业务发展也更加深入。目前，网银已成为电子商务的有力支撑，京东、阿里巴巴、苏宁等企业的网上商城都依赖网银完成收款业务，并借助网银拓展了零钱宝、易付宝等新的业务范围。

（二）基于外部利益相关者的资金筹措策略

在企业全部的债务资金中，除向银行、债券持有人等举借的金融性债务外，还包括了在营业活动中形成的对供应商、顾客、经营者、员工、政府等外部利益相关者的营业性债务。但是，以往我们对资金筹措的认识一般仅限于权益资金的筹措和金融性债务资金的筹措，而很少将营业性债务资金考虑在内。在与利益相关者合作共赢的新财务理念指引下，营业性债务资金的有效利用将成为企业重点开发的新领域。

基于外部利益相关者的资金筹措策略正是在不显著改变企业的资金运用规模和结构的前提下通过与外部利益相关者的资源共享、信息共享等改变资金筹措结构，充分发挥营业性债务的业务融资功能，降低有息债务资金的比重。例如，充分利用供应商的商业信用，增大应付款项、应付票据融资力度，充分利用客户的预收款、充分发挥客户应收票据质押的融资功能，以及充分利用政府的支持政策争取政府的资金支持等。当然，这些资金管理举措也只有让参与合作的外部利益相关者获得满意才具有可持续性。

以银行等外部利益相关者为例，企业的债务资本具有杠杆作用，即以较低的利息支付成本换取较高的利润，有较高价值创造能力的企业多愿意采用债务资本筹资。债权人提供了企业发展所需的债务资金，通过还本付息的交易契约成为外部利益相关者。债权人之所以愿意接受较低的利息收入是以按债务契约约定的按时还本付息为条件，借款企业必须获得债权人对还本付息约定的充分信任才能得到贷款，该信任取决于企业自身的信用、抵押品、担保等。而这些条件的缺乏正是急需银行贷款的中小企业不能获得贷款的根本原因。因此，企业应设法增加银行对自己的信任以获得银行增贷、增信。同时，企业也应与债权人（主要是银行）合作以设计提高资金管理效率的新方案。具体策略如下：

（1）对下游经销商的保兑仓金融

对下游经销商的保兑仓金融方式实质是借助供应链上核心企业的信用来增强中小企业的信用。它以生产厂商为核心企业，基于实际供销关系，由经销商向商业银行申请融资并获得授信，银行提前预付账款给核心厂商，经销商将厂商出具的提货单质押给银行，有了销售收入后以分次向银行还款的方式分次向厂商提货，完成交易和还款。对于经销商而言，直接凭借销售收入从银行换取提货单并向厂商提货，不需要储存存货，节省了存货资金占用；而对于核心厂商而言，在预收了经销商的购货保证金后也可放心地按经销商的订单生产，减少了在产品数量，降低了营运资金占用。

（2）存货质押、回购担保融资和应收账款质押融资

在存货质押中，物流企业受银行委托对货物进行有效监管，使质押存货的实际控制权转移至银行。借款企业则一方面盘活了在途存货资金，以更高的存货周转率来弥补存货质押所损失的利息；另一方面稳固了与银行和物流企业的深度合作。另外，在大型设备行业应用较多的回购担保融资也是一种吸引银行增贷、增信的策略。回购担保融资由银行、卖方和买方三方签订合作协议以便为买方融资，它可以理解为卖方有条件的担保行为，这样既有助于买方用较少资金采购大宗货物，实现杠杆采购，又有利于促进卖方销售，加速资金回笼。例如，2010年6月青岛软控股份就为其全资子公司的产品销售向客户提供融资租赁业务的回购担保，并于2013年7月按合同约定履行了回购义务。应收账款质押融资的本质是企业牺牲部分利润以换取运转资金，同时也可借助银行的参与缓和与下游顾客的债权债务关系，维护供应链稳定、加强银企合作。应收账款保理是应收账款质押融资的一种新方式。目前，我国的中、农、工、建、交五大银行和招商、中信、民生、平安等银行都已开展国内应收账款保理业务。

（3）集群融资模式或组团增信模式

集群融资是指一组中小企业（五家以上）通过股权或协议建立集团或联盟，即增信小组，各家提供一定比例的担保基金，同时也仅承担相应金额的担保责任，剩余风险则由某担保公司或地方政府承担，由此集群企业可互相帮助获取银行信贷资金，主要包括中小企业集合债券、集群担保融资、团体贷款等形式。这种金融创新实质是将中小企业个体的信用组合成一个共同的担保体系，从而提升集群中所有企业的信用能力，

通过合力减少了银企间的信息不对称，降低了融资成本。例如，天津市东丽区多家中小企业，在区政府协助建设的"投保贷"一体化融资平台帮助下，通过组团增信，使其中的单个企业能迅速获得几百万银行贷款。

（三）基于外部利益相关者的资金运用与资金筹措并举策略

基于外部利益相关者的资金运用与资金筹措并举策略同时涉及企业的资金运用和资金筹措的规模或（和）结构的显著性改变。如与供应商构筑战略联盟关系，不仅由供应商管理库存，而且供应商同时向企业提供商业信用；向银行、债券持有人等举债支持企业的重大战略性调整；利用技术、品牌、渠道等优势与供应商、客户、金融机构等合资设立新企业等。这类资金管理策略的设计更需要以外部利益相关者满意为前提。

三、客户关系视角的资金管理策略与案例

管理学大师彼得·德鲁克曾说过，企业经营的真谛是获得并留住顾客。客户关系不仅影响到企业盈利能力的提升，而且直接影响到企业资金的管理绩效。客户关系视角的资金管理是利益相关者视角的资金管理的重要组成部分。

（一）客户关系视角的资金管理策略

近年来，我国制造业企业生产能力不断提高，市场供求状况发生了很大的变化，大多数产品和服务都由"卖方市场"转向了"买方市场"。在买方市场环境下，企业面临的最大难题是如何将产品和服务销售出去，企业管理的重点正在经历着从以产品为中心向以客户为中心的转变。下游客户掌握着需求信息和订单这些关键性资源，因而在交易关系中处于优势地位，对上游企业的影响力和控制力逐渐提升。企业与下游客户建立良好的合作伙伴关系，可以通过客户信息平台快速掌握市场需求信息、保持稳定的客户群，还可以加速货款回收等，进而也会对企业资金管理绩效产生重要影响。制定基于客户关系的资金管理策略成为企业战略性提升企业资金管理绩效的必然选择。

客户关系视角的资金管理的核心思想就是通过客户关系管理，尽可能地更加接近客户、了解客户，与客户建立共同实现价值的目标，促进企业资金管理水平的提高，达到企业与客户"双赢"的结果。客户关系视角的营运资金管理的实现需要两个前提条件：其一是解决管理理念问题，即管理层应深刻认识到客户参与企业资金管理的重要性；其二是搭建客户信息平台，为客户参与企业资金管理这一管理模式提供信息技术方面的支持。这两个前提条件缺一不可。其中，管理理念是客户关系视角资

金管理模式实施的首要条件，若不重视客户参与的重要性，客户关系视角的资金管理就无从谈起；而客户信息系统是客户关系管理的基础，没有信息技术的支持，无法建立客户与企业之间便捷的沟通平台，客户关系视角的资金管理工作的效率与效果将难以保证，利益相关者参与企业资金管理的财务管理理念的贯彻也就成了"空中楼阁"。

企业与客户的主要关系模式可以根据企业与客户的合作程度不同分为买卖关系、优先供应关系、合作伙伴关系、战略联盟关系四种。其中买卖关系是最基本的客户关系，其余三种不同优化程度的客户关系会形成不同的资金管理策略。由此，客户视角的资金管理策略可以分为基于客户关系的资金运用策略、基于客户关系的资金筹措策略以及基于客户关系的资金运用与资金筹措并举策略。

（1）基于客户关系的资金运用策略：优先供应关系下有效客户反应的品类管理模式

优先供应关系下有效客户反应的品类管理模式是在制造商与零售商建立优先供应关系的前提下，以终端客户的需求为导向，通过信息共享平台，建立完善的品类管理系统，以缩短制造商及零售商的交货周期、降低其库存占用、提高客户满意度，最终提高整个供应链的运作效率的一种商品流通模式。有效客户反应（ECR）主要是通过制造商与下游客户通力合作，快速且低成本满足最终端客户的需求，目的是建立一个具有实时反应能力的终端客户驱动系统。品类管理是 ECR 的具体策略之一，传统的经营模式下，制造商和零售商通常以店铺或品牌为依据来制定经营策略，在获取产品信息方面存在不可避免的遗漏现象。品类管理打破了传统的制造商和零售商各自为政的单纯供需关系，以实现更高利益层面的"双赢"。实施品类管理模式，零售商通过销售点信息系统可以全面掌握终端客户的需求情况，再加上由制造企业收集的终端客户对于产品的需求信息，在此基础上对消费者的品类需求进行综合分析，然后由制造商和零售商共同制定产品品类目标，如商品品类组合、存货数量管理、新产品开发及促销活动等。实施品类管理的重点在于企业与客户建立优先供应关系以及完善的品类管理信息系统。

对于制造商以及零售商而言，优先供应关系下有效客户反应的品类管理模式可以更好地进行采购、增加销售量、降低缺货率、减少库存占用、提高存货周转率。从供应链整体来看，制造商和零售商这两个环节的信息畅通，可以显著提升供应链最终端客户的满意度。一方面，订单信息在品类和数量方面都更为准确，且配货及时，缓解了缺货现象，降低了存货周转期，减轻了整个供应链上的存货无效占用；另一方面，制造商、零售商及客户的需求都得到了较好地满足，客户关系融洽，回款的数量和质量都较高、降低了坏账损失率，减少了应收账款的资金占用，提高了资金运用能力。沃尔玛等连锁超市都较好地运用了优先供应关系下有效客户反应的品类管理模式。

（2）基于客户关系的资金筹措策略：合作伙伴关系下的直销模式

合作伙伴关系下的直销模式是在企业与客户形成长期稳定的合作伙伴关系的前提下，以实现最快满足客户需求为目的，通过简化、消除中间商来减少商品销售环节的销售模式。在传统的非直销模式下，企业为满足下游分销商和零售商的供货需要，要保持较高的库存量以备不时之需，导致库存资金无效占用；而在直销模式下，相当于客户直接安排生产活动，既最大限度地满足了客户的个性化需求，又避免了大量库存资金的占用，为客户提供了更有价值、更及时的产品与服务，增加了产品的销量。直销模式带来大量的预收账款，一定程度解决了资金的筹集问题。

合作伙伴关系下的直销模式，作为企业的外部利益相关者，客户实质上参与了企业产品研发和生产经营的决策。企业和客户之间良好的合作关系有益于解决应收账款拖欠、产品售后服务的问题，而且还可以产生大量的预收款。直销模式的管理要点是与客户建立合作伙伴关系、增强物流配送能力以及建立快速的信息反应平台。戴尔一直是合作伙伴关系下直销模式运用的典范，取得了较好的资金管理绩效。

（3）基于客户关系的资金运用与资金筹措并举策略：客户战略联盟关系下的"大企业"模式

马丁·克里斯托弗曾指出：21 世纪的竞争不再是企业和企业之间的竞争，而是供应链和供应链之间的竞争。客户战略联盟关系下的"大企业"模式是指企业与下游客户在近期目标和愿景上达成高度一致，结成正式或非正式的长期联盟关系，通过相互持股或成立新企业的形式，以争取最大的市场份额或利润为目的，同时解决资金运用与资金筹措问题的资金管理模式。客户战略联盟关系的"大企业"模式是"外部关系内部化"的体现，最大限度地体现了目标的一致性。客户战略联盟关系下的大企业模式可以较好地解决资金的运用与筹措问题，从而达到共赢的目的。

例如，2003 年双汇集团正式牵手其客户企业广东温氏集团，双方共同投资三亿元在清远开发了肉品屠宰加工基地，成立了广东双汇温氏食品有限公司，顺利地完成了屠宰加工企业向养殖、销售等上下游产业链条的延伸，借力打开了广东市场。强强联合一方面开辟了筹资渠道、带来资金筹集的规模优势和信用优势，有效解决了资金来源问题；另一方面进一步扩大了市场，增加了销售利润，跨越了生产与销售的中间环节，缩短了营业周期，降低了存货的占用，带来资金运用的效率化，形成了良性循环。

（二）客户关系视角的资金管理案例

海尔集团一直关注利益相关者关系，通过与客户搭建信息共享平台，采用 BTC、"大客户直销直发"、应收账款保理等策略，显著提升了资金管理效率。

（1）BTC 模式

BTC 模式（business to customer，B2C），顾名思义，是企业直接对接客户。在传统的物流模式下，产品的流动路径是从海尔的生产线运送到经销商，再由经销商送到客户手中；BTC 模式下，海尔与经销商实现了信息平台对接，销售终端的客户订单传到海尔后，海尔直接按照订单要求将产品从生产线运送到顾客手中，实现真正的一站式配送。BTC 模式的推行得益于海尔与经销商关系的深化。海尔集团从 2003 年起启动"大经销商联网工程"，全面构建客户网络平台，陆续实现了海尔营销网、物流网、服务网，覆盖全国大部分的城市社区和农村市场。通过虚实网的融合，既保障了企业与用户的直接对接、"零距离"服务，又提高了企业对市场需求的预测能力。

（2）"大客户直销直发"模式

针对海外市场，海尔集团积极推行"大客户直销直发"商业模式。直销直发模式要求把客户需求放在第一位，与经销商合作，共同参与市场需求分析和预测。与此同时，海尔不断进行物流、运营组织体系的改善，以提高客户需求响应速度为直接目的，减少从制造到配送之间的非增值环节，实现了产品下线直运、PTD（product to door）门到门配送，极大地提高了成品存货的周转效率，降低了库存资金占用。2012 年海尔集团继续推进以自主经营体为基本创新单元的"人单合一"双赢模式，倡导每个海尔人都以用户为中心成为自主创新的主体，以适应时代的特点，即需即供，快速响应与满足用户需求，促进了企业高效运转。

（3）应收账款保理

海尔集团在步入国际化战略阶段以来，面对的国际客户日渐增多。由于客户多为世界 500 强企业，在付款环节话语权较强，付款周期较长，因此，为确保海外回款安全，海尔利用国际资本市场，针对具体客户情况，开展了应收账款保理，降低了应收账款坏账风险，加速了资金回收。此外，针对部分海外客户规模小、信用等级较低，国际保险公司拒绝投保的情况，海尔与中国出口信用保险公司共同创新了"海尔＋客户"捆绑投保模式，海尔的客户可在中国出口信用保险公司投保，使得这些小客户的应收账款也可以得到国际商业银行的保理，从而加快了海尔海外销售的收款速度，有效地化解了全球化品牌战略进程中可能集聚的应收账款风险。

可见，海尔与客户搭建了良好的信息沟通平台，形成了稳定的合作伙伴关系，通过综合运用有效客户反应的品类管理模式以及直销模式，积极开展应收账款保理，较好地实践了基于客户关系的资金筹措与运用策略，提升了资金管理效率。

客户作为企业重要的利益相关者，客户关系是影响企业资金管理效率的关键性因素之一。客户参与到企业管理能够提高企业资金管理的效率。企业应该与客户建立不同程度的合作关系，合理运用优先供应关系下有效客户反应的品类管理模式、合作伙伴关系下的直销模式、客户战略联盟关系下的"大企业"模式，以达到企业与客户共赢的目的，提高企业资金管理效率。

第三节　营运资金预算

一、营运资金预算的必要性

"凡事预则立，不预则废"，这句话显示了预算管理的重要性。预算是企业在科学地对内部、外部环境进行分析和预测的基础上，用价值和数量形式反映企业在未来一定时期内的生产经营与财务成果的一系列目标与规划。预算管理则是利用预算这一技术，在预测和决策的基础上，通过预算的编制、预算的调整、预算的执行、预算差异的分析和预算考评等一系列活动，有效地对企业各部门、各种财务及非财务资源进行整合分配的过程。它是企业实现全面管理、确保企业战略目标实现的重要工具。营运资金预算管理从内容上看是对企业营运资金使用状况的计划安排，但实际作用上不仅限于此，它更反映了企业对营业管理目标的资金支持能力，在降低企业营运资金的投入，提高营运资金利用效率方面发挥着重要作用。

营运资金预算可以提高营运资金利用效率。企业通过营运资金预算可以使营运资金的投放按照计划进行，避免营业活动出现未预期的失误，优化投资结构；企业通过资金预算综合考虑各种筹资渠道、筹资方式、筹资成本和风险，实现最优的筹资组合，优化资金结构，提高企业利润水平；企业通过营运资金预算还可以优化现金流量的质量。例如，通过营运资金预算有针对性地对压缩应收账款、控制存货水平、削减资本性支出等制定科学合理的目标，可以明显增加现金净流入量。可以说，盈利能力不是最重要的，单一追求市场份额已经不再是保证企业盈利的有效方式，企业由于流动性不足造成资金链断裂的案例屡见不鲜。利润也只能作为企业阶段性成长的衡量尺度，而现金才是企业每天都需要的。所以说，对企业而言，应注重现金流与利润的配合使用，加强营运资金预算。

企业营运资金需求由于行业特征和宏观环境的波动而具有较强的波动性。企业常常面临现金流量的缺口，这一方面表现在数量上，即现金流入量与现金流出量的差异；另一方面表现在时间上，即支付材料和服务费用与收回货款和服务费之间相隔的天数，时间间隔长意味着需要用以前销售的收入来补偿，否则就需要借款或其他方式的融资，造成成本加大，利润下降。只有尽可能地做好营运资金的预测与计划工作，将这种波动性的误差尽可能降低，才能为企业营业工作的顺利进行铺好道路。

可以说，好的现金流量管理能够增加利润，现金流量管理水平直接影响营运资金管理水平。在营运资金需求的波动性较难掌握和现金流的变化难以预测的情况下，应当加强营运资金的预测和计划，为企业创造价值服务。

二、营运资金预算目标的设定

预算管理体系既是管理控制体系的组成部分，也是业绩管理的重要手段，预算管理体系的设计应以良好的绩效评价体系为先导。绩效评价的目标和重点既是预算管理体系的目标导向和重点，也是实现企业战略和日常业务运营有机衔接的关键所在。

预算目标是预算实施要达到的数量化结果。营运资金预算为营运资金的管理服务，营运资金管理的目标是为了实现营运资金的流动性、盈利性和协调性。所以营运资金的预算目标应以此为指导来制定。这三个方面的目标具体体现在预算管理目标中有以下表现：

（一）周转比率目标

周转比率目标主要用来衡量营运资金管理的周转速度，营运资金周转率是指企业的营运资金从现金投入生产经营开始到最终转化为现金的效率。根据业务流程产供销的特点分为三部分，分别是：采购渠道、生产渠道和销售渠道的营运资金周转率，三者共同组成了经营性营运资金周转率，与此平行的还有企业投资活动营运资金周转率。如下所列：

（1）营业活动营运资金周转期 = 营运资金总额 ÷【（全年销售收入 + 投资收益）/360】。

（2）经营活动营运资金周转期 = 经营活动营运资金总额 ÷（全年销售收入/360）=（营销渠道营运资金 + 生产渠道营运资金 + 采购渠道营运资金）÷ 全年销售收入/360）。

（3）投资活动营运资金周转期 = 投资活动营运资金总额 ÷（投资收益/360）。

（4）营销渠道营运资金周转期 = 营销渠道营运资金 ÷（全年销售成本/360）=（成品存货 + 应收账款、应收票据、长期应收款 + 营销渠道所占用的固定资产 + 预收账款 – 应交税费等）÷（全年销售成本/360）。

（5）生产渠道营运资金周转期 = 生产渠道营运资金 ÷（全年完工产品成本/360）=（在产品存货 + 其他应收款 + 生产渠道占用的固定资产 – 应付职工薪酬 – 其他应付款等）÷（全年完工产品成本/360）。

（6）采购渠道营运资金周转期 = 采购渠道营运资金 ÷（全年材料消耗总额/360）=（材料存货 + 预付账款 + 采购渠道占用的固定资产 – 应付账款、应付票据、长期应付款等）÷（全年材料消耗总额/360）。

（7）存货周转期 = 存货 ÷（营业收入/360）。

（8）应收账款周转期 =（应收账款 + 应收票据等）÷（营业收入/360）。

（9）应付账款周转期 =（应付账款 + 应付票据等）÷（营业收入/360）。

（二）盈利性目标

盈利性目标主要反映营运资金的盈利能力，是与周转性指标同样重要的衡量目标。与前述营运资金绩效评价体系中设定的目标一致。

（1）营业毛利率 =（营业收入 – 营业成本）/营业收入

（2）总资产报酬率 = 息税前利润/平均总资产

（3）股东权益报酬率 = 净利润/平均股东权益

（三）整体性目标

整体性目标保证营运资金的稳定性，主要是指经营活动营运资金与投资活动营运资金的比重以及采购、生产、销售环节所占用的营运资金量占企业营运资金总额的比重等指标。

但是如果仅仅把预算目标作为一种约束手段，没有关注其具有的控制和约束的功能，便无法发挥预算控制体系应具有的强大激励功能。对营运资金预算而言，营运资金的周转率指标与盈利性指标应当协调性考虑，预算目标具体制定的标准值由预算管理委员会统一确定。由各渠道营运资金管理的相关部门共同博弈来权衡，既应避免各部门打埋伏的现象，还应紧密与其企业战略相联系。应当一方面考虑行业特征与宏观经济发展状况；另一方面考虑企业自身发展战略与以往相应比率的完成状况，松紧适度地制定营运资金管理的预算目标。

三、营运资金预算的内容及程序

（一）营运资金预算的内容

营运资金管理预算应当考虑公司战略管理和过程管理的现实需要，方案设计过程中，充分关注预算管理体系战略支持功能和过程控制功能的打造，以真正发挥预算体系的"管理"功能。

预算以业务为基础，预算的竞争力来自业务流程的先进性。如果没有先进的业务流程作为保障，设计再好的预算管理体系也只能望洋兴叹，难以产出高水平的经营绩效。同时，如果没有设计合理、清晰的业务流程做基础，预算管理和风险预警体系就会如同空中楼阁，缺乏控制作用发挥的有效路径，以至于无法落地生根，从而沦为摆设。与业务流程再造一样，管理体制创新对企业经营绩效的决定性作用也是十分显著的。因此，必须在先进合理的业务流程和管理体制基础之上再探讨预算管理和风险预警体系的设计。预算管理体系应在优化的业务流程和管理体制基础上，将有限的资源配置到真正需要的流程环节，从而着眼于流程目标的实现，继而为企业整体目标的实现提供合理的保障。

营运资金根据用途不同分成了经营活动营运资金和投资活动营运资金，经营活动营运资金根据具体业务流程类型不同，具体构成项目也不同。在采购流程中，营运资金构成项目主要包括应付票据、预付账款、应付账款、原材料、本部分占用的固定资产等；在生产流程中，营运资金项目主要包括在产品库存、应付职工薪酬、其他应收款等；在销售流程中，营运资金项目主要包括产成品存货、应收账款、预收账款、应收票据、应交税费等。以上这些项目是流程管理模式下营运资金管理的主要对象，也是基于业务流程下营运资金预算管理的分解对象。营运资金预算内容即营运资金预算应当涵盖的范围，主要有：营运资金项目的期初期末余额、当期发生额、在各业务流程环节的占用额、短缺额、闲置额等，以及通过这些基础内容计算分析得出以上的周转性、盈利性、整体性等指标。

具体而言，营运资金预算由这样几个部分组成：经营活动营运资金预算和投资活动营运资金预算。其中，经营活动营运资金预算又根据业务流程分为采购渠道营运资金预算、生产渠道营运资金预算和营销渠道营运资金预算。通过各渠道营运资金预算可以得到各渠道营运资金的需求量，并最终得到营运资金需求量的预测值。可以说，这里营运资金预算主要是指营运资金需求量的预测，而营运资金需求量的预测是以业务流程为划分依据，结合业务预算与财务预算的内容来共同完成的。

营运资金需求的预测解决了营运资金筹资的数量问题。筹资的首要目标是适时足额地满足有效益的投资战略、生产经营所需要的财务资源，防范"巧妇难为无米之炊"。所谓适时是指企业必须按照投资机会来确定合理的筹资计划与筹资时机，避免因取得资金过早而造成的闲置，或者取得资金滞后而影响到好的投资时机。所谓足额是指企业无论通过何种渠道、采用何种方式进行融资，都应预先确定营运资金的需要量，使融资量与需要量达到相互平衡，防止融资不足而影响投资活动和有效经营活动的正常开展，同时也避免了因筹资过剩而降低筹资的效益。

营运资金预算管理是全面预算管理的重要组成部分，其组织结构和体系设计都与全面预算管理原则一致，所以文中不再进行详述，重点放在与全面预算管理不同的部分，即营运资金预算的具体规划和内容。

1. 经营活动营运资金预算

经营活动营运资金预算是经营预算的组成部分。在王化成等编著的《全面预算管理》中指出：经营预算是指与企业日常业务直接相关的基本生产经营活动的预算，通常是指在销售预测的基础上，首先对企业的产品销售进行预算，然后再以"以销定产"的方法，逐步对生产、材料采购、存货和费用等方面的预算。而经营活动营运资金预算是对经营预算中营运资金项目的预算。可根据经营活动营运资金的分布不同分成营销渠道营运资金预算、生产渠道营运资金预算以及采购渠道营运资金预算。

（1）营销渠道营运资金预算

营销渠道营运资金预算是经营活动营运资金预算的起点。具体内容包括预算期内销售量的预算、应收账款、应缴税费以及营销渠道固定资产等的预算。

① 销售收入预算（销售量预测）。销售收入预算是整个预算编制工作的起点，也是其他各项预算的主要编制依据，是对销售规模的估计。具

体内容应包括预计销售收入、产品种类和型号、预计的货款回收速度等。

② 营销费用预算。营销费用预算主要包括营销人员工资、业务招待费、差旅费、服务费、发货运输费、售后材料费和其他项目。

③ 营销渠道管理费用预算。营销渠道管理费与预算主要包括对营销部门所发生的办公费等的预算。

④ 营销渠道固定资产预算。营销渠道固定资产预算是对公司年度营销部门固定资产购置的计划，包括固定资产购置、改扩建等方面的资金需求计划。

（2）生产渠道营运资金预算

生产渠道营运资金预算是生产预算的主要组成部分。生产预算，是指规划期间对生产量的估计即销售数量转换为预计生产量。生产预算是在销售预算的基础上编制的，其主要内容有生产量、期初和期末存货（预计生产量＝预计销售量＋预计期末存货量－预计期初存货量）。生产渠道营运资金预算包括了在产品存货预算（生产量预算）、应付工资预算、生产渠道固定资产预算等。

① 生产预算。生产预算是根据销售预算编制的，计划为满足预算期的销售量以及期末存货所需的资源。原则上，公司应协调生产和销售进度，尽可能减少期末产成品存货。具体内容包括各种类别和型号产品的预计生产量、预计生产进度、预计完工时间、预计全年产值等。生产计划的规划通常是由生产部门主管负责。做生产规划时，必须考虑高层管理者对存货水准、生产稳定及资本支出方面所做的政策指标，应该尽量维持销售、存货及生产间的平衡。

② 直接人工预算。直接人工预算是根据已知标准工资率、标准单位直接人工工时、其他直接费用计提标准及生产预算等资料，对一定预算期内人工工时的消耗和人工成本所做的经营预算。具体内容应包括预计各类产品预计生产工时、单位工时工资标准、预计总工资等。

③ 生产渠道制造费用预算。生产渠道制造费用预算是能反映直接人工预算和直接材料预算外的所有产品成本的预算计划。内容包括固定制造费用和变动制造费用。生产渠道制造费用具体来说，包括生产车间房屋、设备的折旧费、租赁费以及为生产产品而发生的水费、电费等。

④ 生产渠道固定资产预算。生产渠道固定资产预算是对公司年度生产部门固定资产购置的计划，包括固定资产购置、改扩建等方面的资金需求计划。

⑤ 生产成本预算。生产成本预算是对预算期的期初在产品成本、本期生产成本和期末在产品成本等的预算。公司应按合理组织生产的原则确定期末在产品的数量。生产成本包括预算期领用材料成本、使用人工成本和发生的制造费用，可根据前三项预算的结果汇总编制。

（3）采购渠道营运资金预算

采购渠道营运资金预算是根据营销渠道营运资金预算和生产渠道营运资金预算得来的。采购渠道营运资金预算具体包括了材料采购预算、采购渠道制造费用预算、采购渠道管理费用预算以及采购渠道固定资产预算等。

① 材料采购预算。材料采购预算是在预算期内，根据生产预算确定的材料采购数量和材料采购金额的计划。具体内容包括各种类别和型号的原材料的预计采购时间、预计采购数量、预计采购单价、预计采购总成本、预计入库时间、预计付款进度和方式等。

② 采购渠道制造费用预算。采购渠道制造费用预算主要包括采购部门所涉及的固定制造费用和变动制造费用的预算。包括房屋、设备的折旧费、租赁费等。变动制造费用则与生产量相关，如水费、电费、机物料消耗费等。

③ 采购渠道管理费用预算。采购渠道管理费用预算主要包括采购部门所涉及的办公费等的预算。

④ 采购渠道固定资产预算。采购渠道固定资产预算是对公司年度采购部门固定资产购置的计划，包括固定资产购置、改扩建等方面的资金需求计划。

2. 投资活动营运资金预算

投资活动营运资金预算是公司在预算期内进行资本性投资活动的预算，主要包括权益性资本投资预算和债券投资预算。投资活动营运资金预算的内容包括各期投资的时间、金额和投资方式、预计收益期、各期收益额度、预期现金流量、不足资金的筹措方式等。投资预算反映公司关于资本运作的可行性研究情况，具体表明公司投资的时点、额度、收益确认、回收期和现金流。

根据经营活动营运资金预算和投资活动营运资金预算的内容可进行现金流量预算、最终的利润预算和资产负债表预算。具体而言：

（1）现金流量预算

现金流量预算是对经营活动、投资活动、筹资活动在预算期内的现金流入量、流出量和结余量或不足量的预测与估计，反映企业预算期间现金流量的方向、规模和结构。其预算内容应包括经营活动产生的现金流入和现金流出、投资活动产生的现金流入和现金流出、筹资活动产生的现金流入和现金流出。

（2）利润预算

利润预算是在前述预算的基础上，根据预计销售收入、成本、各项期间费用等预计相应的所得税费用，进而计算预计利润。其主要内容包括预计销售收入和成本、管理费用、营业费用、所得税和净利润等。

（3）资产负债预算

资产负债预算是在前述预算的基础上，结合前期的资产负债表，根据涉及的项目和金额调整所有相关流动资产项目、长期资产项目、流动负债项目、长期负债项目和所有者权益项目的金额，进而生成预计资产负债表。其包括的主要内容涉及公司的资产、负债和所有者权益项目。

（二）营运资金预算的编制方法

1. 销售量预测方法

进行销售预算的目的是要确定在预算期间内企业产品的销售量，由于企业需要根据产品在市场上的销售量来决定产品的生产量、材料、人工及设备和经营资金的需要量以及销售费用和管理费用支出等，所以，企业其他各项预算都将受到预算期产品销售量的制约。销售预算是其他各项预算的起点，而编制销售预算之前，必须对企业的竞争战略和所处的市场环境有一个清醒的认识。

销售量预测的基本方法可以分为：定性分析法、定量分析法以及定性分析法和定量分析法的结合。定性分析法又称非数量分析法，它主要是依靠预测人员丰富的实践经验和知识以及主观的分析判断能力，在考虑政治、经济形势、市场变化、经济政策、消费倾向等对经营活动的影响下，对事物的性质和发展趋势进行预测和推测的分析方法。定性分析法又分为判断分析法和调查分析法两类。定量分析法也称数量分析法，它主要是应用数学方法，对与销售有关的各种经济信息进行科学的加工处理，并建立相应的数学模型，充分揭示各有关变量之间的规律性联系并做出相应的预测结论。定性分析法和定量分析法的结合是根据具体情况，把定量分析法和定性分析法结合起来使用的方法。

2. 营销费用预算

营销费用预算虽与销售收入预算联系密切。具体来说，营销人员工资根据前述工资确定模式编制，业务招待费根据前期发生额和预算期收入增长额编制，差旅费、发货运输费根据销售收入和客户远近分析编制，代理服务费和中标服务费的发生具有提前性，应根据预算期预计签订的合同和预算期下期预计签订的合同确定，售后材料费根据已实现销售且仍在售后服务范围的订单分析编制。

3. 管理费用预算

管理费用预算先由各部门结合自身实际情况（前期的管理费用发生额和本期影响管理费用因素的变动情况），区分固定部分和变动部分分析编制，然后由预算管理办公室或财务部门汇总。最后归属于不同渠道经营活动营运资金预算的内容。

4. 生产预算

在销售预算的基础上根据以销定产的原则确定生产预算。

　预计生产量 = 预计销售量 + 预计期末库存量 – 预计期初库存量

5. 制造费用预算和生产成本预算

制造费用包括固定制造费用和变动制造费用。固定制造费用预算根据公司房屋、设备等固定资产的使用方式、折旧计提方法等编制。变动制造费用预算则根据生产计划确定预计用电量、用水量、机物料消耗量和相应的单价计算编制。生产成本预算通过汇总材料采购预算、直接人工预算和制造费用预算的方式编制。

6. 材料采购预算、直接人工预算

根据生产预算和材料消耗定额、人工生产定额等确定材料采购预算、直接人工预算等。

7. 资本支出预算

资本支出预算需结合公司的资本支出计划编制，具体可由财务部门负责、其他相关部门协助，根据预期将投资项目和其相应的投资、回款计划等编制。

8. 现金流量预算、利润预算和资产负债预算

财务部门可根据营销中心销售收入预算的回款进度、材料采购中心材料采购预算的采购货款支付进度、各部门费用的预计支付进度、税款的预计金额和支付进度、期初现金余额、不足资金的回款方式等编制公司层面的现金流量预算。根据销售收入预算、生产成本预算、管理费用预算和营销费用预算，可预计所得税费用，并编制公司层面的利润预算。根据利润预算和前期未分配利润可估计预算期末未分配利润的金额，销售收入回款预算、材料采购预算和各项费用预算，可在前期资产负债表的基础上估计预算期末货币资金、应收账款、存货、应付账款等资产负

债项目的金额。同时，根据公司的资本支出预算和筹资计划，可进一步对货币资金、固定资产、长期投资等项目的金额进行调整。综合上述结果，可编制预算期末的预计资产负债表。

（三）营运资金预算的程序

营运资金预算要遵循计划工作的程序。企业编制预算，一般应按照"上下结合、分级编制、逐级汇总"的程序进行。一方面，在预算过程中要充分听取采纳企业的合理意见，并将此作为编制总预算的重要依据。另一方面，企业资金预算应该满足企业的战略计划和统一部署的需要。企业为了控制发展方向和规模，对营运资金有总量、投向、回报率等方面的总体要求。根据公司按流程组织生产的经营特点，公司预算的编制应以销售预算为起点，即以营销渠道营运资金预算为起点，在销售预算的基础上，确定生产渠道营运资金预算，这其中包括人工预算、固定资产购置预算等，然后是采购渠道营运资金预算（材料采购预算及各项费用预算等），根据投资计划等确定资本支出预算，最后汇总业务预算、投资预算等各单项预算编制汇总的财务预算，包括现金预算、利润预算和资产负债预算。

公司层面的预算确定后，再根据各部门的职责分工，将公司层面的预算分解落实到各个流程部门，形成流程部门层面的预算。

四、营运资金预算的实施

企业要完成一套高质量的营运资金预算，必须有包括预算组织、预算程序、预算控制、预算考核等一系列内容的全面预算管理制度。

1. 建立完善全面预算的组织体制

企业预算管理必须在健全的组织结构基础上才有可能顺利实施。纵向上，一套健全的预算管理组织体系一般包括预算管理的决策机构、预算管理的职能机构、预算的编制与执行机构、预算监控机构和预算考评机构五类组织。

横向上，在企业内成立多级预算管理体制，如公司到厂和车间再到责任人，各级预算单位成立预算委员会，下级预算单位对上级预算单位汇报。通过多级预算管理将有助于进一步挖掘潜力降低成本，提高成本核算和预算编制的准确性，使预算目标更具科学性和挑战性，也有利于落实责任。各级预算单位根据预算内容的可控原则确定责任人，预算指标细化到责任人。

预算管理组织机构如图 6-5 所示。

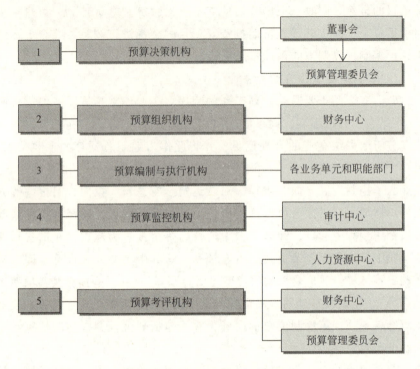

图 6-5   预算管理组织体系

2. 确定预算编制和修改程序

营运资金预算的编制应采用从上到下，从下到上，再从上到下的往复循环方式。

（1）公司预算委员会根据长期规划提出一定时期的利润总目标，经过分解后分别下达给各渠道的利润中心。

（2）各利润中心预算委员会将指标进一步分解给各成本中心，由成本中心草编预算。例如，市场部根据市场分析和预测确定产品销售计划，包括预计销售量、产品价格、内部转移价格等；供应部门制订采购计划，包括原材料需求量、采购价格等；生产部制订生产计划，包括总物料消耗、制造费用等；设备部制订年度大修计划和设备购置计划，包括时间、资金预算、资金来源等；投资部制定年度工程项目投资预算和对外投资预算和资金来源；财务部制定销售费用、管理费用、财务费用、利润预算，并根据资金结构要求制定投资、长期贷款、短期贷款等规模，在此基础上完成利润中心资金草编预算。

（3）各利润中心预算委员会汇总成本中心的草编预算，并根据其他资金情况和自身的经营状况编制"短期资金预算"和各部门的分解预算，上报公司。

（4）公司预算委员会对各利润中心的预算审议通过或驳回修改。

（5）预算委员会（财务公司或结算中心）根据企业长期规划编制"营运资金总预算"。

（6）董事会对"营运资金总预算"讨论通过或驳回修改。

（7）批准后的预算下达给集团公司和各利润中心执行。

（8）年终对预算执行情况进行分析总结，并相应修改下一年度的预算指标。

3．界定营运资金预算内容

界定营运资金预算内容，重点控制可控指标。这些在上一问题中已经全面述及。

4．健全预算控制体系

在企业层次和利润中心建立两级审计组织，利润中心审计组织对本单位预算执行情况进行监督和控制，企业层次的审计组织根据企业总预算考察利润中心的预算审计结果。围绕预算，制定单项预算审计制度。对超过一定数额的项目由两级内审组织共同监督，使子公司既能发挥自主经营的能动性，又能严格遵守企业集团整体预算。

根据年度预算制订月度资金收支计划，由于月度计划中产品价格、销量、原材料价格、采购数量、各种费用等都比较确定，因此月度计划的精确度远远高于年度预算，同时可以分析累计预算执行情况和年度预算进行对比，及时采取措施，保证全年预算的顺利实现。主要责任人负责预算偏离预警和重大事项的即时报告。在企业内建立计算机联网信息系统，对子公司、分公司的资金流转和预算执行情况进行全程动态跟踪和监控，及时发现问题并采取对策，提高防范风险的能力。避免有些单位为了顺利申报项目在早期压低预算、获批后严重超支等问题的出现。

5．建立严格的预算考核和奖惩制度

全面预算指标下达必须与责任人的经济责任考核紧密结合，否则无法调动员工的积极性，并进行有效约束。年初各预算单位与预算委员会签订责任书，明确完成指标和奖惩办法。每月或每季度进行考评，同时对责任人进行评价，并将评价结果递交人力资源部，作为预算执行奖惩的依据；年终决算并通过内审确定实际完成情况，与责任书目标进行对比，人力资源部按奖惩办法对各责任人进行奖惩。高级管理人员是主要责任人，预算执行情况应与其年薪挂钩，以督促其提高预算执行的质量。

尽管预算工作量较大，但对于成本控制、经济责任考核能发挥了很大作用，是企业完善资金管理的必要保证。另外，应该对预算及其执行情况进行及时披露，以加强预算对经营行为的监督约束作用。

第四节　营运资金流量表

一、营运资金流量表的内涵

营运资金流量表是为表示一定期间内企业营运资金活动的财务报表，表示企业如何调度营运资金、如何运用资金等活动的状况及流程，以说明财务结构及支付能力如何增减变动的一览表。报告导致营运资金余额变动的业务，不报告对营运资金余额不发生影响的非资金账户之间的交易。

1. 营运资金流量表的原理

资金流量表的基本原理是资金筹集和使用两方相对应的关系，即资金来源＝资金运用。资金来源由筹资性负债的增加及所有者权益增加所引起；资金运用会带来非资金项目的资产增加、非资金项目的负债减少以及所有者权益减少。

对营运资金流量表而言，其原理由会计等式引申而来：

即资产 ＝ 负债 + 所有者权益

资产 ＝（营业性负债 + 筹资性负债）+ 所有者权益

资产 – 营业性负债 ＝ 所有者权益 + 筹资性负债

营运资金 ＝ 所有者权益 + 筹资性负债

2. 营运资金流量表的目的

为明确表示企业一定期间的资金移动状况，直接控制营运资金的流动；根据资金的移动说明财务结构的变化及其支付能力是否改善或者恶化。

3. 营运资金流量表的格式

在新的营运资金界定下，资产项目内部的转换应该不属于营运资金的来源和运用，而长短期负债之间的相互转换也和营运资金无关，也就是说，只要会计业务里面贷方是短期借款或长期借款，另一方是资产的，就属于营运资金的来源；而借方是短期借款或长期借款的，另一方是资产的，就属于营运资金的运用。由此，营运资金流量表的格式设计如表6-1所示。

表 6-1 营运资金流量表

编制单位：××企业 　　　年　　月　　日　　　　　　　单位：元

营运资金来源和运用	金额	营运资金主要项目的变动	金额
一、营运资金来源		一、主要资产本年增加数	
1. 本年净利润		1. 货币资金	
加：		2. 短期投资	
（1）减固定资产盘盈		3. 应收票据	
（2）清理固定资产损失（减收益）		4. 应收账款净额	
（3）递延税款		5. 存货	
（4）其他不减少营运资金的费用和损失		6. 固定资产	
		7. 无形资产	
2. 其他来源		总资产增加净额	
（1）增加长期负债			
（2）资本净增加额			
营运资金来源合计			
二、营运资金运用		二、营业性负债本年增加数	
1. 利润分配		1. 应付票据	
（1）提取盈余公积		2. 应付账款	
（用盈余公积补亏"－"表示）		3. 其他应付款	
（2）应付利润		4. 应付工资	
（3）单项留用的利润		5. 应付福利费	
小计			
2. 其他运用			
偿还长期负债			
小计			
营运资金运用合计		营业性负债增加净额	
营运资金净增加额		营运资金增加净额	

营运资金流量表左栏反映营运资金的来源与运用，右栏反映主要营运资金项目的变动情况。由此反映一定期间内营运资金的移动状况。

4. 营运资金流量表、财务状况变动表与现金流量表

财务状况变动表（statement of changes in financial position）与资金流量表相比，报告的内容中增加了那些不影响资金余额变化的非资金账户之间的交易。财务状况变动表包含了资金流量表。新的界定下资金流量表更接近于财务状况变动表。

财务状况变动表是反映企业一定期间内资金取得来源和资金流出的用途，分析财务状况变动的财务报表。编制财务状况变动的目的是为企业内外提供一定期间内企业经营活动、理财活动和投资活动中有关资金筹措情况和运用情况以及资金增减变化情况与原因的财务信息，其作用主要有以下几个方面：

（1）能够提供企业一定时期的财务状况变动的信息。它表明企业在报告期内有多少资金可供运营，以及期末与期初相比资金增减变动情况如何。通过期末与期初各项流动资产和流动负债的增减数额的变化对比，可以分析流动资产和流动负债的结构变化，通过流动资产增加额和流动负债增加额之间的变化比例关系，可以分析企业偿债的能力，以便分析企业一段时期的经营状况和财务成果。

（2）能揭示资金变化的内在原因和重要财务事项，诸如企业资金增加的途径是通过获取利润，还是通过出售固定资产，增加长期负债，或者是通过转让收回长期投资等业务来实现。企业资金的减少，是由于分配利润或偿还长期负债而引起的。通过企业资金来源和运用的逐项分析，可以判断企业资金的筹措和使用是否合理有效，企业的经营方针和理财决策是否积极稳妥，以及预测企业未来增加资金的能力以及运用资金的需要。

（3）能提供资金来源与运用的信息表明企业内部资金周转的情况，据此可以分析判定企业有关部门财务管理的情况和效率。如若本期资金流入增加，说明资金周转情况良好；相反，本期资金流入减少说明企业资金周转可能比较困难，要求企业采取增加资金流入的相应措施，为改善企业内部经营管理提供依据（矫建巍，2003）。

但以营运资金为基础编制的财务状况变动表难以说明某些为报表使用者所密切注意的问题，比如企业现在是否有足额的现金偿还贷款，企

业今后是否能取得足额的现金来满足利息支付、下期的股息以及偿还各种到期债务与扩大经营规模的要求，企业将主要通过经营还是需要通过其他途径来取得所需的现金，等等。

财政部门 1998 年以财会字〔1998〕10 号文件关于《企业会计人员准则——现金流量表》的通知中指出，为适应社会主义市场经济的发展，规范企业现金流量表的编制方法及其应提供的信息，要求企业于 1998 年 1 月 1 日起执行，这一行动也是与"国际会计准则"接轨的重要一步。

现金流量表是指反映企业一定会计期间现金和现金等价物的流入与流出的报表。现金流量主要包括经营活动产生的现金流量、投资活动产生的现金流量和筹资活动产生的现金流量三个部分，现金是企业的库存现金和随时可以用于支付的存款。现金等价物是指企业持有期限短、流动性强，易于转换为已知金额现金，价值变动风险性小的投资。编制现金流量表的目标，是为报表使用者提供企业一定会计期间内现金和现金等价物流入和流出的信息，以便于报表使用者了解和评价企业获取现金和现金等价物的能力，以预测企业未来现金流量。

值得注意的是，虽然通过现金流量表的分析能够给报表使用者提供大量的有关企业财务方面的信息，尤其是现金流量方面的信息，但这并不意味着对现金流量表进行分析就能够替代其他报表的分析。现金流量表分析只是企业财务分析的一个方面，而且同任何分析一样，现金流量表分析也有其局限性。因此，投资者决不能完全依赖于报表分析的结果，需和其他有关方面的资料相结合进行综合评价。而营运资金流量表作为营运资金管理报告的形式为营运资金管理服务，是有它不可取代的地位的。

二、营运资金流量表的编制

T 形账户法和工作底稿法是编制营运资金流量表的基本方法。

T 形账户法是指为每一个非流动账户设置 T 形账户并过入期初、期末余额，按借贷法则编制重现分录，追溯与分析营运资金与非流动账户变动的原因。

工作底稿法是指将资产负债表及营运资金流量表的所有项目及数据汇总在一张底稿上，完整分析与记录每一非流动账户的变动原因和营运资金的来源与用途，并将发生变动的原分录记入工作底稿。

工作底稿法编制营运资金流量表的基本步骤如下：

将工作底稿分成上、下两部分，上半部分一、四两栏列记资产负债表长期负债及所有者权益账户期初与期末余额；下半部分列记营运资金流量表各项目。变动原因分析列于中间借贷两栏，上半部分供分析长期负债及所有者权益账户变动的原因；下半部分记录营运资金来源与用途，借方为来源，贷方为用途。分析每一账户变动的原因，汇总将其发生变动的原分录记入工作底稿。根据工作底稿的下半部，即可编制营运资金流量表。

三、营运资金流量表的分析

分析营运资金流量表可依其目的，从经营活动和投资活动及其状态的角度去衡量。第一须能够明确表示一定期间营运资金的流动状况；第二须能够解释由营运资金的移动引起的财务流动性及支付能力的变化。这些问题从表面观察，虽然能够把握营运资金活动及财务构造的变化，但关键是如何确立今后的对策，从而发掘其营业活动中的实际问题，据以分析企业收益能力或经营管理的实际状况。

1. 分析思路

分析营运资金流量表须依据其使用目的，采取适当的方法进行如下方面的说明：

与营运资金方面直接有关的目的有：①营运资金的运用及调度是否有效进行；②营运资金的流动是否适当，有无超越限度；③支付能力从短期、中期和长期来看是否有问题；综合性次要目标应注意要点：④营运资金收益能力及资金效率变化政策是否良好；⑤营业活动及财务管理的管理是否密切；⑥营运资金具体项目余额与经营管理的关系，它们的目标是否相符。

按照以上的方法分析与评价或判定，可以知道资金流量表的分析具有一定的价值。具体要点可扩展如下：营运资金的来源与使用用途是否平衡，若不平衡，运转资金是否增加或减少？营运资金的增加或者减少的主要原因是什么？本期由经营活动所得资金占来源总额的百分比是多少？长期资金的运用效率如何？增资是否必要或者适当？这些可以结合营运资金绩效评价指标的计算结果来衡量分析，具体分析营运资金的周转率指标、盈利性指标以及整体性指标，分析造成这些指标变化的原因以及发展的趋势，便于营运资金管理绩效的提高。

2. 分析指标体系

资金流量表的分析指标体系，应与营运资金绩效评价体系目标、营运资金预算管理目标结合起来分析。按照营运资金本期的周转率指标、盈利性指标以及协调性指标一一计算(指标与绩效评价体系中的产出指标一致,这里不再一一列举),与营运资金预算管理目标结合考评营运资金预算管理的完成程度,并落实到相应的责任人,予以奖惩。

进一步而言,分析营运资金流量表时,还应注意以下几个主要方面:①营运资金变动趋势的合理性。②营运资金占用结构的安全性。流动资金增加,偿债能力增强,并不一定说明企业流动资金占用是安全的,还应该进一步分析流动资金的构成。③营运资金运用的有效性。

通过对以上几个层次营运资金流量表的分析,便可以结合营运资金绩效评价体系对营运资金管理的效率进行总结分析,发掘其变化的原因,寻找提高营运资金管理绩效的途径。

第七章　营运资金管理组织体制设计

良好健全的组织管理体制，明确的责任归属与权力划分，才能使企业财务规划与控制工作具有意义。换句话讲，营运资金规划与控制有效实施，必须建立在企业健全的组织结构的基础上，权责界限明确划分，预计的绩效必须与组织责任直接发生关联。也可以说，组织结构和营运资金管理存在着密切联系：运转顺畅权责明确的组织结构有利于营运资金管理绩效的提升，良好的营运资金管理会成为组织结构顺畅运转的润滑剂，营运资金管理绩效的改进客观上也会推动组织结构的变革。

第一节　营运资金管理体制

管理体制是指管理系统的结构和组成方式，即采用怎样的组织形式以及如何将这些组织形式结合成为一个合理的有机系统，并以怎样的手段、方法来实现管理的任务和目的。具体地说，管理体制是规定中央、地方、部门、企业在各自方面的管理范围、权限职责、利益及其相互关系的准则，它的核心是管理机构的设置，各管理机构职权的分配以及各机构间的相互协调，它的强弱直接影响到管理的效率和效能，在中央、地方、部门、企业整个管理中起着决定性作用。营运资金管理体制是指营运资金管理在企业中所依托的管理机构和组织系统的安排机制。①

一、营运资金管理体制的基本模式

根据企业集团的联合方式及其财务组织的权责结构，企业集团财务管理体制可分为集权式、分权式和集权与分权相结合三种基本模式。营运资金管理体制问题从属于财务管理体制问题，其管理体制也可分为集权式、分权式、集权式和分权式相结合的三种模式。

---

① http://baike.baidu.com/view/1849136.htm.

（一）集权式营运资金管理体制

集权式营运资金管理体制是一种财权高度集中的营运资金管理组织形式。"集权"二字从字面上就可以看出是权力的集中，也就是所有权力由一个或少数几个权力主体行使，而多数的其他主体处于被支配的地位。母公司对子公司进行严格控制和统一管理。营运资金调度、资产管理、投资决策等重大财务事项都由母公司统一管理，实行垂直性的领导，子公司财会负责人对总部承担责任，其工资福利等由总部决定，子公司经理不得干预其工作，更无任免权。其特点是高度集中的会计信息联系、严格的营运资金管理制度和严密的内部控制制度。采用这种模式的优点是有利于制定和实施统一的财务政策，发挥母公司的财务管理功能，降低经营和财务风险，保证集团战略目标的实现。缺点是权力的高度集中容易减弱子公司的工作积极性，并使得集团财务管理工作可能出现信息流动方面的障碍。

（二）分权式营运资金管理体制

分权式营运资金管理体制将财务责任、权力等分散到子公司，母公司与子公司之间在经营管理、财务等方面保持相对松散的联系。子公司可以根据公司情况和市场环境做出重大财务决策，母公司对子公司的管理以间接管理为主，并加强信息处理、控制和绩效考评功能。对成本目标、利润贡献目标、资本增值均要负责的投资中心的下移是分权式最重要的特征。这种模式的优点是子公司可以积极灵活地应对市场，减少母公司直接决策的压力。缺点是难以统一指挥，弱化了母公司的财务控制权，有时子公司会不可避免地注重自身利益而忽视了整体集团利益。

（三）集权与分权相结合的营运资金管理模式

在实际工作中，绝对的集权和分权都是比较少见的，大多数企业集团选择的都是将两者相结合。集权与分权相结合的模式将财权在母公司与子公司之间适度分配，形成适度分权或适度集权的组织结构。在权力结构中，一般分为最高决策层、中间管理层、基层三个层次。最高决策层一般由财务副总参与，主要职能是对集团实行战略性管理，进行财务战略决策与管理、长期发展规划、重要人事安排、盈余分配等。企业内部财务管理权限配置，没有统一的标准，而是因势而异，因时而异，因企业而异。集权与分权相结合的模式有利于将重大财务决策权集中与一般管理决策权适度分权的相结合。

二、影响营运资金管理体制的因素

营运资金管理体制的选择，需要根据企业的实际情况，综合分析各种影响因素来最终确定所要采取的营运资金管理体制模式。通常情况下需要考虑以下因素：

（一）企业战略

财务管理体制的建立应该与实现企业的战略目标相一致。营运资金管理体制也应当考虑企业的战略目标。战略是企业面对现实经营环境，综合考虑内部条件、经营目标，为生存和发展进行的总体性谋划。战略具有全局性、长远性、纲领性、竞争性的特点。财务组织架构必须服从于组织所选择的战略需要。战略选择的不同，能够在两个层次上影响财务组织结构：不同的战略要求不同的业务活动，从而影响营运资金管理组织的设计；战略重点的变化，会引起营运资金管理组织的工作重点、各部门与各职务在财务组织中重要程度的变化，因而要求对各管理职务以及部门之间的关系做相应的调整。

（二）企业规模

企业集团规模根据管理幅度论和管理层次论，管理者受其精力和时间等的限制，在企业规模扩大到一定的程度之后，就必须实行分层次的授权管理。因此，当企业集团规模不大，经营范围较小，业务比较单一，子公司数量不多，而且集团内部关系较为简单时，财务管理就可以相对集权，营运资金管理相应可以相对集权。而若企业集团规模较大、经营业务多样化，或者子公司数量较多导致集团内部关系比较复杂，集团公司总部难以统一管理子公司财务或统一管理的效率过低时，就会采取相对分权的营运资金管理体制。

（三）企业发展阶段

企业从成立之初进入市场，不断发展壮大，直至清算退出市场，就如同一个生命变化的过程。在这个生命过程中所经历的不同阶段，企业都有其特有的战略目标和经营管理的手段，导致其不同阶段的营运资金管理目标不同，为了使其经营管理的手段能够实现整体的战略目标，企业就会建立一种适合自身的营运资金管理体制。例如，跨区分销企业在初始创建阶段，整体规模较小，管理所涉及的幅度也不大，这时可以考虑采用集权式营运资金管理模式；随着企业的不断发展壮大，企业规模也越来越大，为使整个企业都能为整体战略目标的实现而努力，就要根据不同的分销机构所面临的市场竞争环境及其所处的发展阶段，下放相应的营运资金管理权限，充分考虑集权与分权的优势和缺陷，采取集权与分权相结合的营运资金管理体制。

（四）企业文化

企业的发展离不开企业文化的建设，反过来企业文化对企业的发展有着举足轻重的影响。企业活动的开展在很大层面上体现着企业的文化，财务管理活动的开展也不例外，一个民主的、畅所欲言的、体现主人翁精神的比较彻底的企业文化，更适合采取以分权为主的财务管理体制，也就会采用以分权为主的营运资金管理体制；一个专制的、等级森严的企业，在财务管理体制设计上必然倾向于集权的管理体制，就会有相对集权的营运资金管理体制。

三、营运资金管理体制选择

管理学中所谓选择，是在收集资料、深入分析、具体设计方案之后，根据一定的衡量标准，在各方案中做出抉择。根据自己的内部条件和外部环境，营运资金管理体制可以在前面所述的集权式、分权式和集权分权相结合的营运资金管理体制中做出选择。这并不是说整个企业都应该采用统一的某一种模式进行营运资金管理。不仅处于集团内不同层次的子公司需要采用不同的管理体制，即便是处于同一集团、同一层次的子公司，也可能会因为各自的实际情况而需要采用不同的营运资金管理体制。但是，不论采取哪一种营运资金管理体制，在企业内部政策上始终有着共同的特点：应该保持财务政策的一致性，制定和实施统一的投资政策，包括投资审批程序、营运资金进行统一筹划和调度、财会人员统一管理等。营运资金管理体制的选择应权衡企业的特点和营运资金管理的特点来进行。营运资金管理一般具有以下特点：

（1）营运资金管理的阶段性。营运资金不停地变换存在形态使其具有迅速转换的特性，形成营运资金的周转，不同形态的营运资金不断循环周转才能产生利润。营运资金的循环周转又是与业务流程不可分割的，决定了营运资金管理具有阶段性分流程的特性。

（2）营运资金管理的协调性。营运资金的协调性是其管理的重点。要想提高营运资金管理效率，要注重协调经营活动的营运资金与投资活动的营运资金；协调短期资金与长期资金；协调采购渠道营运资金、生产渠道营运资金与营销渠道营运资金之间的关系。即营运资金各部分不是孤立运行的，要加快其周转速度，提高其利用效率。

（3）整个营运资金的管理，说到底是整个企业管理的体系，营运资金的管理是从战略层面、执行层面到运营层面；营运资金的管理与企业组织结构、流程、文化都是不可分割的；这个体系的边界，除了企业本身，还扩展到供应商和客户；营运资金管理本身是个协同，是整个价值链共同完成的事情，每个环节都要参与进来。

根据营运资金管理的特点，其管理地位说明了其管理体制要求相对集权，其与业务流程管理的不可分割性说明营运资金管理体制应该向分权式的方向发展。所以营运资金管理体制应该在企业不同的发展阶段，选择相对集权或相对分权的管理体制，以此体现资金综合管理和分层管理思想的原则。在价值链理论下，集团公司资金管理是一种综合管理、战略管理。一方面，集团公司的营运资金管理要树立"大资金"的观念，母公司营运资金管理不是也不可能是母公司或子公司财务部门的营运资金管理，可以说它是一种战略管理。企业的一切经营行为均会影响企业的营运资金流转，即企业中任何一个决策都会影响到营运资金流动。总之，企业中的任何经济资源、任何一项经营活动、任何一项理财决策都包括在营运资金管理中，因此在企业管理实践中应形成全面的营运资金管理观念。另一方面，母子公司之间的战略发展要具有协同性，即在集团公司统一战略框架下，充分利用集团公司资金，使集团公司战略发展效果最大化。这就要求子公司战略发展要符合母公司的战略发展要求，同时母公司要对子公司战略实施进行监控，对实施效果进行评估。

在实际构建企业营运资金管理体制时，在资金管理与运作中应充分调研、谨慎决策、确保营运资金的安全性；在兼顾安全性的基础上，主要体现为内控制度的合理性、内控体系各层次职责的明确性和责任的强化；在确保资金安全的前提下，保持营运资金运作的高效性，追求经营收益和投资收益的最大化；在营运资金的分配上，既要保证有充足的营运资金维持企业集团正常运转，规模合理，又不会出现营运资金的大量闲置，造成营运资金管理的浪费。

在营运资金管理的原则上，要强调集权分权的有机结合；在营运资金管理的目标上，由过去单纯为解决营运资金缺口而进行资金筹集，转变为追求营运资金使用成本的最低化和优化资本结构为目的的营运资金筹集与使用管理；在营运资金的使用控制上，强调目标控制与过程管理相结合；在营运资金管理的方式和方法上，一是构建以财务中心为载体的营运资金中心制度；二是借助现代信息技术的发展，不断推进营运资金管理信息化；同时强调高效利用和风险控制并重。

在内容方面包括：集团公司在坚持营运资金集中管理的前提下，根据变化的组织结构和产权关系，适度授予子公司资金自主管理的相应权限；在坚持营运资金集中管理的前提下，随着我国资本市场的发展和完善，集团公司充分发挥其他形式优化资本结构；同样，在营运资金集中管理的前提下，集团公司对子公司营运资金的占用，主要是存货资金和应收账款进行目标控制和过程管理；同时，建立风险防范体系，并结合动态控制来降低营运资金风险；营运资金信息化管理也正是以集中为基础，以统一的财务管理软件为载体，以业务流程再造为前提，以实现物流、资金流、信息流的有机统一为目的予以推进和实施的。

第二节　营运资金管理组织创新

营运资金管理体制的选择决定着营运资金组织架构的设计，组织体制的核心内容是选择组织体制形式。

一、营运资金管理组织架构

作为以上有关营运资金管理体制理论的具体化，营运资金管理组织架构的合理设计是营运资金管理绩效提高的必须条件，也是财务管理高效有序运行的要求，其内容包括规定财务组织内部各机构、各岗位财会人员的职责和权限。一般而言，企业的财务组织机构分为战略决策层、执行层和基层三个层次。相对应的，营运资金管理的组织结构也围绕这三个层面展开（图7-1）。

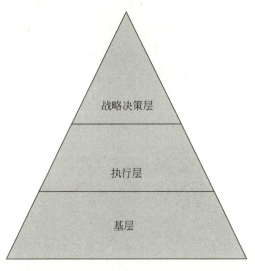

图 7-1　营运资金管理组织结构

（一）战略决策层

战略决策层是营运资金管理的第一层次。其主要形式有三种：①母公司董事会中设立财务董事或建立董事会领导下的财务总监制度。这种形式由董事会领导，权威性高，主要是为了维护股东利益。财务总监负责监督企业集团营运资金运营、重大投资决策，对重大财务收支和经济活动实行与总经理联签制度。有些企业规定财务总监对企业行使监督职责，不参与企业日常的经营管理，也不作为企业财务负责人。而另一些企业规定，财务总监同时享有监督权和重大财务事项决策权。②董事会领导下的财务委员会制度。这种形式注重营运资金管理在不同部门间的协调配合。财务委员会专门从事财务决策、咨询、协调，代表董事会对公司财务活动做出深入细致的分析，确定财务政策，协调公司各部门的财务活动。财务委员会由具有不同知识、经验、背景与判断能力的一组人构成，对重大财务问题进行集体讨论与决策，这样可以增加决策的科学性，避免个别人员由于知识经验的差异性而产生错误的判断；还可以防止个人权利的过度集中，有效地抑制以权谋私的行为，实现权利的制衡；更好地收集、沟通和反馈信息，实现信息资源的共享。委员会成员通常来自不同的部门，这一决策机制能够增进各部门之间的相互了解和对问题的共识；让有关人员参加讨论，可以激发这些部门执行决策的积极性。③总经理领导下的财务副总经理制度。这种制度是为了加强经营管理服务的。财务副总经理是对企业营运资金管理、会计信息，甚至对内部审计负有责任的高级管理人员。其职责一般包括：筹资和投资管理；会计信息加工与报告；税务处理；重大财务战略规划；流动资金管理等。在我国国有大中型企业设置的总会计师，其职责、权力与财务副总经理大致相同。企业可以根据自身情况选择不同形式的财务战略决策层制度对营运资金管理做整体的决策意见。

（二）执行层

第二层次为执行层。营运资金管理的组织机构形式为营运资金集中管理中心。

营运资金集中管理中心是企业设置的营运资金管理专门机构，负责企业内部各单位结算、营运资金的调度，目标是规范营运资金管理，提高营运资金运营效率和效益。

营运资金集中管理中心应遵守以下几个基本原则：①流动性原则。由于子公司不再直接向金融机构贷款，而是通过资金管理中心统一向外贷款，因此营运资金管理中心需要保持流动性以满足子公司开展业务的紧急资金需求。②安全性原则。在统借统还的情况下，营运资金管理中心承担着更大的利率风险和流动性风险，营运资金管理中心必须加强风险防范机制，实现对风险的事前审核、事中控制和事后监督，确保营运资金安全。③盈利性原则。在分析宏观经济情况与行业发展水平的基础上，营运资金管理中心应该在控制信用风险的前提下，协调经营活动营运资金与筹资活动营运资金的比重，力求收益率最大化。④时效性原则。营运资金管理中心应努力地压缩非营利性营运资金的数量和使用时间，在法律法规允许的范围内，拓宽和丰富服务范围和内容，更新服务方式和手段。

营运资金集中管理中心的功能包括：①统筹安排企业的营运资金，按照集团及其各子公司的发展需求合理调节营运资金的占用。②集中企业集团的所有营运资金，减少内部的营运资金浪费，降低银行贷款和贷款利息，节约营运资金成本。③减少营运资金的企业外循环，从而加快营运资金的周转，提高营运资金的使用效率。

营运资金集中管理中心是公司进行营运资金集中管理的内部职能部门，需要承担起作为企业营运资金结算中心、营运资金预算中心、营运资金融资中心、营运资金运作中心、营运资金监控中心的任务，通过对营运资金的有效管理，达到既满足企业内部各成员单位相对独立的营运资金活动，又服从企业营运资金管理的整体要求。

（1）营运资金结算中心。营运资金管理中心具有营运资金结算的职能，负责各结算成员单位日常资金业务的结算。

（2）营运资金预算中心。营运资金管理中心需要承担起整个集团的资金计划职能，负责集团营运资金需求计划的编制，动态地掌握营运资金的流向。

（3）营运资金运作中心。营运资金管理中心配合相关部门做好营运资金运作，包括经营活动营运资金的运作和投资计划中资金管理的业务操作。

（4）营运资金筹资中心。营运资金管理中心需要具有资金筹措和调剂职能。它不仅需要代表集团向金融机构筹措集团发展需要的资金，还要善于利用集团内部的头寸进行内部调剂，保证资金在体系内高效循环和流转，从整体上保证资金使用最大效益。

（5）营运资金监控中心。营运资金管理中心要及时把握企业资金活动的流量和流向，进行日常监督、调节和控制。寻求管理的重点、难点和要害，帮助集团决策层加强微调整合。

（三）基层

第三层次为营运资金的基层管理组织。即以业务流程为导向的营运资金利润中心。

20世纪80年代以来，科学技术的迅猛发展使产品生命周期缩短，市场更新的速度加快，而经济发展的全球化、区域化和集团化又使竞争日趋复杂多变。特别是随着知识经济时代的到来，对企业组织结构的选择和变革提出了新的挑战，为了适应这种外部环境变化，企业在组织结构方面纷纷进行了创新尝试，新的组织结构纷纷涌现，企业组织结构的未来发展趋势出现了扁平化、柔性化和无边界化。在流程管理驱动下，流程导向型的组织结构形式应运而生，流程导向型组织把为特定流程工作的所有员工都组合在一起，便于沟通，更好地创造价值。流程型结构减少了纵向层级，并跨越了原有的职能边界。流程管理除了能提升单个流程的绩效之外，已经成为了一种重要的企业运作和管理的手段。

传统的企业管理模式注重的是组织结构和管理的角色，对流程漠不关心，因此表现为以职能为中心的组织形式。然而随着流程管理的管理理念的日益发展，现代的管理模式将把重心投向对流程的支持。在这种新的管理模式下，人们将工作在团队中，而非原来的职能部门中；他们将向最终的结果负责，而非向上司或活动负责。进行流程管理的企业最终将转变为流程导向型组织，这种组织将更好地围绕流程进行管理并更好地以客户为中心进行服务。

流程导向型的组织结构，即以流程为中心、面向顾客、扁平化。因此，在对流程导向的组织结构构建时应考虑如下三个要点：①组织以流程维度为主干，每一流程由若干个子流程组成，流程中的基本活动单元是团队，团队拥有高度的自我管理权限。②围绕流程设计必要的职能服务中心，为基于流程团队和业务流程的有效运行提供辅助。③纵向的层级组织扁平化，管理的任务委托到更低的层级。只在传统的支持体系设计职能部门，如财务和人力资源部门存留少量高级管理者。

二、基于业务流程的营运资金管理组织设计方法

基于流程管理的组织结构形式随着企业的内外部环境而千差万别，但结构的内涵却是一致的，即以流程为中心、面向顾客、扁平化。因此，在基于流程管理的组织结构构建时应考虑如下四个要点：

（一）组织以流程维度为主干，每一流程由若干个子流程组成，流程中的基本活动单元是团队，团队拥有高度的自我管理权限。

（二）围绕流程设计必要的职能服务中心，为基于流程团队和业务流程的有效进行提供辅助。

（三）建立企业的信息技术平台，确保团队之间、业务流程之间以及业务流程与职能部门之间的整合和协同工作。

（四）对团队成员的激励在对组织进行保障中是很重要的因素，绩效是激励的重要衡量标准。团队及团队成员的绩效要基于流程来评价，同时考虑团队绩效与成员个人的绩效量化调整。

作者认为，基于流程管理的组织的建立首先是核心流程的界定，只有流程决定组织，其次是建立流程团队和对组织的支撑体系，最后是建立一套完善的绩效考核制度。

因此，主要的基层组织按照营运资金的核心流程分为经营中心和投资中心。经营中心又根据其流程分设采购中心、生产中心和营销中心。具体构造如图 7-2 所示。

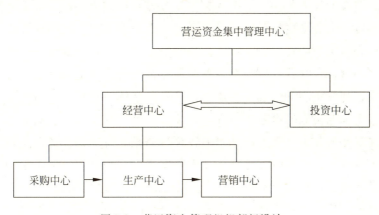

图 7-2　营运资金管理组织部门设计

其中经营中心（包括采购中心、生产中心、营销中心）和投资中心都是以独立的利润中心的形式而存在的。早在 1921 年，通用汽车公司就设立了利润中心，从此世界各国的公司纷纷效仿利润中心制度并取得了一系列成功。近年来，中国越来越多的大型公司在内部都采用了利润中心的组织形式。

利润中心（profit center），从会计角度是指拥有对产品或者劳务的生产经营决策权，既对成本承担责任又对收入和利润承担责任的公司的所属单位；从战略和组织角度，利润中心又被称为战略经营单位 SBU（strategic business unit）或事业部。在企业内部，利润中心被视同为一个独立的经营个体，在原材料采购、产品开发、制造、销售、人事管理、流动资金使用等经营上享有很高的独立性和自主权，能够编制独立的利润表，并以其盈亏金额来评估其经营绩效。

以利润中心概念为基础实施的利润中心制度不仅仅是一种公司组织形式的简单再造，更是一种管理制度的再造。从资源配置和组织管理的视角，利润中心是在公司战略目标的总体战略约束下，运用公司提供的资源，执行各自的经营战略的组织单位。各利润中心之间的关系存在着纵向和横向的多重关系，纵向关系为公司总部和各利润中心之间是投资与被投资、公司战略与经营战略的关系，利润中心制度应该既要保证公司总部的资源集中配置与控制权，又要落实各利润中心具有相应的资源使用权。横向关系为各利润中心之间的相互协作、协同、交易关系。这种纵横交错的关系使公司内部形成一个立体的管理结构。具体地说，利润中心制度具有如下特征：第一，在公司整体发展战略的领导下，拥有其业务控制范围内的独立经营决策权。第二，利润中心承担与其经营决策权相适应的经济责任，也就是对其业务经营范围内的收入或成本，即利润负责。通过考核各利润中心的利润能力及对公司战略的支撑作用评价其对公司价值的贡献度。第三，利润中心的生产经营业绩，应能够明确划分和辨认，这是考核利润中心责任是否完成和完成如何的前提。换而言之，利润中心责任必须具体明确、界定清晰，指标可以量化。这就要求每个利润中心的确定必须有一定独自的收入与支出，能独立核算盈亏，尽管有些收入可能是通过内部转移价格模拟计算的。第四，从权力配置内容分析，利润中心的确是分权制度下的组织形式，但是这种分权绝不是下放公司总部的所有权力，分权范围仅限于生产组织、营销管理、人员调配、价格谈判、资金使用等。每个利润中心按照公司总部的战略规划、财务政策、投资方针、资金与资源调剂、审计监控业绩管理、文化理念等要求，规划和控制其权利范围内的业务经营活动。所以对利润中心的分权是有限的。

营运资金管理组织的基层设置应按照利润中心制度的原则，根据相应的业务流程管理的组织部门设计的方法，尽量在基层组织层面分权，实现各利润中心自主管理相应的营运资金运行。

三、基于业务流程管理的营运资金管理组织部门及权责分配

新界定下营运资金管理组织体制的设置，主要有三个方面的变化：第一，扩大了营运资金管理范围，把原本独立于资金管理的固定资产等长期资产的管理工作纳入进来；第二，注重与业务管理的相互配合，实

现真正意义上的业务流与资金流的统一；第三，注重营运资金的协调性管理，这一方面体现在营运资金集中管理中心统筹规划的作用，另一方面体现在各流程中心之间的相互配合协调，使营运资金管理成为一个整体，便于提高营运资金管理的绩效。

1. 营运资金集中管理中心

营运资金是企业流动的血液，营运资金流转的起点和终点都是货币资金，其他资产都是资金在流转中的转化形式。通过建立营运资金集中管理中心加强营运资金集中管理主要包括营运资金核定方面、营运资金筹集方面、营运资金运用方面、营运资金分配方面。

（1）营运资金核定方面。以需要与节约兼顾为核心的基本原则，采用先进合理的计算方法，确定资金的合理需要量，这是进行资金管理的基础。如何确定营运资金的合理需要量是其中的关键点，也是难点。从财务会计稳健原则角度来说，营运资金预算是解决此问题较好的方法。一个合理的资金计划，应是在保证正常生产经营需要的前提下，努力挖掘内部资金潜力，积极组织投入，节约支出，通过资金收支的平衡、物资供需的平衡、各渠道的综合平衡，以经营计划为基础，以部门计划为依据进行编制（详见第六章内容），加强营运资金的预算管理，分析营运资金动态，根据预算来核定需要，可使资金的使用达到最优化。

（2）营运资金筹集方面。在市场经济条件下，企业自主经营、自负盈亏，自然会出现自有营运资金不足的情况，解决的办法是：一方面企业应对销售额、存货、账款加强收现；另一方面就是从企业外部筹措资金。根据企业生产经营需求预期筹资方式、筹资渠道和筹资结构，并根据实行情况，选择一个最佳的决策方案。企业还可以利用自己良好的信誉，积极争取国家政策支持，通过贷款、融资、引进外资等途径来增加可利用资金，并充分利用企业内部之间资金供应与使用的时间差，调度资金，节约支出，提高资金的使用效益。

（3）营运资金运用方面。这是营运资金管理中最具实质性和最具创造性的内容。合理运用资金的目的，就是以最低成本创造最大利润。一是要用好现有资金。现在始终围绕着财务工作人员的一个最大问题，除在计划、决策等宏观的方面力求有所突破以外，财会人员对资金运用项目的审定要变单纯地"把关"为直接参与。变事后"监督"为立项决策，加强预见性，减少盲目性，重点应放在加强内部管理，挖掘资金潜力上，力争做到：抓好清欠，及时回收，坚持"款到发货"的原则，提高资金回笼率；物料采购要集中管理，压缩采购的在途资金；对存货等沉淀资金，清仓查库，调整库存结构；在新项目和对外投资上要先进行可行性研究，避免决策失误。二是要优化企业资产配置，合理调配资金。通过优化资产配置，把非流动资金融资为流动资金，调整资金结构，不失为一种降低包袱，增加资金净流量的好方法。

（4）营运资金分配方面。分配资金系统直接关系到企业的发展。以往，企业与国家之间的分配关系一直是我们所关注的重点，现在随着企业经营机制的转变，企业内部资金收益如何进行合理分配的问题日益突出。在保证积累与消费合理平衡比例的基础上，企业的分配形式也趋向多元化和多层次化。企业内部可根据职工的劳动技能、劳动强度、劳动责任、劳动条件和实际贡献，拉开工资、奖金的分配档次，逐步做到"岗薪相符、技薪相符、职薪相符"，体现公平、公正、合理的原则，充分激发和调动全体职工的劳动创造性和积极性，促进生产、经营管理水平的提高，增强企业实力。

集中营运资金是为了有效管理，提高管理效率和企业经营效率是营运资金管理的一项重要任务。加强企业营运资金管理就是要将营运资金集中管理与营运资金利用效率、风险控制、优化资本结构、降低资本成本，加强日常管理有机地结合起来。

2. 各利润中心

从管理过程分析，我们认为利润中心制度的实施也就是公司实现战略控制与财务控制的整合过程。战略控制与财务控制是利润中心制度的两大支撑点。战略控制引导财务控制，财务控制进一步落实战略控制。具体地说利润中心制度是一种公司战略目标的分解量化、利润中心的组织划分、目标实施、报告、审计并考核的动态管理循环。它包括：①利润中心的组织划分。根据公司战略的需要进行组织再造，确定责任中心的类型，并将设置的利润中心按照战略角色进行定位，明确其对公司战略的意义。②确定各利润中心的目标责任。将根据内外部环境分析并结合公司自身情况确定得来的公司总体战略目标，运用平衡记分卡进行目标分解，以及运用全面预算管理将既定目标量化，并作为目标执行、追踪检讨及达成目标的对比，以保证垂直上下目标的相互衔接，横向各利润中心的责任分明。③利润中心的责任实施及报告。各利润中心按照既定目标进行经营活动，并定期(月、季、半年度、年度)以各利润中心为核算对象进行价值归集、分类与计算和汇总，并按公司统一规定的格式和内容编制管理报告，提交给公司管理者。④利润中心的资金审计。为了提高管理信息系统的质量，真实地反映利润中心预算的完成度、管理报告的可靠性以及企业统一管理规章的执行情况，需要通过审计进行再认定。⑤利润中心的责任考评。对照经过审计的会计数据，检查各利润中心责任目标的完成情况，促进各中心采取改善措施，为公司管理者的业绩考评及奖惩提供依据，并做出进入或退出某一产品、市场或渠道等相关的战略决策。从以上五个步骤可以看出，利润中心制度这一管理循环是对利润中心的全过程动态控制。

流程导向型的组织结构是流程导向预算控制报告的组织基础，而进一步地建立扁平、高效、响应快速的流程导向组织结构，首先必须建立以流程为核心的信息化平台，组织运行的各项工作都是在此基础上展开的。企业信息化平台是以现代信息技术做支持，按照各种统一的数据标准与格式，将企业内外部的各种信息进行加工、汇总、分类，并将其分别置于具有不同保密级别和层次的数据库中，是各级员工充分地利用信息资源，有效开展生产经营活动的人机交互体系。信息化平台的建设，实现了流程内部之间以及流程与流程间的信息集成和共享，使组织的运行趋向程序化、自动化和电子化，使流程的运行突破地域的限制，快速、高质高效地创造价值。

生产经营中心和投资中心是营运资金集中管理中心的下设职能部门，且生产经营中心和投资中心都是独立的利润中心。它们分别负责经营活动营运资金的运转和投资活动营运资金的运转，且它们的相互协调以及与营运资金集中管理中心的协调决定了企业营运资金创造价值的能力。生产经营中心并不是单纯的营运资金管理部门，但鉴于营运资金与业务流程不可分割的关系，各流程中心均承担营运资金管理的相应职能。不论是生产经营中心、投资中心还是下设的采购中心、生产中心和营销中心，都是一个独立的利润中心。

采购中心、生产中心和营销中心是隶属于生产经营中心的按流程划分的职能部门，其中的营运资金管理工作主要是确定每一流程营运资金的有效运转，并配合生产经营中心和营运资金管理中心做好相应的预算管理、绩效考评等工作。由于是按照流程划分，凡隶属于此流程的营运资金的统筹分配工作中心均有相应的管理权，要负责营运资金在该流程的运营、成本及安全工作的控制与管理。具体而言：主要涉及资金的安全管理、成本管理和运营管理三个方面。

（1）营运资金的安全管理

营运资金的安全管理是公司财务管理永恒和重要的主题，它不仅涉及公司的资金损失，还会酿成案件影响公司的发展。在保证资金安全方面，公司主要做了以下工作：首先，从思想认识上狠抓财务人员队伍建设，提高财务人员职业操守为重的从业理念，坚持正确的思想方向；其次，从管理制度方面进行规范，并保证公司各项管理制度的落实。公司结合自身实际情况制定《内部财务控制制度》和《存款管理办法》等一系列规章制度，通过制度管理来完善和约束资金有效管理。

（2）营运资金的成本管理

公司进入负债经营后，资金的成本管理对公司的效益将会产生很大影响。例如，A建设投资公司作为投资控股公司，主要业务是对项目投资，故其资金流量大，资金成本直接影响公司利润。为了降低资金成本，提高利润率，公司一方面可以利用银行授信资金使用的灵活性，合理调度资金，把资金需要由原来的月计划缩短到周计划。尽量减少银行存款占压资金，降低资金成本。另一方面利用公司的信誉和银行积极给本公司贷款的意向以及存贷款利率可以上下浮动的政策，与银行讲条件，降低借款利率。

（3）营运资金的运营管理

公司的各项运营活动都靠营运资金的流入和流出来实现，尤其是公司负债运营，要保证公司持续、稳定发展，公司营运资金运营链条是关键。在资金的运营管理方面公司有以下经验：第一，可以根据公司实际情况制定总体融资战略。第二，充分利用市场债务融资工具，谋划"长、中、短"相结合的债务结构。第三，预测负债风险点，保持合理的负债比例。

各利润中心的协调配合使得营运资金管理能够从筹集与使用两个方面来互动考虑，一方面适时适当地筹措资金；另一方面注重营运资金管理的协调性，提高营运资金管理的效率。

第八章　营运资金管理案例分析

第一节　机械设备制造业营运资金管理特点

一、机械设备制造业特点

机械设备制造业是国民经济的支柱产业，也是为提高人民生活质量、提供消费类机电产品的供应企业。它对国民经济运行的质量和效益、产品结构的调整和优化具有极其重要的作用。机械设备制造业与其他制造业相比既有共性也有个性，下面就这些特点加以论述：

（1）机械设备制造业生产方面呈现的主要特点是：离散为主、流程为辅、装配为重点。机械设备制造业传统上被认为属于离散型工业，绝大部分工序还是以离散为特点的，不过其中诸如压铸、表面处理等属于流程型的范畴，所以，机械制造业并不是绝对的离散型工业，其中还是有部分的流程型特点。具体而言有以下特点：生产方式以订单生产为主，按订单设计和按库存生产为辅，机械制造业的加工过程基本上是把原材料分割，然后逐一经过车、刨、磨等加工工艺，部件装配，最后装配成成品出厂；产品结构复杂，工程设计任务很重，不仅新产品开发要重新设计，而且生产工程中也有大量的设计变更和工艺设计任务，设计版本在不断更新；制造工艺复杂，加工工艺路线具有很大的不确定性，生产过程所需机器设备和工装夹具种类繁多；机械设备制造业由于主要是离散加工，产品的质量和生产率很大程度上依赖于工人的技术水平，而自动化程度主要在单元级，如数控机床、柔性制造系统等。因此机械制造业也是一个人员密集型行业，自动化水平相对较低；产品生产周期长，更新换代慢。目前我国大中型企业生产的 2 000 多种主导产品平均生命周期为 10.5 年，是美国同类产品生命周期的 3.5 倍。[①]

[①]　www.fenxiyi.org.cn.

　　机械设备制造业物料品种的规格多，生产不连续，生产制造过程也比较复杂，所以机械设备制造业的管理比其他制造业的难度更大。近年来发达国家加大了产业转移的力度，机械产品中附加值低的产品被安排到市场潜在需求发展中国家生产。为适应市场需求的变化，各大生产商纷纷采取专业化生产，"单品种，大批量"已成为很多500强企业生产方式的新特色。同时，以生产者为主导的生产方式逐步向以消费者为主导的定制生产方式转变。① 服务的个性化成为竞争成败的重要因素。

　　（2）机械设备制造业产品具有高技术化的特点。以信息技术为代表的现代科学技术发展对机械制造业提出了更高、更新的要求。各个国家和地区，特别是发达国家更加重视发展机械制造业，充分体现出机械设备制造业作为高新技术产业化在推动整个社会技术进步和产业升级中不可替代的基础作用。高新技术的迅猛发展起到了推动、提升和改造的作用。信息装备技术、工业自动化技术、数控加工技术、机器人技术、先进的发电和输配电技术、电力电子技术、新材料技术和新型生物、环保装备技术等当代高新技术成果开始广泛应用于机械工业，其高新技术含量已成为市场竞争取胜的关键。

　　（3）机械设备制造业具有的全球化方式：遍布全球的加工网络。传统的全球化方式有两种：一是以母国为生产基地，将产品销往其他国家；二是在海外投资建立生产制造基地，在国外制造产品，销售到东道国或其他国家。其特点是：自己拥有制造设施与技术，产品完全由自己制造；在资源的利用上，仅限于利用东道国的原材料、人员或资金等。随着信息技术革命，管理思想与方法的根本性变化，企业组织形式也发生了变化，这些变化发生在跨国公司，并将成为新型全球化方式而发展下去。这种变化的主要特征是：广泛利用别国的生产设施与技术力量，在自己可以不拥有生产设施与制造技术所有权的情况下，制造出最终产品，并进行全球销售。机械制造业公司在全球范围建立零部件的加工网络，自己负责产品的总装与营销。原材料调配、零部件采购全球化已成为世界机械制造工业的发展趋势。

　　由于中国潜在的巨大市场和丰富的劳动力资源，世界的制造业重心正在向中国转移，中国正在成为世界的制造大国。我国家电等若干产品的产量已居世界第一位。但是在自主知识产权的创新设计、先进制造工

---

　　①　http://www.cnjxw.org.cn/News/27/549.html.

艺和装备及现代化管理等方面仍然存在很大差距。另外，中国机械制造业的管理是最复杂的。机械制造业由于物料品种规格多，生产不连续，生产制造过程复杂，所以机械制造业的管理比其他制造业复杂；中国机械制造业与国外发达国家相比仍然是"大而全，小而全"的生产组织模式，专业化分工没有像国外那样细，中国企业内部的管理相对国外要复杂，所以，中国的机械设备制造业的管理是最复杂的。

二、机械设备制造业营运资金管理特点

机械设备制造业的行业特点决定了其营运资金管理的特点。整体而言，由于机械设备制造业处在制造业中的显著位置和其在国民经济发展中的重要作用，其营运资金数量相对较大，营运资金管理的空间相对充足。具体而言：

（1）机械设备制造业存货管理是其营运资金使用效率提高的重点。由于机械设备制造业生产方面所呈现出的离散为主流程为辅的特点，注定了其多环节、多步骤的生产特点，加之其较高的技术含量和复杂多变的非重复工艺流程，导致存货在营运资金中所占比重较大，其营运资金管理中存货管理具有较大空间。由此，机械设备制造业企业可以全面推行精益化的管理模式，对各单位的库存进行专项分析、动态监控，找出可优化的空间，通过此举可以提高行业内各企业对库存管理工作的积极认识，充分调动员工对于压缩库存的积极性，减少库存占用资金，最终可以大大提高资金使用效率。

（2）机械设备制造业应付账款管理议价优势相对明显。这与宏观环境息息相关，与行业特点不可分离。国民经济保持较快的增长速度，国家重点工程的开工建设、城市基础设施建设、房地产投资持续增长，这些因素都会增加对机械设备的需求。使该行业内的企业在供需双方中处于相对有利的地位。说明该行业在整个供应链中处于相对有利的地位，也说明该行业内企业普遍存在占用供应商资金的情况，且这成为机械设备制造业营运资金管理的一大特点。这样可以延长企业筹资的时间，提高营运资金的运用效率。

（3）打造产品联合竞争优势是机械设备制造业营运资金管理的方向。在营运资金管理模式方面，由于该行业产品种类繁多、市场变化快、工艺路线灵活、产品生产步骤复杂，企业应当积极地探索以逐步完善其产业链：首先，积极创新经营模式，打造产品联合竞争优势。一方面，以全物流价值链的视角分析产品成本，优化流程，降低运营成本；另一方

面，探索延伸企业产业链，打造产业链联合竞争优势，实现产业集群的共赢发展。其次，全面推行精益化管理，提高资金使用效率。最后，加快产品结构调整，积极延伸产品链。该行业在产业链建设方面空间较大，可对营运资金管理效率的提高有显著作用。

第二节 以数据包络分析法评估机械 设备制造业营运资金绩效

一、研究设计

本书选取深市和沪市 2014 年所有 A 股机械设备行业上市公司为研究对象，出于统计分析的必要，剔除个别异常的会计数据，最终样本量为515 家。采用数据包络分析法按照第五章所确定的投入产出项计算机械设备行业营运资金管理的效率值，在此不再重复描述。数据主要是由"色诺芬 CCER 系列研究数据库系统"提供，其中，由于流动比率存在双向性问题，需对其进行相应处理。基础信息如下表 8-1 所示。

表 8-1 基 础 信 息

No. of DMUs = 515
No. of Input items = 4
营业活动现金流出 = Input(1) = 1
总资产 = Input(2) = 2
营业成本 = Input(3) = 3
净营运资金 = Input(4) = 4
No. of Output items = 8
毛利率 = Output(1) = 1
总资产报酬率 = Output(2) = 2
股东权益报酬率 = Output(3) = 3
流动比率 = Output(4) = 4
营运资金周转率 = Output(5) = 5
存货周转率 = Output(6) = 6
应收账款周转率 = Output(7) = 7
固定资产周转率 = Output(8) = 8

二、研究结果

由 DEA 模型得到的效率值为 1 时，此 DMU 即为有效率单位，再由所有效率值为 1 的 DMU 中形成一个参考集合，如果 DMU 的效率值小于 1，表示这些 DMU 相对于参考集合而言较为无效率，需要采取各种措施加以改善其效率，因此，Norman and Barry(1991)提议将 DMU 分为以下四类：

1. 强势效率单位(the robustly efficientunit)

说明此 DMU 出现在许多效率参考集合中，除非有特殊因素，否则均可保证其有效率的稳定性。

2. 边缘效率单位(the marginal efficient unit)

说明此 DMU 的效率虽然为 1，但是不曾出现在其他受评单位的参考集合中，暗含此单位存在若干与众不同的特性。

3. 边缘非效率单位(the marginal inefficient unit)

说明此 DMU 效率小于 1，但大于 0.8，若其输入或者输出发生变动，效率值可能达到 1。

4. 明显非效率单位(the distinctly inefficientunit)

说明此 DMU 的效率值明显小于 0.8。

以投入为导向，本研究利用效率测量软件 DEAP2。计算 DEA 的 SBM 机械设备制造业营运资金管理效率，输入变数的基本统计信息如表 8-2 所示，输出变数的基本统计信息如表 8-3 所示，并将输出结果整理如表 8-4 所示。

表 8-2　输入变数的基本统计信息

	1	2	3	4
max	768 124 287 980.80	414 870 673 481.85	549 236 025 914.00	49 049 764 011.68
min	0.00	51 489 647.55	21 634 906.77	− 11 104 512 000.00
average	7 143 044 308.64	8 661 226 665.07	5 139 885 837.54	1 500 230 417.55
SD	36 716 070 244.37	27 023 330 407.64	26 518 840 129.15	4 035 462 014.80

表 8-3　输出变数的基本统计信息

	1	2	3	4	5	6	7	8
max	0.88	0.25	3.71	21.85	125.55	37.13	587.19	423.38
min	− 0.27	− 0.41	− 1.60	0.30	−242.98	0.44	0.93	0.39
average	0.26	0.05	0.08	2.51	2.13	3.85	7.91	5.10
SD	0.13	0.05	0.20	2.31	17.62	3.31	32.23	18.89

表 8-4　输出结果整理

Rank	DMU	Score	Rank	DMU	Score	Rank	DMU	Score	Rank	DMU	Score
1	000008	1	28	002227	0.611 282 5	55	002622	0.394 750 4	82	002686	0.321 082 9
1	000017	1	29	002667	0.606 796 2	56	600760	0.390 888 3	83	300045	0.321 041 6
1	000633	1	30	600520	0.600 843 7	57	002651	0.385 503 4	84	300342	0.318 475 5
1	002058	1	31	300247	0.573 099 1	58	600150	0.384 999 3	85	601890	0.314 289 5
1	002553	1	32	300326	0.561 245 8	59	002380	0.378 528 7	86	002175	0.308 761 8
1	002621	1	33	600418	0.546 884 1	60	300165	0.369 036 9	87	601777	0.307 757
1	002677	1	34	002690	0.538 478 4	61	601877	0.364 381 8	88	002530	0.305 647 7
1	600112	1	35	002658	0.530 937	62	300314	0.364 244	89	300402	0.299 601 6
1	600166	1	36	300246	0.508 035 8	63	600698	0.363 235 8	90	300216	0.288 774 8
1	601218	1	37	600686	0.505 250 9	64	601727	0.360 969 3	91	002509	0.287 847 6
1	601268	1	38	300023	0.502 147 1	65	002529	0.359 244 8	92	300362	0.287 279 6
1	601313	1	39	600847	0.475 898 9	66	000710	0.357 025 9	93	600303	0.272 562
1	300238	1	40	002473	0.473 549 8	67	600877	0.355 160 6	94	300371	0.271 456 6

1	300318	1	41	300112	0.472 765	68	002452	0.355 009 8	95	600893	0.268 662
1	300354	1	42	600478	0.460 676 8	69	000585	0.354 107 8	96	600970	0.261 623 4
1	300411	1	43	300400	0.459 887 6	70	300298	0.351 878	97	002706	0.259 780 9
1	300412	1	44	603166	0.453 830 5	71	002598	0.349 569 4	98	002684	0.256 277 5
1	603988	1	45	300293	0.443 551 7	72	600320	0.346 435 4	99	002451	0.254 419 8
19	000908	0.946 548 6	46	600093	0.437 164 5	73	300259	0.341 287 3	100	002595	0.253 277 3
20	603088	0.818 818 2	47	300407	0.432 461	74	601238	0.339 628 8	101	300272	0.253 161 7
21	601798	0.804 200 7	48	300308	0.411 479 9	75	601179	0.338 039 1	102	002438	0.251 698 3
22	600379	0.729 730 2	49	002722	0.407 845 2	76	601100	0.335 079 3	103	600148	0.249 571 6
23	002338	0.676 876 9	50	603306	0.404 608 6	77	601311	0.334 235 5	104	300003	0.249 441 4
24	002364	0.639 468 5	51	600879	0.403 651 7	78	601126	0.328 485	105	600848	0.247 970 7
25	002213	0.635 173 7	52	300018	0.401 182	79	601608	0.325 584 5	106	300370	0.247 261 5
26	002724	0.631 191	53	002023	0.395 522 6	80	002147	0.324 194 9	107	603169	0.247 161 6
27	300372	0.622 513 3	54	600346	0.395 249 1	81	002158	0.321 869	108	300273	0.242 037 9

续表

Rank	DMU	Score	Rank	DMU	Score	Rank	DMU	Score	Rank	DMU	Score
109	300140	0.241 382 9	136	002520	0.203 054 3	163	300159	0.165 181 3	190	600343	0.126 668 4
110	601766	0.239 012 7	137	002592	0.200 928 7	164	300304	0.163 987 8	191	002152	0.125 460 7
111	000927	0.238 418 3	138	300306	0.200 564 8	165	002432	0.163 166	192	600967	0.123 855 7
112	603699	0.237 039 8	139	300137	0.200 531 2	166	300341	0.162 563	193	002536	0.121 557 6
113	002223	0.235 142 4	140	600537	0.198 782 8	167	600031	0.162 387 9	194	300265	0.120 151 1
114	300396	0.233 776 9	141	300141	0.198 333 4	168	002610	0.160 241 9	195	600835	0.119 966 8
115	002334	0.233 635 2	142	600609	0.194 728 6	169	002645	0.159 254 6	196	300202	0.119 882 8
116	300154	0.228 929 9	143	002459	0.193 428 1	170	601222	0.158 555 8	197	300276	0.118 472 7
117	300286	0.227 728	144	300360	0.191 998 7	171	300281	0.157 123 1	198	002535	0.117 854 7
118	300004	0.225 760 1	145	603308	0.189 717 2	172	601799	0.154 421 4	199	000800	0.116 993 1
119	600110	0.224 250 3	146	300195	0.187 864 8	173	600372	0.152 913 1	200	600089	0.116 976 7
120	601965	0.220 313 5	147	600312	0.187 539 4	174	300130	0.149 816	201	300382	0.116 353 3
121	002730	0.220 276 2	148	601299	0.187 361 5	175	300161	0.149 403	202	600875	0.115 484 1

122	300338	0.218 118	149	2358	0.187 149 9	176	603111	0.147 659 7	203	000880	0.111 820 4
123	600690	0.217 084 5	150	300210	0.186 568	177	600960	0.145 997 9	204	002552	0.110 294 5
124	002270	0.216 528 9	151	2177	0.184 377	178	300069	0.143 553 4	205	300403	0.109 563 1
125	002218	0.215 759 3	152	601633	0.182 477 3	179	002278	0.143 069 2	206	600761	0.104 251 4
126	601717	0.211 446 1	153	2665	0.182 200 5	180	300176	0.138 008 5	207	002366	0.103 883 8
127	600081	0.210 606 3	154	10	0.178 288 1	181	000678	0.137 813 7	208	300105	0.101 340 8
128	300206	0.208 603	155	600885	0.176 657 2	182	000700	0.136 898 4	209	300062	0.101 129 8
129	600983	0.207 303	156	600066	0.176 486 9	183	300024	0.133 187 3	210	300007	0.100 355 4
130	300193	0.206 989 8	157	300334	0.175 703 7	184	002282	0.130 929 2	211	002508	9.69E-02
131	300126	0.206 099 9	158	300103	0.172 090 9	185	002176	0.130 184 3	212	300222	0.095 098
132	300173	0.206 030 9	159	002031	0.170 258 2	186	300410	0.129 594 9	213	300249	0.094 342 7
133	300030	0.204 334 3	160	600099	0.168 841 9	187	002708	0.128 504 6	214	002406	0.093 803 9
134	300097	0.203 711 6	161	002339	0.167 527 4	188	300368	0.128 147 2	215	00757	0.093 360 4
135	002555	0.203 292 6	162	002527	0.166 121 2	189	300203	0.126 839	216	300307	9.04E-02

续表

Rank	DMU	Score	Rank	DMU	Score	Rank	DMU	Score	Rank	DMU	Score
217	300349	9.02E-02	244	600843	4.05E-02	271	002197	-1.24E-02	298	600388	-0.110 852
218	002703	8.98E-02	245	002011	3.70E-02	272	600316	-2.12E-02	299	000676	-0.114 259 5
219	300011	8.89E-02	246	002356	3.26E-02	273	600560	-2.84E-02	300	000400	-0.123 815 2
220	600302	8.85E-02	247	600806	3.13E-02	274	002551	-0.028 898 9	301	002272	-0.139 099 1
221	000925	8.83E-02	248	002662	3.10E-02	275	002028	-3.38E-02	302	002534	-0.140 022 3
222	300171	8.80E-02	249	002005	0.027 166 9	276	300153	-3.50E-02	303	000922	-0.140 372 6
223	002353	8.65E-02	250	600765	2.42E-02	277	002169	-3.50E-02	304	603006	-0.143 360 4
224	601369	8.64E-02	251	002046	1.90E-02	278	002633	-0.038 772 5	305	600869	-0.153 817 8
225	603011	8.04E-02	252	000666	0.018 638	279	601989	-3.95E-02	306	002664	-0.155 818 3
226	600855	7.83E-02	253	000980	1.86E-02	280	600038	-4.18E-02	307	600550	-0.158 328 4
227	002337	7.81E-02	254	002518	1.83E-02	281	300152	-4.28E-02	308	600579	-0.160 045 1
228	300066	7.73E-02	255	000625	1.75E-02	282	002480	-4.43E-02	309	000903	-0.161 041 2
229	300278	7.23E-02	256	000921	1.74E-02	283	300151	-4.64E-02	310	300274	-0.162 065 3

230	002499	7.01E-02	257	600522	1.73E-02	284	002090	-5.29E-02	311	000581	-0.171 929 3
231	002434	6.99E-02	258	600290	1.28E-02	285	002111	-5.60E-02	312	600261	-0.182 501 3
232	002625	6.75E-02	259	000760	0.011 600 5	286	000738	-5.61E-02	313	000682	-0.186 983 4
233	002638	6.62E-02	260	002190	1.12E-02	287	002606	-5.72E-02	314	000901	-0.188 317 7
234	300385	6.18E-02	261	600055	3.91E-03	288	300391	-7.43E-02	315	000425	-0.190 122 6
235	300242	5.92E-02	262	002613	3.80E-03	289	300056	-7.79E-02	316	002531	-0.193 399 9
236	002559	0.057 987 6	263	002122	2.76E-03	290	300201	-7.87E-02	317	600262	-0.196 960 2
237	600582	5.57E-02	264	300095	-6.75E-05	291	600495	-8.41E-02	318	300217	-0.198 297 6
238	600104	0.053 444 6	265	300257	-1.08E-03	292	002076	-8.89E-02	319	600192	-0.199 747 6
239	600741	5.21E-02	266	600841	-3.99E-03	293	002448	-9.25E-02	320	603366	-0.210 223
240	002490	5.18E-02	267	002715	-4.22E-03	294	300283	-9.37E-02	321	300280	-0.212 177 1
241	600375	5.04E-02	268	300260	-6.88E-03	295	002454	-0.102 013 2	322	300317	-0.213 594 4
242	300124	0.048 034 5	269	002685	-1.13E-02	296	000777	-0.102 637 4	323	002526	-0.216 617 9
243	002594	4.68E-02	270	002560	-1.17E-02	297	300266	-0.105 602 7	324	002335	-0.226 013 9

续表

Rank	DMU	Score	Rank	DMU	Score	Rank	DMU	Score	Rank	DMU	Score
325	000528	-0.226 722 4	352	000533	-0.359 679 9	379	002510	-0.559 954 6	406	000617	-0.766 232 3
326	300120	-0.238 485 8	353	300237	-0.359 986	380	000913	-0.573 747 1	407	000570	-0.769 545 7
327	300123	-0.238 557 8	354	002196	-0.367 365 4	381	002249	-0.576 777 4	408	002013	-0.786 734
328	601002	-0.242 619 1	355	002564	-0.372 703 2	382	002580	-0.588 902 7	409	00418	-0.789 816 2
329	002265	-0.243 645 9	356	002008	-0.375 843 5	383	600475	-0.608 175 3	410	300014	-0.790 736 7
330	300092	-0.245 053 5	357	008021	-0.375 989 2	384	000530	-0.614 349 4	411	603606	-0.804 424 8
331	000541	-0.247 216 9	358	002056	-0.379 238 1	385	002533	-0.616 600 9	412	002488	-0.812 891 2
332	300090	-0.249 383 8	359	002355	-0.380 930 9	386	002670	-0.626 778 9	413	002593	-0.816 770 9
333	002350	-0.251 875 7	360	002630	-0.385 839 3	387	002129	-0.632 369 3	414	300208	-0.817 877 4
334	600072	-0.261 601 8	361	300358	-0.38687	388	002212	-0.638 059 1	415	600480	-0.822 261 5
335	000806	-0.262 493 4	362	002309	-0.400 897 4	389	002164	-0.642 874 3	416	002367	-0.823 368 7
336	002611	-0.269 184 1	363	002483	-0.404 125 5	390	002204	-0.644 105	417	600169	-0.826 244 1
337	002614	-0.276 770 3	364	002097	-0.412 403 4	391	600679	-0.648 262 3	418	002491	-0.829 949 1

编号	代码	数值	编号	代码	数值	编号	代码	数值	编号	代码	数值
338	002639	-0.278 798 2	365	300001	-0.428 624 3	392	600243	-0.650 958 9	419	300252	-0.833 889 4
339	002602	-0.285 721 4	366	300228	-0.440 864 7	393	300032	-0.651 318 7	420	000836	-0.837 432 8
340	002006	-0.288 390 5	367	002689	-0.447 801 7	394	600651	-0.671 583 2	421	002471	-0.838 931 5
341	300129	-0.294 098 3	368	600884	-0.449 284 3	395	002290	-0.673 948 2	422	200532	-0.849 206 5
342	002255	-0.298 442 3	369	600517	-0.463 804 2	396	002242	-0.676 681 2	423	600105	-0.873 283 4
343	002725	-0.301 443 4	370	002266	-0.480 379 7	397	002543	-0.690 853 5	424	300258	-0.875 538 4
344	300145	-0.312 948 1	371	300376	-0.483 147 3	398	002009	-0.694 224 4	425	000680	-0.875 573 7
345	600710	-0.316 428 5	372	002733	-0.493 634 5	399	600391	-0.699 185 3	426	603100	-0.876 989 5
346	002498	-0.323 738 8	373	002184	-0.510 343 7	400	600580	-0.701 548 5	427	002276	-0.892 638 6
347	001696	-0.341 058 9	374	002073	-0.515 122 1	401	000837	-0.725 012 8	428	002139	-0.900 774 2
348	600894	-0.343 782	375	300068	-0.519 976 7	402	002284	-0.736 075 4	429	600577	-0.904 024 1
349	300263	-0.351 001 2	376	002576	-0.534 507 6	403	000070	-0.747 780 2	430	600523	-0.904 334
350	002021	-0.353 516 3	377	601038	-0.545 041 4	404	600685	-0.749 849 5	431	00852	-0.911 506 4
351	002202	-0.354 943 1	378	002472	-0.545 565 5	405	000410	-0.761 624	432	002363	-0.917 247 8

续表

Rank	DMU	Score	Rank	DMU	Score	Rank	DMU	Score	Rank	DMU	Score
433	002112	−0.921 960 1	454	002209	−1.331 966 5	475	600860	−1.959 889 8	496	000049	−3.529 383 7
434	000816	−0.928 906 5	455	002723	−1.341 678	476	002035	−1.968 032	497	00333	−3.545 216 4
435	002126	−0.937 553 9	456	600973	−1.348 253 2	477	002048	−1.994 185 5	498	002101	−3.793 254 7
436	000768	−0.948 123 7	457	600071	−1.369 913	478	600416	−2.014 913 2	499	600699	−4.182 615 2
437	601177	−0.950 233 3	458	000559	−1.393 419 7	479	000550	−2.062 046 5	500	000856	−4.233 190 5
438	300091	−0.953 264 2	459	002131	−1.416 526 3	480	600006	−2.144 872 4	501	600218	−4.353 587 9
439	603009	−0.974 256 9	460	000811	−1.466 992 7	481	000404	−2.157 930 7	502	002418	−4.561 691 5
440	600526	−0.981 512 8	461	002537	−1.515 012 9	482	002705	−2.251 978 6	503	000868	−4.638 752 9
441	600499	−1.022 006 2	462	002260	−1.526 695 8	483	002668	−2.298 031	504	600501	−4.791 826
442	002616	−1.030 697 5	463	000338	−1.545 933 3	484	600468	−2.446 803 2	505	000572	−4.980 839 6
443	002328	−1.033 552 1	464	600213	−1.562 975 3	485	000951	−2.517 905 6	506	600818	−5.274 645 9
444	603766	−1.084 735 5	465	300279	−1.586 226 4	486	600619	−2.572 816	507	600268	−5.460 409 4
445	002413	−1.116 727 5	466	600482	−1.632 336 7	487	002468	−2.737 019 8	508	600742	−5.893 584 3

446	002692	—1.133 788 9	467	300100	—1.697 347 6	488	002647	—2.749 984 7	509	600590	—8.206 898 9
447	000030	—1.151 711 4	468	000521	—1.722 356 7	489	600336	—2.930 757 1	510	300185	—10.307 581
448	600487	—1.171 425 2	469	000920	—1.738 139 3	490	002617	—3.038 712 8	511	002105	—12.036 449
449	002608	—1.171 787 4	470	600184	—1.739 323 1	491	002085	—3.278 210 3	512	002300	—15.458 521
450	002050	—1.269 603 4	471	000967	—1.757 107 1	492	000651	—3.365 966 3	513	601567	—21.889 356
451	002423	—1.274 187 3	472	002074	—1.780 559 7	493	002590	—3.472 638 4	514	002121	—22.535 597
452	600587	—1.274 680 7	473	002430	—1.801 169 8	494	002283	—3.502 129 6			
453	002435	—1.312 311 7	474	300207	—1.935 404	495	002141	—3.519 366			

从表 8-3 可以看出，机械设备行业 515 家样本企业中，毛利率的均值为 26%，总资产报酬率的均值为 5%，股东权益报酬率的均值为 8%，从盈利性指标来看，机械设备行业流动比率的均值为 2.51，营运资金周转率的均值为 2.13，存货周转率的均值为 3.85，应收账款周转率的均值为 7.91，固定资产周转率的均值为 5.10。机械、设备、仪表业企业在供应商中处于强势地位，能从供应商处融得部分资金，但由于宏观经济形势低迷，订单增长乏力，存货比例大，应收账款占用的营运资金较多使得营运资金管理绩效难以提升。2014 年经济有所回暖，但是由于房地产低迷等因素使得机械设备行业企业仍然复苏缓慢。2014 年机械、设备、仪表业上市公司现金管理绩效显著上升。从趋势上看，2014 年存货管理绩效有显著上升；应付账款管理绩效水平得到了不断提高；而应收账款管理绩效有明显的下降趋势，为提高应收账款的管理效率，应收账款周转期的管理需引起相关企业管理者的足够重视。

从数据输出结果可以看出，DMU 效率值明显小于 0.8 的企业数较多，说明机械设备行业营运资金管理效率相对较弱，我国企业营运资金管理绩效的提升还有很大的空间。海尔集团营运资金管理绩效在机械设备行业中排名第 69 位，位于相对有效率的位置，下面将以海尔集团为例分析机械设备制造业中全球化企业营运资金管理的方法模式。

第三节　机械设备制造业营运资金案例分析

一、海尔集团

（一）海尔集团简介

海尔集团是世界白色家电第一品牌、中国最具价值品牌。海尔在全球已建立了 29 个制造基地，8 个综合研发中心，19 个海外贸易公司，全球员工总数超过 6 万人，已发展成为大规模的跨国企业集团。海尔集团作为全球化企业中大型跨国公司的典范，其营运资金管理模式一直作为理论界研究的对象和实务界学习的楷模。在名牌战略和多元化战略阶段，海尔集团公司营运资金管理局限于财务部门，未能实现和业务的有效结合。自 1998 年以来，海尔集团公司进行了"市场链"流程再造，营运资金管理由单一的财务部门发展到财务部门与业务部门相结合，管理目标相应由单个营运资金项目周转最快发展为企业内部营运资金项目的协调周转最优。2007 年开始的"信息化"流程再造，进一步强化了海尔集团从供应链整体利益出发进行营运资金管理的做法，扩展了国际化营运资金管理模式和方法应用的范围。本节以海尔集团为例，探析其在全球化进程中，尤其是金融危机期间如何应对全球化企业营运资金管理的风险，又是如何利用全球化企业营运资金管理的优势，总结其营运资金管理方法体系的精髓，从而为大型跨国公司营运资金管理提供借鉴。

（二）海尔集团营运资金风险分析

"全球化"一词自 1985 年由经济学家 T. 莱维提出，它意味着世界经济中各国的经济开放度增加，相互依赖关系的加深，它强调生产要素在世界范围内的自由流动和合理配置，从而实现经济上的世界一体化。跨国公司作为经济全球化的重要载体，其国际化程度进一步加强，极大地推动了分工、生产、资本、交易、服务、技术和管理的全球化发展。全球化企业与其他企业相比，其营运资金管理环境和影响因素更为复杂，全球经济的波动都会对企业的营运资金产生直接或间接的影响，营运资金管理的风险程度也会更高，与之相适应，全球化企业的营运资金管理具有更大的不确定性和复杂性（王竹泉、孙莹，2011）。

1. 贸易环境风险

贸易环境风险是指全球化企业在国际贸易中遇到的不可避免的贸易壁垒、贸易冲突和摩擦带来的贸易环境的不确定性。跨国公司的迅速发展推动了国际贸易的发展，虽然各区域性经济组织通过区域范围内降低关税、撤销非关税壁垒、消除贸易障碍，实现区域内的规模经济和国际分工，加快了区域内资金的流动和贸易的往来，但是据中国商务部统计，2008 年中国出口产品共遭受来自 21 个国家（地区）的 93 起贸易救济调查，涉案金额超过 60 亿美元。其中，反倾销案件 70 起、保障措施 10 起、特保案件 2 起。美国对我出口产品发起 11 起 337 项调查，涉案金额高达 27.5 亿美元。国外技术性贸易壁垒、进口限制措施、滥用贸易救济调查等各类贸易壁垒措施对我国对外经济贸易产生的影响进一步加深，我国企业面临的国际贸易和投资环境不容乐观。贸易环境风险带来营运资金管理的不稳定性，各种贸易壁垒的出现导致营运资金管理缺乏一定空间，营运资金管理风险增大。

2. 金融风险

金融风险是指经济主体在从事资金融通活动中遭受损失的可能性。这里主要是指汇率风险和美国次贷危机。

对于营运资金管理而言，首当其冲的是外汇风险。国际资本市场瞬息万变，企业持有的资产（如外币债券）或承担的外币债务会由于汇率的不利变动而造成损失。汇率风险是指一定时期内由于汇率变动引起企业外汇成果的不确定性。汇率的变动基本取决于外汇市场上对各国货币的供求关系，由于供求状况受到国际收支、通货膨胀率、利率、国家货币政策等诸多因素的影响而发生变动，汇率也随之变化，从而给企业从事的国外筹资、国外投资和国际贸易等各项活动带来风险。企业所面临的汇率风险基本上包括交易风险、折算风险和经济风险。交易风险是指在企业以外币计价的各项交易活动中，由于交易发生日和结算日的汇率不一致，使折算为本币的数额增加或减少的风险。折算风险是指企业将以外币表示的会计报表折算为某一特定货币表示的会计报表时，由于汇率变动，报表的不同项目采用不同汇率折算而产生的风险。经济风险是指由于汇率变动对企业产销数量、价格、成本等经济指标产生影响，致使企业未来一定时期的利润和现金流量减少或增加，而引起企业价值变化的风险。

美国次贷危机逐渐演变为国际金融危机，受国际市场需求下滑的直接影响，我国外贸增速逐月放缓。同时，各国出台的保护措施有所增加，一些国家政府和行业组织频繁地对我国出口产品和企业设置各种贸易和投资壁垒，保护其国内产业和市场，致使跨国公司财务风险急剧增大，营运资金管理面临巨大挑战。

3. 商业风险

这里商业风险主要是指结算政策变化带来的风险和利率风险。

商业风险中结算政策变化带来的风险是带给全球化企业营运资金管理最直接的风险。根据我国上市公司营运资金管理调查与美国营运资金管理调查结果的国际比较，发现结算政策在国内外存在一定的水平差异和稳定性差异，要想权衡商业风险对营运资金管理带来的挑战，必须在充分了解相应国家结算政策水平的基础上，较好利用结算政策到来的优势或者规避结算政策带来的风险，使应付账款维持在一定水平。

利率风险是指在一定时期内由于利率水平的不确定变动而导致经济损失的可能性。利率风险的存在使企业的筹资成本和收益不确定。另外，利率是资金的价格，利率的变动必然会引起金融资产价格的变动，利率的这种变动造成的企业收益或资产价值的波动（包括收益和损失），就产生了利率风险。于营运资金管理而言，利率的变化直接影响客户的结算，若利率很高的话，客户拿钱的难度较大，费用较高，使议价难度加大。

4. 政治风险

政治风险是一国发生的政治事件或一国与其他国家的政治关系发生

的变化对公司造成不利影响的可能性。各种政治力量、政治观点的对抗以及地区和民族冲突等都可能引起政治更迭、动乱、战争、罢工等，其结果可能引起财务风险。例如由于战争引起世界原油价格上涨，进而导致成品油价格上涨，使运输企业增加了企业营运成本，减少了利润，无法实现预期的财务收益。

（三）海尔集团营运资金管理方法分析

海尔集团营运资金管理在全球化战略下，积极落实零营运资本的营运资金管理目标，着力从业务流程再造、组织结构改革、商业模式的改进方面提高营运资金管理的绩效，效果显著。

1. 全球化战略阶段海尔集团营运资金管理难题及指导思想

为了适应全球经济一体化的形势，运作全球范围的品牌，实现其三步走——"走出去、走进去、走上去"的奋斗目标，从 2006 年开始，海尔集团继名牌战略、多元化战略和国际化战略阶段之后，进入了第四个发展战略创新阶段：全球化战略阶段。全球化战略是在每一个国际的市场创造本土化的海尔品牌。

全球化战略阶段海尔集团面临诸多风险导致其营运资金管理具有一定的复杂性和不确定性。具体表现在：第一，销售渠道的触角延伸至海外，由此形成营运资金管理的跨地域性，对企业营运资金管理的远程控制能力提出挑战。营运资金管理受瞬息万变的国际环境的影响，变得更为复杂。第二，在全球化的战略背景下，企业面临着来自各个地区、不同国家竞争对手的威胁，商家对供应商和客户资源的争夺日益激烈，竞争力量及市场份额对比关系时刻处于变化之中，致使企业销售规模带有较大的不确定性，要想在国际市场扩大销售份额，站稳脚跟是一件非常难的事情，具体而言，应收账款难以收回，影响资金流的运转，使得营运资金周转缓慢，开拓国际市场步履维艰。这就要求提高企业整体反应速度，从而增强企业的市场适应力和竞争力。

针对全球化阶段营运资金管理所面临的挑战，海尔集团以战略制胜，将基于渠道管理的营运资金管理思想进一步落实，及时调整营运资金管理策略以适应全球化阶段营运资金管理的需求。第一，海尔集团一直把战略摆在首要位置，并在不同的时期制定出符合实际而又高瞻远瞩的战略，使得海尔的各项发展在有条不紊中快速前进。全球化战略要解决的问题是：提升产品的竞争力和企业运营的竞争力。与分供方、客户、用户都实现双赢，从单一文化转变到多元文化，实现持续发展。新的战略阶段，海尔取胜全球市场的发展模式是"人单合一信息化日清"；全球化背景下，海尔的企业精神和工作作风从"敬业报国、追求卓越；迅速反应、马上行动"升级创新为"创造资源、美誉全球；人单合一、速决速胜"。海尔集团在全球化战略阶段，把战略目标摆在首要位置，总结出一套自己的营运资金管理模式。第二，基于渠道管理的营运资金管理思想。在"市场链"流程再造的基础上，海尔集团的营运资金管理突破了财务部门的边界，将业务管理和资金管理进行了有效整合，从原来单纯的财务部门营运资金静态管理发展到业务财务各部门对营运资金流转环节的全方位动态管理，借助供应链手段以终端订单驱动生产和采购，缩短营运资金周转期并合理控制风险的同时压缩各渠道中占用的营运资金，从根本上提高营运资金管理绩效。

2. 海尔集团全球化战略阶段营运资金管理目标：零营运资本

"零营运资本"（zero working capital，ZWC）的提出与应用，对营运资金理论的研究产生了深刻的影响。"零营运资本"的理念是通过高质量的流动资产——尤其是应收账款和存货等占用的管理和控制，首先实现最低水平的流动资产的占用，然后再实现在流动资产上的零投资。

海尔对营运资金管理提出了"零营运资本"的目标，即在满足企业对流动资产基本需求的前提下，尽量使营运资金占用趋于最小的管理模式。"零营运资本管理"强调的是资金的使用效率，即将营运资金视为投入的资金成本，以最小的流动资产投入获得最大的销售收益。

海尔于1998年就在中国市场率先实行"现款现货"。在当时的形势下没有一家企业认为有必要这么做，也遇到了很大的阻力，但海尔还是坚持了下来，仅这一做法，在这次金融危机到来之际，就避免了很多损失。2008年7月，海尔在现款现货的基础上，又提出防止"两多两少"（防止库存多、应收多、利润少、现金少）。具体措施就是探索"零库存下的即需即供"，取消仓库，推进按订单生产，有效避免了存货的贬值。

3. 海尔集团的业务流程再造

伴随海尔成长的还有其一直不断尝试、不断更新的管理理念。自1998年以来，海尔就一直致力于流程再造和商业模式创新。其中，较有代表性的两次大范围的业务流程再造分别是1998年的"市场链"流程再造和2007年的"信息化"流程再造。

1998年开始的"市场链"改革主要是为了规避所谓的"200亿现象"或"大企业病"问题，根据国际化发展思路将海尔各事业部和本部的资源剥离，成立产、供、销三大体系，形成典型的矩阵式结构，建成了海尔物流本部和商流本部，并于2000年3月10日在海尔家电中率先推出电子商务开放式交易平台，随后，B2B 采购、B2C 系统正式对外运行。此次业务流程再造历时多年，2004 年宣布流程再造成功（肖志，2009）。

2007 年 4 月开始的信息化流程再造提出用 1 000 天实现流程系统的创新。该流程再造将以"实现海尔全球化品牌战略目标，在全球化、信息化时代建立全球第一竞争力，实现可持续发展"为目标，将原有的横向分割的矩阵式组织结构变革为产品与顾客距离更近的按产品线划分的纵向模式，划分为六大子集团，包括白电运营集团（冰箱、洗衣机、空调）、黑电运营集团（彩电、AV 产品等）、数码及个人产品运营中心（电脑、MP3等）、全球运营中心（海外推进本部即海外市场部）、创新市场中心、金融运营中心，并且砍掉了包括微波炉在内的一些盈利状况不佳的产品线。

4. 海尔集团营运资金管理模式

在基于以上企业战略、营运资金管理目标以及相应的业务流程再造的基础上，海尔集团具体的营运资金管理策略是营运资金管理绩效不断攀升的直接途径。

（1）供应链管理创新：零库存下的即需即供。在家电行业买方市场主导、卖方市场激烈竞争的环境下，存货积压将占用企业大量资金，限制企业规模扩张，影响企业竞争力的提升。海尔集团以客户需求为导向，不断整合供应链，协调集团内部和节点企业之间的业务流程，减少集团与最终顾客之间不必要的环节，以有效订单拉动供应链资金流、物流、信息流运转，积极推动存货管理模式创新，存货管理也成为国内企业创新模式应用的典范。

① 直销直发模式。直销直发模式要求直接营销到位，直接发运服务到位。海尔集团积极进行渠道关系整合，与经销商合作，共同参与市场需求分析和预测。同时不断进行物流组织、运营体系的改善，提高客户需求响应速度，按单交货、按单配送，并与制造环节有效"咬合"衔接，提出"车等货"等概念，实现产品下线直运，减少制造与配送之间的非增值环节，变"仓储性"仓库为"过站式"物流中心，实现 PTD（product to door）门到门的配送，极大地提高了成品存货的周转效率，降低了库存资金占用。

随着集团与经销商合作关系的深化，集团推出了 BTC 模式，BTC（business to customer）模式指海尔集团与经销商实现信息平台对接后，改变将产品从海尔生产线运输到销售客户，再由销售客户送达客户的物流模式，而是根据从销售终端客户传送来的客户订单要求在产品下线后直接将产品送达这些客户。该模式的应用节省了海尔集团与经销商大量的人工成本、仓储成本，同时减少了途中质量损失，有利于营销渠道产成品周转。

电子商务已经成为当代市场竞争的重要平台，2000年，海尔集团在国内家电行业率先开发应用了 B2C、B2B 电子交易平台，通过电子交易平台，集团能够更直接地了解客户需求，以有效订单拉动集团采购、生产等业务流程运转，加速了存货的流转，减少了存货无效资金占用。

② 供应商管理库存模式(VMI 模式)。供应商管理库存模式指供应商等上游企业基于其下游客户的生产经营、库存信息，对下游客户的库存进行管理与控制。在供应链库存信息共享的基础上，供应商负责维护客户的库存水平并快速满足用户的库存需求，进而提高供应链对顾客需求的响应速度。经过持续的供应链改善，海尔集团在营销、采购渠道均成功实施了 VMI 模式，极大地提高了供应链整合能力，降低了库存成本，减少了资金占用。

在营销渠道，海尔集团 2003 年起全面推动大经销商联网工程，与武汉中商集团、济南三联家电等大经销商共享销售、库存信息，推行 VMI 管理模式，提高了海尔集团对市场需求的预测能力，减弱了"牛鞭效应"的影响，由此实现了海尔的一站式配送，产成品库存周转速度提高近 3 倍，降低了在产成品库存上的资金占用，经销商库存管理绩效也得到提高。

在采购渠道原材料需求、库存信息共享的基础上，海尔集团广泛采用寄售制(VMI 模式主要包括快速响应、连续补货、寄售制、第三方物流模式等，其中寄售制是一种完整意义上的供应商管理库存方式，指供应商在用户的仓库，代表用户执行存货决策，管理存货并拥有存货所有权，目前海尔采购渠道应用比例达到98%以上)，海尔集团以租金或免费方式将自身公用立体仓库租借给供应商，供应商根据海尔集团的采购需求配送、管理相应的库存，海尔物流则根据生产线广告牌的拉动，直接从公用立体仓库提取，并在原材料扫描上线后确认债权债务关系的发生。这大大削减了集团原材料库存，构筑起 JIT 采购平台，也推迟了应付款项的确认，极大地提高了营运资金管理绩效。

③ 模块化管理。模块化指通过每个独立设计并且能够发挥整体作用的更小系统来构筑复杂的产品或业务的过程。海尔集团为应对技术的日益复杂性、单件小批量生产成本上升、顾客需求多样性等问题，不断推动采购、设计、生产的模块化建设，积极构建模块化的组织架构，推动供应链节点企业合作开发，提高供应商、经销商模块化管理参与程度，降低渠道各方库存资金占用。在模块化设计、生产阶段，海尔集团将所有业务(包括产品的零部件)划分为变动需求和不变需求两部分，不变需

求部分即为模块化部分，通过渠道各方分作，逐渐增加模块化部分所占比重，以节约设计生产费用，压缩生产周期，提高顾客需求的响应速度，实现个性化市场下的高效营运资金管理。在模块化采购环节，则推动原材料和供应商模块化管理，区分长周期物料和短周期物料，短周期物料可直接利用寄售制实现分时序供货，降低原材料库存，而对于长周期物料，则进行零部件标准化设计，选择优质模块化供应商统一采购，利用供应商先进的库存管理技术实现标准化的寄售制采购，降低原材料库存，减少采购环节的资金占用。

④ JIT 制的全面应用。JIT 制指根据订单要求的产品数量拉动供应链适时采购、生产和配送，旨在削减库存，消除供应链库存资金浪费，提高生产效率和效益，满足小批量多样化的市场需求，是一种追求零库存的库存管理和控制方式。

在生产环节，海尔集团在订单驱动下，不断进行生产模式的创新改善，即需即产，提高生产的自动化、标准化水平。开展"订单零延误工程"，推动在产品在集团内部的高效、快速流转，同时平衡全年生产能力，以满足订单旺季的顾客需求。由于提高了生产环节对顾客需求的响应速度，在产品等在企业内停留时间大大缩短，并且在准时制生产下，企业不再储存大量成品以备销售短缺，因此大大减少了资金沉淀，提高了营运资金周转速度，提高了资金使用效益。

在采购环节，在供应商资源整合的基础上，海尔集团通过搭建并推行公平、互动、双赢的采购协作平台，这样一来所有供应商均可以在网上接收订单，并通过网络手段查询计划与库存的状态。海尔集团不断缩减原材料提前交货期，变月下单为周下单、日下单，甚至时下单，而且限定原材料交货期、供应商车位以及库存停留时间等并严格执行，加快原材料与零部件的流转，压缩原材料和零部件空间占用与时间占用，库存管理绩效得以提高。另外，在营销环节，海尔集团不断推动成品配送JIT 体系，与直销直发模式相配合，极大地加速了成品库存周转。

⑤ 供应商质量与数量管理。为了尽量削减原材料资金占用以及相关费用，海尔集团从 1998 年开始优化供应商网络，改变原来的供应商体系，淘汰原材料质量、交货提前期、价格等方面考核不合格的供应商，目前海尔供应商稳定在 1 000 家左右。同时，提高国际化供应商（国际化供应商指能够参与到产品前端设计与开发的供应商）以及世界 500 强企业在供应商中的比重，通过强强联合提升双方的营运资金管理绩效。另外，海尔集团对供应商进行持续性的监督，根据供应商供应材料的质量、价

格、交货实力等动态分配采购配额，供应商通过信息平台可以查询自身的供应数量，而采购价格则是通过网上招标确定，对持续性考核不合格的供应商削减配额直至将其剔除。通过加强供应商质量管理、控制供应商数量，海尔集团为其他存货管理模式的有效实施奠定了基础，促进了海尔集团营运资金管理绩效的提升。

（2）集约化的营运资金管理与供应链融资创新。

① 集中授信、统一管理。海尔集团在 20 世纪末飞速发展，销售收入由 1997 年的 168 亿元增长到 1998 年的 268 亿元、1999 年的 406 亿元，但是集团由于实施单独授信、分散管理的客户订单管理模式，销售管理混乱，坏账快速增加，耗蚀了集团大量资金。为此，海尔集团在"市场链"流程再造中实行集中化的订单管理模式，由 1999 年成立的海尔工贸公司统一管理销售，对分销客户统一进行信用评估，根据客户的信用状况，将其分为预收款客户、现销（直销）客户和应收款客户，并进一步根据应收款客户的信用等级给予不同的信用水平，将应收款管理与客户的信用等级结合起来，改变了过去同一客户经销不同产品时信用标准不同的散乱局面，也使供销双方的账务往来变得更加明晰，大大减少了应收账款账目混乱而导致的呆、坏账损失，也提高了有效订单与应收账款的比例以及现金流预测的准确性，成品存货的流转也更加顺畅。

② 供应商应收账款质押。海尔集团为解决供应商的融资难问题，以供应商对海尔集团的应收账款为质押向供应商进行融资，既保证了自身应付账款的推迟结算以及"零营运资本"目标的实现，又提高了自身资金使用效益，增加了财务收入。

③ 付款保函（payment guarantee）。付款保函指商业银行应客户的申请开立的有担保性质书面承诺文件，一旦申请人未按其与受益人签订的合同偿还债务或履行约定义务时，由商业银行履行担保责任。为优化结算，提高资金效益，海尔集团充分利用银行资源创新结算方式，采用付款保函等付款方式延长结算周期。

④ 现金池。目前名义现金池已经成为国际上集团现金管理的主流模式之一。海尔集团在 2002 年成立财务公司后便积极构建集团本外币现金池，通过创新服务项目加大对集团资金的集中管理力度。根据集团发展的需要集中统一配置和管理资金的流量、存量和增量，有偿调剂集团内部企业资金余缺，优化配置集团资金资源，激活集团内部的闲置和沉淀资金，降低集团外部融资规模，满足了成员单位产业发展过程中的内部融资需求，实现了集团对外流动资金的"零"贷款，提高了理财活动营运

资金管理水平，节约了大量资金成本，利于"零营运资本"目标的实现。

通过资金日结算预算的信息化管理，实现结算预算到期系统自动提示、超期自动报警和结算完成自动核销，实现了资金结算与管理的体系化、流程化和自动化，保证了结算的客观与透明，并为海尔对资金进行事前预测以及对每日现金流量进行实时监控以及现金池管理提供了良好的系统和平台，有助于了解海尔各个公司和集团整体的现金流和资金余额情况，及时发现和解决现金差异，确保集团现金流的健康与整体平衡。

（3）国际营运资金管理创新。

① 全球客户资金运营支持。应收账款不能及时回收，甚至成为坏账，重要原因之一便是客户资金运营能力水平较低，现金流紧张。海尔集团为保证应收账款的及时回收，在与分销商等客户合作共赢的基础上，为其提供营运资金解决方案。例如，海尔意大利空调合资企业资金紧张，对青岛总部应付账款周转率较低，海尔集团积极与其沟通协调，对其营运资金周转进行合理规划，向其提供贸易融资解决方案，在提高其营运资金管理绩效的同时，加速了集团应收账款的收回。

② 应收账款保理等金融业务的应用。应收账款保理业务是当今应收账款管理的重要创新之一。海尔集团国际客户多为世界 500 强企业，客户付款周期较长但信誉较高，海尔集团利用国际资本市场，广泛开展应收账款保理，加速了海外销售的资金回收。在国内，海尔集团 2001 年便与招商银行等合作，开展国内应收账款保理业务，并利用招商银行网上国内信用证业务等，将国内信用证作为银行承兑汇票的替代品应用于集团下游销售客户对集团的支付结算，安全、快速、高效地将应收账款变现，减少了集团现金短缺。

③ 全球资金电子结算模式。进入国际化阶段以后，海尔每年全球资金吞吐量已达到上千亿元，日平均相互结算达到了数亿元，为了保证资金结算的安全、效率和准确，为国际化发展提供了强有力的全球资金保障和支持，资金流推进本部对全球金融网络资源进行重新整合，创新搭建了全球资金日结算预算管理体系，实施全球资金电子结算模式。即以订单为中心，订单系统自动根据订单金额、订单日期等情况生成每天的结算预算，并根据各环节的资金使用情况制定相互间合理的结算周期，将资金滞留在各环节的时间量化为可控制的标准。

④ 进口押汇。进口押汇指进出口双方签订买卖合同后，进口方请求进口地某个银行向出口方开立保证付款文件，大多数为信用证，然后，开证行将此文件寄送给出口商，出口商见证后，将货物发送给进口商，

这样进口方可以延长付款期。海尔集团与中国银行合作，利用中国银行全球终端资源，集团青岛公司、美国海尔公司、中国银行纽约行、山东分行以及供应商五方共同签订授信协议，中国银行纽约分行可以通过山东行开付备用信用证，这样海尔集团海外订单的国内原材料采购付款就可以延长，从原先的 10 天延长到 120 天，有利于实现"零营运资本"的目标，提高集团本身的使用效益，同时也保证了资金结算的安全。

二、格力电器

（一）格力电器简介

珠海格力电器股份有限公司（以下简称格力电器）成立于 1991 年，是目前全球最大的集研发、生产、销售、服务于一身的国有控股专业化空调企业，连续 12 年上榜美国《财富》杂志"中国上市公司 100 强"。

格力空调，是中国空调业唯一的"世界名牌"产品，业务遍及全球 100 多个国家和地区。作为一家专注于空调产品的大型电器制造商，格力电器致力于为全球消费者提供技术领先、品质卓越的空调产品。在全球拥有珠海、重庆、合肥、郑州、武汉、石家庄、芜湖、巴西、巴基斯坦 9 大生产基地，7 万多名员工，至今已开发出包括家用空调、商用空调在内的 20 大类、400 个系列、12 700 多个品种规格的产品，能充分满足不同消费群体的各种需求；累计申请技术专利 12 000 多项，其中申请发明专利近 4 000 项，自主研发的超低温数码多联机组、永磁同步变频离心式冷水机组、多功能地暖户式中央空调、1 赫兹变频空调、R290 环保冷媒空调、无稀土变频压缩机、双级变频压缩机、光伏直驱变频离心机系统等一系列"国际领先"产品，填补了行业空白，改写了空调业百年历史。[①]

2013 年公司实现营业总收入 1 200 亿元，同比增长 19.90%；归属于上市公司股东的净利润 108 亿元，同比增长 46.53%；基本每股收益 3.60 元，同比增长 45.75%。

（二）珠海格力电器股份有限公司营运资金周转绩效分析

从表 8-5 中可以看出，格力电器 2012 年、2013 年采购、生产、营销各渠道营运资金周转期均低于行业平均水平，表明格力电器 2012 年、2013 年各渠道营运资金管理绩效均高于行业平均水平。与 2012 年相比，2013 年格力电器采购渠道营运资金周转期有所降低，生产渠道与 2012 年持平，营销渠道营运资金周转期明显低于 2012 年。从整体来看，2013 年

---

① 珠海格力电器股份有限公司官网 http://www.gree.com.cn/.

按渠道营运资金周转期由 2012 年的 38 天缩短为 2013 年的 -70 天，这表明，格力电器 2013 年按渠道营运资金管理绩效显著提高。

表 8-5　格力电器 2012—2013 年经营活动营运资金管理绩效表（按渠道）

单位：天

指　　标	采购渠道营运资金周转期	生产渠道营运资金周转期	营销渠道营运资金周转期	经营活动营运资金周转期（按渠道）
2012 年	-76（114）	-14（43）	52（56）	38（16）
2013 年	-79（138）	-14（46）	23（23）	-70（8）
2012 年行业平均	-61	15	81	34
2013 年行业平均	-65	12	89	36

注：括号内数字为上市公司该项指标当年在行业内的排名，其余单位为天。

从表 8-6 可以看出，格力电器 2012 年、2013 年存货周转期均低于行业平均值，应收账款、应付账款周转期高于行业平均值，表明格力电器 2012 年、2013 年存货、应付账款管理绩效高于行业平均水平，应收账款管理绩效低于行业平均水平。同时，与 2012 年相比，2013 年存货、应付账款周转期有所降低，应收账款周转期与 2012 年持平，总体而言，2013 年按要素营运资金周转期较 2012 年有所降低，表明，2013 年格力电器按要素营运资金管理绩效有所提高。

表 8-6　格力电器 2012—2013 年经营活动营运资金管理绩效表（按要素）

单位：天

指　　标	存货周转期	应收账款周转期	应付账款周转期	经营活动营运资金周转期（按要素）
2012 年	63（132）	128（227）	103（297）	88
2013 年	46（67）	128（222）	101（283）	73
2012 年行业平均	76	98	98	76
2013 年行业平均	69	103	98	74

注：括号内数字为上市公司该项指标当年在行业内的排名，其余单位为天。

（三）珠海格力电器股份有限公司营运资金占用分析

从表 8-7 可以看出，格力电器 2012 年、2013 年采购、生产渠道营运资金占用额均低于行业平均值，营销渠道营运资金占用额均高于行业平均值。2012 年、2013 年采购渠道营运资金占用金额分别为 – 209.87 亿元、– 260.48 亿元，呈下降趋势。2012 年、2013 年生产渠道营运资金占用金额分别为 – 39.51 亿元、– 45.30 亿元，整体水平下降。营销渠道营运资金占用金额 2012 年、2013 年分别为 144.71 亿元、75.77 亿元，呈下降趋势。从经营活动营运资金（按渠道）占用总额来说，2012 年、2013 年分别为 – 104.67 亿元、– 230.01 亿元，两年均为负数，整体呈下降趋势。

表 8-7　格力电器 2012—2013 年经营活动营运资金（按渠道）占用情况

单位：亿元

指　　标	采购渠道占用	生产渠道占用	营销渠道占用	经营活动营运资金（按渠道）占用
2012 年	– 209.87	– 39.51	144.71	– 104.67
2013 年	– 260.48	– 45.30	75.77	– 230.01
2012 年行业平均	– 9.22	2.23	12.21	5.22
2013 年行业平均	– 11.08	1.91	15.26	6.09

从表 8-8 可以看出，格力电器 2012 年、2013 年存货、应收账款占用营运资金额均高于行业平均值，应付账款占用营运资金数额均明显高于行业平均值，从整体看来，格力电器 2012 年、2013 年按要素经营活动营

表 8-8　格力电器 2012—2013 年经营活动营运资金（按要素）占用情况

单位：亿元

指　　标	存货占用	应收账款占用	应付账款占用	经营活动营运资金（按要素）占用
2012 年	174.61	354.39	284.65	– 104.67
2013 年	153.20	420.89	331.57	– 230.01
2012 年行业平均	11.49	14.83	14.81	5.22
2013 年行业平均	11.83	17.67	16.78	6.09

运资金占用额均明显低于行业平均值，且均为负值。与 2012 年相比，2013 年存货占营运资金数额有所降低，应收账款、应付账款占用营运资金数额有所提高。从经营活动营运资金（按要素）占用总额来说，2012 年、2013 年分别为 -104.67 亿元、-230.01 亿元，两年均为负数，整体呈下降趋势。

（四）珠海格力电器股份有限公司营运资金管理特色总结

1. 管理理念先进，营运资金管理效率提升

格力电器通过业务模块整合、信息化、集团化管控、联合管理模式等深化管理，内部管理水平显著提高，同时，格力电器坚持"技术为王、创新至上"理念，加大研发力度，注重技术创新，形成企业的核心竞争力。格力电器注重品质品牌、销售渠道、客户资源、全产业链等方面的建设，采购、生产、营销渠道更加顺畅，企业整体经营活动营运资金管理绩效显著提高。

2. 力推营销渠道升级，营销渠道营运资金管理绩效进一步提高

格力电器大力推进营销渠道建设。在渠道管理上，格力采取了产权式渠道关系管理策略，透过参股打入渠道企业，影响左右渠道企业运作，使渠道销售行为更符合格力的销售意图。通过向渠道成员受让格力股份，实现交叉持股，进一步巩固和强化格力与渠道企业的产权关系，增强信任。"以控价为主线，坚持区域自治原则，确保各级经销商合理利润"。这样更加有利于经销商因地制宜地管理当地的格力空调市场。

同时，格力电器推行营销渠道的全面升级，在全国各地设立了升级版的品牌旗舰店，为用户提供从选型、设计、安装到维护、保养等全过程立体化服务，销售额、利润、市场占有率稳步上升，营销渠道营运资金管理绩效进一步提高。

3. 采购渠道营运资金占用为负数，营运资金管理效率提升

格力电器利用其品牌影响力，与供应商保持良好的合作关系。一方面，对供应商严格筛选、产品严格检测、严把供货质量关，形成自己独特的采购控制模式；另一方面，与供应商保持良好的战略合作关系，给予供应商相应的扶持，促进供应商与格力电器共同发展，不断壮大，与供应商实现"双赢"。同时，格力电器良好的品牌形象可以有效地利用商业信用，减少采购渠道营运资金的占用，加快采购渠道营运资金周转，提高营运资金管理绩效。

三、潍柴重机

（一）潍柴重机基本情况简介

潍柴重机股份有限公司（以下简称潍柴重机，SZ000880，原山东巨力股份有限公司）于 1998 年在深圳证券交易所上市。但由于行业竞争激烈和管理不善，2000 年以后，公司经营业绩呈逐年下滑之势，并自 2003 年起陷入连年亏损的境地，面临退市的危险。

2006 年，潍坊柴油机厂以其所属的中速柴油机和发电设备制造等优良的经营性资产，置入潍柴重机，成为该公司的控股股东。更为重要的是，迅速扭转了企业连年亏损的局面，实现了公司经营范围和战略方向的重大转变，为保证公司尽快摆脱困境、实现持续快速健康发展奠定了基础。

潍柴重机导入 5S 管理方法，强抓精益生产工作，不断提升现场管理水平，实现生产组织的全过程控制。公司建有遍布全国的营销网络和维修服务、配件供应中心，经过多年的不懈努力，形成了强大的品牌美誉度和用户忠诚度。中速柴油机占有国内船舶动力市场 80% 的市场份额，是中国最普及和成熟的船用柴油机产品，并大批量出口越南、印尼、菲律宾等国，在当地享有极高的品牌声誉；柴油发电设备占据国内市场的半壁江山，是中国最大的柴油发电设备生产商。

潍柴重机建有完善的质量保证体系，秉承全员参与、持续改进的质量方针打造潍柴驰名品牌。公司于 1996 年在国内同行业率先通过了 ISO 9001 质量管理体系认证。公司的柴油发电机组 2004 年通过了国家通信专用发电机组认证，2005 年通过了国家内燃机发电机组质量监督检验中心的高原认证和德国莱茵中心的 CE 认证。公司 2011 年获得装备承制单位资格认证、GB/T24001、GB/T28001 环境/职业健康安全管理体系认证，2012 年获得"质量信得过企业"荣誉称号。[①]

2013 年，潍柴重机实现营业收入 2.32 亿元，同比增长 10.39%；实现归属于上市公司股东净利润 0.39 亿元，同比下降 46.83%。基本每股收益 0.14 元/股。

（二）潍柴重机股份有限公司营运资金周转绩效分析

据表 8-9，潍柴重机按渠道的经营活动营运资金周转期近三年均居于行业领先水平（2011 年、2012 年、2013 年均居于行业第一）。潍柴重机

---

① 潍柴重机股份有限公司官网 www.weichaihm.com.

2011 年、2012 年、2013 年各渠道营运资金周转期均排名很靠前，2013 年采购、生产、营销渠道周转期分别明显低于行业平均值。从整体看来，2011 年、2012 年、2013 年潍柴重机经营活动营运资金周转期均为负值，表明其按渠道营运资金管理绩效处于高水平。从 2010—2013 年的发展趋势来看，生产渠道、营销渠道营运资金周转期呈增长趋势，这表明潍柴重机生产、营销渠道营运资金管理绩效有所降低。与 2011 年、2012 年相比，2013 年潍柴重机采购渠道营运资金周转期有所增长，表明采购渠道营运资金管理绩效有所降低。从整体经营活动来看，2013 年潍柴重机经营活动营运资金周转期较 2011 年、2012 年有所上升，这表明2013 年潍柴重机经营活动营运资金管理绩效有所下降。

表 8-9　潍柴重机股份有限公司 2011—2013 年经营活动营运资金管理绩效表（按渠道）　　　　　　　单位：天

指　　标	采购渠道营运资金周转期	生产渠道营运资金周转期	营销渠道营运资金周转期	经营活动营运资金周转期（按渠道）
2013 年	− 165（13）	− 8（66）	6（12）	− 167（1）
2012 年	− 202（7）	− 15（39）	4（16）	− 213（1）
2011 年	− 178（5）	− 18（18）	− 4（21）	− 200（1）
2013 年行业平均	− 65	12	89	36

注：括号内数字为上市公司该项指标当年在行业内的排名，其余单位为天。

从表 8-10 可以看出，潍柴重机按要素的经营活动营运资金周转期近三年一直保持在行业领先水平（2011 年、2012 年和 2013 年均排名行业第一）。潍柴重机 2011 年、2012 年、2013 年存货周转期和应收账款周转期均排名靠前，2013 年存货周转期和应收账款周转期远远低于行业平均值。2013 年应付账款周转期明显高于行业平均值。其中，从 2011 年到2013 年潍柴重机存货周转期、应收账款周转期呈增长趋势，存货周转期由 2011 年的 29 天上升为 2013 年的 62 天，应收账款周转期由 2011 年的 2 天增长为 2013 年的 6 天。这表明，2013 年潍柴重机存货和应收账款营运资金管理绩效均有所下降。从整个经营活动来看，2013 年潍柴重机经营活动营运资金周转期较 2011 年、2012 年有所增长，这表明 2013 年潍柴重机经营活动营运资金管理绩效有所下降。

表 8-10　潍柴重机股份有限公司 2011—2013 年经营活动营
运资金管理绩效表（按要素）　　　　　　单位：天

指　　标	存货周转期	应收账款周转期	应付账款周转期	经营活动营运资金周转期（按要素）
2013 年	62(141)	6(2)	201(468)	−133(1)
2012 年	42(51)	5(2)	222(451)	−175(1)
2011 年	29(24)	2(1)	195(409)	−165(1)
2013 年行业平均	69	103	98	74

注：括号内数字为上市公司该项指标当年在行业内的排名，其余单位为天。

（三）潍柴重机股份有限公司营运资金占用分析

从表 8-11 中可以看出，潍柴重机 2013 年生产渠道、营销渠道营运资金占用量均低于行业平均值，采购渠道营运资金占用量略高于行业平均值。总体而言，经营活动营运资金（按渠道）占用金额远远低于行业平均水平的 6.09 亿元。2011—2013 年潍柴重机采购渠道、生产渠道、营销渠道营运资金占用量均呈增长趋势。从经营活动营运资金（按渠道）占用总额看来，2011 年、2012 年、2013 年经营活动营运资金占用量分别为 −13.23 亿元、−12.45 亿元、−10.75 亿元，总体呈上升趋势。

表 8-11　潍柴重机股份有限公司 2011—2013 年经营活动营
运资金（按渠道）占用情况　　　　　　单位：亿元

指　　标	采购渠道占用	生产渠道占用	营销渠道占用	经营活动营运资金（按渠道）占用
2013 年	−10.7	−0.48	0.41	−10.75
2012 年	−11.8	−0.89	0.24	−12.45
2011 年	−11.8	−1.17	−0.26	−13.23
2013 年行业平均	−11.08	1.91	15.26	6.09

从表 8-12 中可以看出，2013 年潍柴重机存货、应收账款、应付账款营运资金占用量均低于行业平均值，从经营活动整体来看，经营活动营运资金（按要素）占用量为 −10.75 亿元，远远低于行业平均的金额 6.09 亿

元。潍柴重机经营活动营运资金（按要素）占用金额三年来均为负值，说明资金管理效用很高，偿债能力强，发生财务危机的可能性较小。存货占用营运资金的金额 2011 年、2012 年、2013 年分别为 1.89 亿元、2.46 亿元、4.01 亿元，整体呈上升趋势。应收账款货占用营运资金的金额 2011 年、2012 年、2013 年分别为 0.11 亿元、0.28 亿元、0.39 亿元，整体呈上升趋势。应付账款货占用营运资金的金额 2011 年、2012 年、2013 年分别为 12.93 亿元、12.95 亿元、12.99 亿元，整体呈上升趋势。经营活动营运资金（按要素）占用金额三年分别为 - 10.93 亿元、- 10.21 亿元、- 10.75 亿元，先上升后下降，三年数额相差不大。

表 8-12　潍柴重机股份有限公司 2011—2013 年经营活动营运资金（按要素）占用情况　　　　　　　单位：亿元

指　标	存货占用	应收账款占用	应付账款占用	经营活动营运资金（按要素）占用
2013 年	4.01	0.39	12.99	- 10.75
2012 年	2.46	0.28	12.95	- 10.21
2011 年	1.89	0.11	12.93	- 10.93
2013 年行业平均	11.83	17.67	16.78	6.09

4. 潍柴重机股份有限公司营运资金管理特色总结

从以上分析数据可以看出，无论按渠道还是按要素分析，2013 年潍柴重机营运资金管理绩效均处于行业领先水平。但是，与 2011 年、2012 年相比，2013 年潍柴重机营运资金管理绩效有所降低。

2013 年潍柴重机营运资金管理有如下特点：

① 营运资金管理绩效仍保持高水平，处于行业领先地位

潍柴重机积极改善企业管理流程，全面导入精益管理理念。全员积极参与，通过优化生产流程、强化现场管理，公司运营成本得到有效控制，产品实物质量进一步提升，进一步优化公司财务状况，增强抗风险能力。2013 年，公司深入推进目标管理，降本增效效果明显。公司通过目标管理的实施，员工工作效率明显提高，全员劳动生产率显著提升。各项成本费用指标逐步细化，各业务方面均取得不同程度的降本成果。潍柴重机内部管理水平的提高，促进潍柴重机营运资金管理绩效处于高

水平。

② 利用品牌影响力，在供应链中处于优势

潍柴重机凭借良好的产品质量及品牌形象，利用上下游企业进行供应链管理，提高了营运资金管理绩效。一方面，潍柴重机积极拓展下游市场，对下游市场形成较强的影响力，使其在应收账款上的营运资金占用得到有效控制；另一方面，面对上游供应商，潍柴重机凭借良好的品牌形象，可以有效运用商业信用，减少采购环节的营运资金占用，加快采购渠道营运资金周转，提高采购渠道营运资金周转绩效。

③ 积极开拓战略产品市场，经营活动营运资金占用数额上升

潍柴重机研发、生产大功率中速柴油机，大功率中速柴油机作为潍柴重机的战略产品，目前以配套海监船为主，正全面配套海工、远洋船辅机等多种船型，是继成功配套公务船、远洋渔船后，公司船用产品在海工装备市场上的重大突破，对潍柴重机产品不断走向海洋的发展战略具有深远意义。基于长远发展及公司战略的考虑，潍柴重机积极开拓大功率中速柴油机产品市场，其研发、采购、生产、营销均需要大量的资金支持，因此占用大量的营运资金，延长了采购、生产、营销各渠道营运资金周转期，同时，公司为扩大大功率中速柴油生产许可范围向德国MAN公司支付大量的生产销售许可费用、服务费用，营销渠道营运资金占用量提高。由于该产品处于开拓市场阶段，投入的资金未有大量回笼，降低了各渠道营运资金的管理绩效。但是，从长远来看，战略产品市场的开拓会给潍柴重机带来巨大的发展空间，待战略产品进入收获期，会带来大量的资金回笼。

四、三一重工

（一）三一重工股份有限公司简介

三一重工股份有限公司（以下简称三一重工）由三一集团投资创建于1994年。自成立以来，公司以年均50%以上速度增长。目前已经发展为中国最大、全球第五的工程机械制造商，也是全球最大的混凝土机械制造商。

2003年7月3日，三一重工在上海A股上市（股票代码600031）并于2005年6月10日成为首家股权分置改革成功并实现全流通的企业，被载入中国资本市场史册。2011年7月，三一重工以215.84亿美元的市值，入围FT全球500强，是唯一上榜的中国工程机械企业。2012年，三一重工并购混凝土机械全球第一品牌德国普茨迈斯特，改变了行业竞争

格局。

公司产品包括混凝土机械、挖掘机械、起重机械、桩工机械、筑路机械，其中泵车、拖泵、挖掘机、履带起重机、旋挖钻机等主导产品已成为中国第一品牌，混凝土输送泵车、混凝土输送泵和全液压压路机市场占有率居国内首位，泵车产量居世界首位。秉承"品质改变世界"的使命，三一重工每年将销售收入的 5% ~7% 用于研发，致力于将产品升级换代至世界一流水准。凭借一流的产品品质，三一设备广泛参建全球重点工程，包括迪拜塔、北京奥运场馆、伦敦奥运场馆、巴西世界杯场馆、上海中心、香港环球金融中心等重大项目的施工建设。目前，三一重工在全国已建有 15 家 6S 中心。未来几年内，将在全国 31 个省会城市、直辖市、200 多个二级城市开设 6S 中心。在全球拥有 169 家销售分公司、2 000 多个服务中心、7 500 多名技术服务工程师。近年，三一重工相继在印度、美国、德国、巴西投资建设研发和制造基地。

2014 年上半年，作为行业龙头，三一重工发布 2014 年半年度报告，报告期内，公司共实现营业收入 197.21 亿元，归属于上市公司股东的净利润 13.7 亿元。

（二）三一重工股份有限公司营运资金管理绩效

1. 分渠道的营运资金管理绩效分析

2013—2014 年三一重工股份有限公司各渠道营运资金周转期及行业平均值，如表 8-13 所示。

表 8-13　三一重工 2013—2014 年营运资金管理绩效表（按渠道）

单位：天

项　　　目	采购渠道营运资金周转期	生产渠道营运资金周转期	营销渠道营运资金周转期	经营活动营运资金周转期（按渠道）
2013 年	-21	-19	211	171
2014 年	-49.27	1.3	289.86	241.89
2013 年行业平均	-65	12	89	36
2014 年行业平均	-71.97	9.11	94.14	31.28

如表 8-13 所示，2013 年、2014 年三一重工采购渠道、营销渠道营运资金周转期都明显高于相应年份行业平均值，生产渠道营运资金周转

期低于行业平均值，这表明 2013 年、2014 年三一重工采购渠道、营销渠道营运资金管理绩效显著低于行业平均水平，生产渠道营运资金管理绩效高于行业平均水平。从整体来看，2013 年、2014 年三一重工按渠道经营活动营运资金周转期明显高于相应年份行业平均值，这表明，2013 年、2014 年三一重工按渠道经营活动营运资金管理绩效显著低于行业平均水平。与 2013 年相比，2014 年三一重工采购渠道、生产渠道营运资金周转期有所下降，营销渠道营运资金周转期明显延长，经营活动营运资金周转期由 2013 年的 171 天上升至 2014 年的 241.89 天，这表明 2014 年三一重工按渠道营运资金管理绩效显著降低，营销渠道营运资金周转期的延长是导致整个经营活动营运资金管理绩效下降的主要因素。

2. 分要素的营运资金管理绩效分析

2013—2014 年三一重工股份有限公司各要素营运资金周转期及行业平均值，如表 8-14 所示。

表 8-14   三一重工 2013—2014 年营运资金管理绩效表（按要素）

单位：天

项 目	存货周转期	应收账款周转期	应付账款周转期	经营活动营运资金周转期（按要素）
2013 年	98	183	67	214
2014 年	101.77	256.01	93.01	264.78
2013 年行业平均	69	103	98	74
2014 年行业平均	69.49	106.30	102.44	73.35

如表 8-14 所示，2013 年三一重工存货周转期、应付账款周转期低于行业平均值，应收账款周转期高于行业平均值，这表明 2013 年三一重工存货管理绩效高于行业平均水平，而应收账款、应付账款管理绩效低于行业平均水平。2014 年存货周转期、应收账款周转期均高于行业平均值，应付账款周转期低于行业平均值，这表明，2014 年存货、应收账款、应付账款管理绩效均低于行业平均水平。与 2013 年相比，2014 年三一重工存货周转期、应收账款周转期、应付账款周转期均有所提高，且应收账款周转期增幅较大，这表明，三一重工存货、应收款管理绩效呈下降趋势，应付账款绩效有所提高；三一重工按要素经营活动营运资金

周转期由 2013 年的 214 天增至 2014 年的 264.78 天，表明，2014 年三一重工按要素经营活动营运资金管理绩效较 2013 年显著下降，应收账款周转期的大幅增长是导致其经营活动营运资金管理绩效下降的主要因素。

（三）三一重工股份有限公司营运资金占用分析

1. 分渠道的营运资金占用分析

2013—2014 年三一重工股份有限公司各渠道营运资金占用及行业平均值，如表 8-15 所示。

表 8-15　三一重工 2013—2014 年营运资金占用表（按渠道）

单位：亿元

项　　目	采购渠道营运资金	生产渠道营运资金	营销渠道营运资金	经营活动营运资金（按渠道）
2013 年	−21.8	−19.85	219.14	177.5
2014 年	−41.56	1.10	244.49	204.03
2013 年行业平均	−11.08	1.91	15.26	6.09
2014 年行业平均	−12.81	1.62	16.75	5.57

如表 8-15 所示，2013 年三一重工采购渠道营运资金占用量高于行业平均值，2014 年三一重工采购渠道营运资金占用量低于行业平均值，这表明 2013 年三一重工采购渠道营运资金投入量高于行业平均投入量，而 2014 年则低于行业平均投入量。2013 年、2014 年生产渠道营运资金占用量均低于行业平均值，营销渠道营运资金占用量均高于行业平均值，这表明，2013 年、2014 年三一重工生产渠道营运资金投入量均低于行业平均投入量；2013 年、2014 年三一重工营销渠道营运资金投入量均高于行业平均投入量。整体来看，2013 年、2014 年按渠道经营活动营运资金占用量均明显高于行业平均值，这表明，2013 年、2014 年三一重工按渠道经营活动营运资金投入量均高于行业平均水平。

仅就 2013 年、2014 年三一重工各渠道营运资金占用来看，2014 年三一重工采购渠道营运资金占用量较 2013 年有所下降，生产渠道、营销渠道营运资金占用量较 2013 年有所上升，这表明，与 2013 年相比，2014 年三一重工采购渠道营运资金投入量有所减少，而生产渠道、营销渠道营运资金投入量有所增加。从整个经营活动来看，2014 年三一重工按渠道经营活动营运资金占用量较 2013 年有所上升，这表明，与 2013 年相比，2014 年三一重工按渠道经营活动营运资金投入量有所上升。

2. 分要素的营运资金占用分析

2013—2014 年三一重工股份有限公司各要素营运资金占用及行业平均值，如表 8-16 所示。

表 8-16　三一重工 2013—2014 年营运资金占用表（按要素）

单位：亿元

项　　目	存货占用	应收及预付款项占用	应付及预收款项占用	经营活动营运资金（按要素）
2013 年	101.98	190.02	69.84	177.5
2014 年	85.84	215.94	78.45	204.03
2013 年行业平均	11.83	17.67	16.78	6.09
2014 年行业平均	12.37	18.92	18.23	6.10

如表 8-16 所示，2013 年、2014 年存货、应收及预付款项、应付及预收款项的营运资金占用量均明显高于行业平均值，这表明 2013 年、2014 年三一重工存货、应收及预付款项、应付及预收款项的营运资金投入量均高于行业平均水平。从整个经营活动来看，2013 年、2014 年三一重工按要素经营活动营运资金均明显高于行业平均值，这表明，2013 年、2014 年三一重工经营活动营运资金的投入量均高于行业平均水平。

仅就 2013 年、2014 年三一重工各要素营运资金占用来看，2014 年存货、应收及预付款项、应付及预收款项的营运资金占用量较 2013 年均有所降低，这表明 2014 年三一重工存货、应收及预付款项、应付及预收款项的营运资金投入量均低于 2013 年。

（四）2013 年三一重工营运资金管理问题总结及建议

根据以上按渠道营运资金管理绩效分析，2013 年、2014 年三一重工按渠道经营活动营运资金管理绩效显著低于行业平均水平。同时，与 2013 年相比，2014 年三一重工按渠道营运资金管理绩效显著降低，营销渠道营运资金周转期的延长是导致整个经营活动营运资金管理绩效下降的主要因素。

根据以上按要素营运资金管理绩效分析，2013 年三一重工存货管理绩效高于行业平均水平,而应收账款、应付账款管理绩效低于行业平均水平;2014 年存货、应收账款、应付账款管理绩效均低于行业平均水平。与 2013 年相比,2014 年三一重工按要素经营活动营运资金管理绩效显著下降,应收账款周转期的大幅增长是导致其经营活动营运资金管理绩效下降的主要因素。

基于以上问题,三一重工应重点加强营销渠道的建设,建立完善的营销网络。建立客户满意评价体系、客户关系交互体系,完善售后服务网络,提高售后服务水平。同时,加强存货、应收账款、应付账款管理,重点关注应收账款管理。良好的销售业绩伴随的是收账款规模的增长,由于下游行业的低迷以及三一重工采用较为宽松的信用政策,导致坏账比例上升以及应收账款回款周期延长,应收账款占用了企业大量的资金,企业面临较大的财务风险乃至经营风险。三一重工应加强日常的应收账款管理,通过账龄分析、观察应收账款周转天数的变化来及时调整企业的信用政策。

第四节 其他行业营运资金管理案例

一、食品饮料行业——青岛啤酒

青岛啤酒股份有限公司(简称青岛啤酒)始建于 1903 年,经营范围为啤酒制造、销售以及与之相关的业务。2011 年青岛啤酒实现销售收入 231.58 亿元、净利润 17.38 亿元,是中国啤酒行业品牌溢价能力、盈利能力较强的公司,也是食品、饮料行业中具有代表性的企业(孙莹、朱莹,2013)。

营运资金管理效率是衡量企业管理水平的重要标志。根据"中国企业营运资金管理研究中心"发布的中国上市公司营运资金管理绩效排行榜,2010 年,青岛啤酒经营活动营运资金周转期(按渠道)为 -46.6 天,管理绩效远远优于行业平均水平(-21.21 天),在食品、饮料行业位居首位;2011 年,青岛啤酒经营活动营运资金周转期(按渠道)为 -50 天,在行业内排第 4 名,持续处于行业领先水平。良好的营运资金管理绩效得益于青岛啤酒建立了基于渠道管理的营运资金管理模式。

(一)渠道视角下的营运资金管理绩效分析

基于渠道管理的营运资金管理体系(王竹泉等,2007)即突破传统的营运资金管理方法,将营运资金管理与渠道关系管理有机结合在一起。

食品、饮料行业和消费市场的特殊性决定了其营运资金管理的特点：利润率相对不高，原料成本变化对其售价、销量以及盈利影响较大。良好的渠道管理可以降低采购成本、提高货物质量和减少存货占用资金，因此渠道管理对食品、饮料行业至关重要：采购渠道管理决定材料成本和存货占用资金的大小，生产渠道管理决定食品饮料的质量和安全，营销渠道管理决定销售订单的多寡和货款的收回速度。

资料显示，2009—2011 年，青岛啤酒经营活动营运资金管理绩效呈现出良好的发展趋势，经营活动营运资金周转期逐年下降，尤其是营销渠道和生产渠道营运资金管理水平比较先进，管理绩效比较明显。

1. 营销渠道营运资金管理绩效分析

营销是与客户联系最密切的一个环节。2009—2011 年青岛啤酒营销渠道营运资金周转期分别为 -2.32 天、-7.49 天和 -7 天，连续三年优于行业平均水平，且三年均位列业内前 15 名。食品、饮料行业的营销渠道营运资金由成品存货、应收账款、应收票据、预收账款和应缴税费等项目组成，因此，减少营销渠道积压的资金、加快销售订单处理、及时催收货款才能提高营销渠道营运资金管理水平。青岛啤酒产成品存货占存货总额的比例较低，2009 年与 2010 年均在 15% 以下，说明处理订单和发货比较及时。2009—2011 年青岛啤酒应收账款周转期分别为 6.94 天、6.39 天和 6 天，应收账款管理绩效优于行业平均水平，表明货款催收及时、销售资金回笼较快。

2. 生产渠道营运资金管理绩效分析

青岛啤酒 2009—2011 年生产渠道营运资金周转期分别为 -32.92 天、-44.03 天和 -46 天，在整个食品、饮料行业处于领先水平。生产渠道管理方面具有很大的优势。生产渠道营运资金由在产品存货、其他应收款、应付职工薪酬和其他应付款等项目组成。青岛啤酒在产品存货包括在产品、委托加工物资和部分低值易耗品。青岛啤酒在产品和委托加工物资在存货中占的比例很低，其生产工艺流程的先进性及较好的内部质量管理是其生产渠道营运资金管理绩效制胜的关键。

（二）青岛啤酒营运资金管理模式的具体做法

青岛啤酒在营运资金管理方面的主要做法如下：

1. 资金集中管理与分散管理相结合

青岛啤酒在营运资金管理方面主要采取"集中管理与分散管理相结合"的模式。在母公司实行集中资金、收支两条线管理，在此基础上，对各级子公司的重大投融资项目实行集中管控,如集中管理子公司的投资、融资、委托贷款、担保、分红和保险等业务,而对子公司零星的日常资金则采用分散管理的方式。此举使得销售分公司的销售货款得到及时回笼和集中管控,远程归集了子公司资金,进一步加快了公司资金的周转速度,防止资金体外循环,降低了资金管理风险。

2. 完善营销渠道管理模式

在营销理念上,青岛啤酒以顾客为导向,提出"顾客价值导向"为中心的经营模式,不断探索获得消费者忠诚的方法和渠道。销售渠道的营运资金主要集中在应收账款和产成品存货上,通过加强客户忠诚度培养,减少了营销渠道营运资金的占用。在营销模式上,青岛啤酒倡导"三位一体",即将产品销售、品牌传播、消费者体验三种竞争手段结合运用,三个组成部分相互支持、相互促进,并且逐步调整经营战略。青岛啤酒从单纯追求盈利能力到推进"双轮驱动"(品牌升级 + 销售扩张)的战略,提升了品牌竞争力。

3. 建立在线收单系统

青岛啤酒充分利用现代互联网等信息技术,建立了在线收单系统以实现瞬时收款。开发出在线收单系统,实现区域资金集中管理,降低了收款结算费用,公司的发货时间也由原来的半天至一天缩短为 10 分钟。另外,建立了工厂瓶箱在线收款系统,实现瓶箱资产、资金统一管理,工厂瓶箱资产收款由过去次月结算缩短为实时到账,加快了营运资金周转。

4. 控制对外担保和严禁赊销

青岛啤酒强化对流动资产效率的管理。自 1998 年以来,青岛啤酒严控对外担保,至今除对控股子公司的担保外,公司实际对外担保为零,降低了公司的经营风险。近十年来,青岛啤酒一直采取严禁赊销的原则,对应收账款进行全方位控制,并将其纳入年度绩效考核,公司应收账款逐年下降,2006—2011 年应收账款与收入占比由 1.0% 降至 0.38%,有效防范了信用风险,确保了资产安全。为提高流动资产使用效率,公司设置了相关管理指标,并纳入公司经营绩效考核体系,加强对流动资产的监控力度,减少资金占用,提高周转效率。

5. 成立财务公司

青岛啤酒成立的财务公司是以结算、融资、资金运作三大管理中心为基础的金融服务体系,它的任务是通过专业化资金与金融平台的建设,承担公司货币资金类管理任务,主要目的是控制金融风险,加强投融资管理，为企业主体服务。基本职能是进行筹融资管理、资金运营管理、资金计划实施、金融政策研究等。最终目的是建立完善的内部金融服务体系。青岛啤酒通过建立财务公司，集中公司资金，实行计划管理，打造公司资金供应链和金融服务链，并通过资金的调度和合理安排，支持公司主业，最终扩大啤酒市场规模。

　　青岛啤酒在营运资金管理方面的做法，为其他企业提供了可供借鉴的营运资金管理模式。但相对于营销渠道和生产渠道，青岛啤酒在采购渠道管理方面管理相对薄弱，原材料和包装物占用的金额过高，应付账款周期较短，说明库存管理以及与供应商关系管理方面可能存在问题，影响了青岛啤酒整体营运资金管理绩效，是其营运资金管理绩效进一步提升的着眼点。建议青岛啤酒加强采购渠道管理，合理确定采购成本和改善存货管理水平，建立适时采购制度，使库存保持适当水平；同时合理使用商业信用，通过延长付款期限或享受现金折扣延缓和减少现金流出等，强化结算性负债调节，逐步降低预付账款的数量，延迟应付账款和应付票据的支付，并将其控制在企业信用可以支撑的范围内。

二、电子零售业——亚马逊

（一）亚马逊公司概况

　　亚马逊是世界上最大的在线零售商店，创立于 1995 年，总部位于美国华盛顿州的西雅图。作为一家财富 500 强公司，亚马逊是全球 B2C 电子商务的成功代表和全球销量最大的图书公司。在亚马逊网站上读者可以买到近百万种英文图书、音乐和影视节目。自 1999 年开始，亚马逊从最初经营图书音像制品销售，扩展到电脑等电子产品和服饰、鞋子等百货业务。1997 年亚马逊成功上市，亚马逊直到 2002 年第四季度才扭亏为盈，结束了持续亏损的历史，为电子商务的发展带来福音。2004 收购中国卓越，到目前为止已经成为在线书店的龙头老大。图 8-1 为亚马逊2000—2012 年的营业收入规模增长情况，从图 8-1 中可以看出，亚马逊的主营业务收入呈现持续走高趋势，增长率呈现平稳趋势，说明营业收入规模逐年增长，企业经营状况呈现出良好的状态趋势。

　　（二）基于渠道管理的亚马逊公司营运资金管理分析

　　以下从采购渠道与营销渠道方面对亚马逊的营运资金管理进行分析。亚马逊公司的财务数据均来自 2001—2011 年公司年度财务报表。

　　1. 采购渠道管理

　　电子零售业作为零售行业的一部分，同样具有如下特点：①交易对

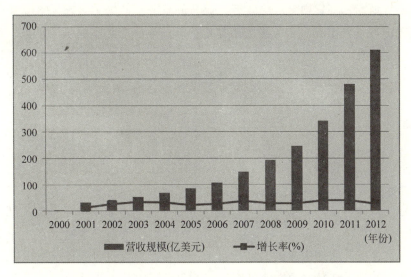

图 8-1　亚马逊 2001—2012 年营业收入规模增长情况

象是商品的最终消费者，购买的目的是用于最终消费；②零售贸易活动的每次成交额较小，交易次数频繁，必须严格控制库存量；③零售贸易容易受到购买者消费行为的影响；④零售贸易必须保持较高的周转速度，尽量提高资本周转效率，做到薄利多销，快买快卖。

　　因此，高效的采购渠道管理显得至关重要。据此，亚马逊建立了高效率的数字化仓库管理系统和独立的物流系统，及时收回货款，力求节约采购渠道的每一笔宝贵资金。

　　（1）高效的仓库管理系统——快进快出，提高周转效率。传统书业仓库图书的存放都是档案式管理方式，即与书店和图书馆类似的分类管理，分类摆放配合数字检索会使图书馆出库的工作效率大大提升，然而这种方式却使图书入库的工作效率大大降低，最终导致整个仓库管理的效率反而很低。但在亚马逊有一个著名的逻辑，"乱"的逻辑：亚马逊的仓库里，所有的货物都是按照节省空间的原则随机摆放的。免除管理人员查找位置的工作，在图书出库的时候，员工只需用手持扫描枪扫描订单，手持设备会自动计算出最快的路径，告诉员工这些货在几号货架几号柜子取。这种仓库管理方式大大提高仓库运转的效率，降低书业物流仓库成本的同时也提高了书业物流的速度，更快地满足消费者的需求，从而使亚马逊的存货周转率大大提高。

　　（2）独立的物流系统——求人不如求己。亚马逊每年都在世界各地建立当地的配送中心，通过内部研发的数据筛选程序，选择最便利划算的发货地点，将货物交付给顾客。亚马逊掌握了商家到终端顾客这条供应链的每一个环节，这也就意味着其在每一个环节都掌握了主动权，都有得到提升的潜力。实际上，亚马逊也正是这样做的。在亚马逊收购国内电商卓越后，卓越也借鉴了亚马逊模式开始在北京等地建立配送服务中心。这一做法看似笨拙，耗时耗财，但是从亚马逊2000年后的强劲发展势头来看，厚积而薄发是一个明智的选择。

销售图书以及电子设备需要扩大仓库容量，提高物流效率来提升资产周转率。销售数字产品则不需要任何实体的传送。在带宽越来越廉价，网络技术越来越普及的今天，音乐和电子图书这种数字产品的销售的发展成为可能。亚马逊在1998年就进入了音乐商店占领了电子音像产品的网络销售先机。2006年，kindle电子书的问世使纸质书本浓缩在小小的电子屏幕上。网络作者也可以通过kindle直接出版自己的作品，电子出版业也被纳入亚马逊的产业版图。资金周转压力几乎为零的数字产品销售与出版，可以说是亚马逊未来发展的前景之一。

同时，在美国，亚马逊首先根据不同商品类别建立不同的配送中心，在配送上选择外包的方式。在中国，卓越亚马逊建立了自己的物流系统，基本满足大城市的需要，边远的地方通过与第三方物流合作方式，使作业组织简单化、规范化，既能提高配送中心作业的效率，又可降低配送中心的管理和运转费用。为减少送货成本，亚马逊采取了一种被称为"邮政注入"的送货方式，所谓邮政注入就是使用自己的货车或由独立的承运人将整卡车的订购商品从亚马逊的仓库送到当地邮局的库房，再由邮局向顾客送货，这样就可以免除邮局对商品的处理程序和步骤，为邮局发送商品提供便利条件，也为在自己节省了资金，据估算，运用"邮政注入"方式节省的资金相当于头等邮件普通价格的5%～17%。

（3）与供应商建立良好的合作关系——实现了对应收应付账款的有效管理。亚马逊通过与供应商建立良好的合作关系，同时也实现了对库存的有效控制。亚马逊公司的库存图书很少，维持库存的只有200种最受欢迎的畅销书。通常情况下，亚马逊是在顾客下了购书的订单后，才从出版商那里进货。消费者以信用卡向亚马逊公司支付书款，一般不会超过15天，应收账款比较短，而亚马逊却在图书售出46天后才向出版商付款，应付账款周期变长，这就使得亚马逊占用大量出版商的资金，对亚马逊来说是有利的。

表8-17选择了在线销售亚马逊和离线销售巴诺书店和百万书店三家上市书店在营运能力方面的对比，文中使用的数据是2006—2008年连续

三年的财务数据平均值。

表 8-17　亚马逊、巴诺书店、百万书店的各指标对比

指 标 单 位	亚马逊	巴诺书店	百万书店
总资产周转率	2.34	1.67	1.81
流动资产周转率	3.05	2.82	2.26
存货周转率天数/天	31.98	130.30	199.53
应收账款周转天数/天	16.80	6.93	6.38

营运能力指标数据显示亚马逊库存商品的周转天数比巴诺书店少了 98 天，比百万书店少了 167 天，表明该公司的存货占用资金的金额比例较小。

另外，从表 8-17 中我们还可以看出，总资产周转率、流动资产周转率和存货周转天数亚马逊都要优于实体书店，但是应收账款周转天数却略高于实体书店。分析原因可能有以下两方面：

（1）交易支付方式的不同。百万和巴诺两家书店是以实体店面经营为主的公司，交易支付的方式主要是采取现金、信用卡等支付手段。在这种一手交钱一手交货的现销情况下，公司可以直接确认收入并收到货款，应收账款数量自然少。与此相反，亚马逊采取的是在线销售模式，因此，与传统实体店面相比，应收账款的优势不是很明显。因为支付方式是网络支付，货款从消费者支付到亚马逊确认收入需要经过一定周期，这导致应收账款数量的增加。但是应收账款周转天数为半个月左右，因此对其营运资金管理的影响并不是特别大。

（2）亚马逊还存在着在线零售图书以外的业务，比如在线广告、网络服务器底层技术开发和联名信用卡等服务，这三种业务的应收账款回收天数比较长，总体上影响了企业应收账款周转期。

2. 营销渠道管理

在营销方面，亚马逊最看重的是客户体验，选品、价格和便利是亚马逊客户体验的三个支柱。在亚马逊还有一个非常著名的"亚马逊飞轮"，它是一个以客户体验为出发点的良性循环。在这个飞轮里，当客户体验好的时候，流量自然会增加，不断增加的流量又会吸引更多的卖家，从而使消费者有更多的选择，也就进一步提升了消费者的客户体验。为

此，亚马逊采取一系列的方法来提高客户满意度，增强客户的忠诚度，使其各种产品的销量呈现逐年上涨的趋势，从而为其带来巨大的经济效益。再辅之以采购渠道等其他的措施，使亚马逊拥有充足的营运资金。

（1）开创人性化的客户体验——为你选择最适合的商品。亚马逊的销售流程是先付款后发货。因此，可以说亚马逊每天都有来自顾客的大笔预收账款项目。然后，债务以货物发送的形式偿还给顾客。所以，可以理解成亚马逊最大最广泛的债主是上亿的亚马逊顾客。也就是说，扩大用户量，提升重复购买率是零售业利用流动负债的最好方式。

亚马逊的创始人贝索斯早在 1997 年的致股东信中就提出，亚马逊一直致力于成为最以客户为中心的企业。在贝索斯"科技人性化"的思想指导下，亚马逊围绕客户设计了互动模式。主要内容有：

第一，读者书评。在这个区域登载出顾客对书籍的反应，无论正面还是负面。这项设计希望借此协助读者找到自己需要的好书，回避不需要的书。读者书评被看作一个"透明的自助服务系统"，在这项服务的帮助下，方便消费者购书，进而提高了销售数量。

第二，接力写故事。在读者书评的功能设计下，亚马逊还想出了一个点子。找寻一位新闻名人写出故事的开头，然后由网友续写故事，选出优秀的段落登载在网络上。被选中的网络写手还会得到 10 000 美元的奖赏。这个点子受到美国民众的广泛关注，《纽约时报》等媒体也进行了报道。此举不仅吸引了大众的目光，也打响了亚马逊以客户为中心的交互式服务理念。

第三，猎眼服务。这是一项针对个人通知的服务。这项服务里，顾客可以登记自己的兴趣，可以依循作者或者某一主题找书。当顾客感兴趣的相关新书出版时，亚马逊会以电子邮件的形式通知。

第四，一点就通。这种购物模式的改进是亚马逊的重要革新。这种设计是指凡是在亚马逊购买过商品的顾客，相关资料都会被亚马逊记录下来。下次购物时，只要点击购买的物品，网络系统就会帮助顾客填写好相关的配送地址等手续。这一革新现在已经广泛应用在各个网络商城中。

以上的客户服务体验都是亚马逊公司在开创初期最早实现的。现在已经被电子商务行业广泛认可和应用。

（2）打破低价的优惠策略——价格至上。首先是低价格和低成本的策略，吸引更多的消费者，扩大销售额，占领更大的市场份额。无止境的低价是亚马逊的核心支柱。电子零售行业缩短了消费者与商家的距离，有效减少交易环节，大幅度降低交易成本，从而降低消费者所得到的商品价格。亚马逊通过较低的产品价格来扩大销量以弥补折扣费用和增加利润。亚马逊书店对大多数商品都给予了相当数量的回扣，很多畅销书的价格比实体店价格至少低 20%，根据亚马逊所做的调研显示，美国 2002 年最畅销的 100 本图书，如果在一般书店购买要 1 561 美元，而在亚马逊网上书店购买只要 1 195 美元，节约了 23%。在这 100 本畅销书中，亚马逊网上书店有 72 种图书的价格低于网下书店，只有 3 种比网下书店高，随后他们调低了这 3 种图书的价格，同样这 100 本图书，亚马逊对其中的 76 本打折出售，而网下书店只对其中 7 种图书打折，这还没有计算网下购买 100 种图书的成本。这种低价销售的行为吸引力大量的顾客，同时也为亚马逊带来了充足的现金。

此外，为了进一步扩大销售，增加企业的现金流量，亚马逊还推出了会员制，只要缴纳一定会费会员即可享受免费两天送达服务。这一运费优惠看似赔钱赚吆喝，但是实际上使销售额上涨了 50%。会费收入的提前入账和新增的销售收入为后期的产品研发等长期投资源源不断注入新鲜的现金血液。

(3) 先进的 IT 技术——便利服务的基石。亚马逊的消费者的每一次消费记录都会被完整保存，并且根据这些历史记录，数据分析系统会推荐可能会吸引消费者的产品以及提示消费者是否购买了重复的产品。主动与消费者互动的方式，吸引了很多"回头客"。

传统的供应链管理多是被动地反映消费者的需求，然而，良性供应链管理的精髓则是通过预测消费者的需求，主动反映订单。亚马逊已经形成了强大的数据库，系统根据这个数据库可以大概预测某个产品的某一型号在某一个地区一天能有多少订单。就是说，在消费者还没有下订单的时候，这本书就已经备在库房里了。

使用先进便捷的订单处理系统降低错误率，整合送货和节约库存成本，通过降低物流成本，相当于以较少的促销成本获得更大的销售收益，再将之回馈于消费者，以此来争取更多的顾客，形成有效的良性循环。

除了抓住这些天生优势，拥有技术基因的亚马逊投入大笔资金用于技术开发与完善。Kindle 的成功问世也证明了亚马逊不俗的开发实力。不同于苹果和谷歌，亚马逊始终还是定位自己为电子零售业。所以核心业务依然是零售，这是造成其运营利润率低的原因，2010 年亚马逊运营利润率只有 4.11%，不仅远远低于苹果和谷歌 28%、35% 的数值，甚至

低于线下零售商沃尔玛的 6.05%。但是，华尔街很看重亚马逊业绩的成
长性和进化的可能性，为其给出的市盈率是 94 倍（截至 2011 年 7 月 18
日），零售业老大沃尔玛只有 12.5 倍。亚马逊之所以享受这么高的估值，
不仅在于亚马逊很好地理解了传统零售业的关键：低价、品类丰富、方
便，更重要的是，它找到一种能够很好满足客户需求的方式——利用互
联网技术，最大可能地进行数据挖掘，提升供应链的效率，降低库存。
此外，现在的布局，为将来大规模销售数字化产品奠定了基础。

通过这一系列的营销手段，不仅增加了亚马逊产品的销量，而且亚
马逊还成功吸引了众多的顾客，这些优惠策略，大大提高了消费者的消
费热情，而且亚马逊与很多出版商合作，有很强的价格谈判能力，从而
建立了自己在电子商务领域的强势地位，增强了其与消费者和供应商的
议价能力，尤其是在与供应商的交易中可以适当推迟其应付账款的周转
期，从而有利于营运资金的管理。

（三）亚马逊管理模式对我国电子商务企业营运资金管理的启示

对比以亚马逊为例的美国电子商务行业，我国电子商务可喜的发展
势头下，也隐藏了一些深层次的问题与瓶颈。

1. 数据保护与利用不足

强大的数据分析系统和商务智能系统是亚马逊优质的客户管理的技
术支持。充分对数据进行挖掘与分析，可以为库存、客服以及网站维护
提供准确的管理依据，对于库存管理、成本控制以及现金流管理都具有
重要意义。然而，从目前中国整个电子商务行业来看，真正关注数据分
析和商业智能的企业并不多，因此，我国企业应增加技术上的投资，关
注数据的利用和分析，科学的管理企业，重视营运资金在企业发展中扮
演的重要角色，从而增强企业的可持续发展能力。

2. 物流网络与电商企业的脱节

在电子商务蓬勃发展的热潮中，产业链短板其实已经浮现，即同样
是未来发展热点的物流供应链。目前，电子商务和物流的主要结合方式
是：客户在网上订货，然后买家推荐物流公司由买家自己挑选。然而，
电子商务与物流的结合远不止那么简单。随着电子商务被越来越多的消
费者接受并成为习惯，他们对物流也提出了更高的要求。因此，未来只
有那些把物流作为其核心价值组成部分并且已经掌握其中诀窍的企业才
能在中国的电子商务市场竞争中取胜。亚马逊将物流供应链网络作为整
体电子商务解决方案的一部分，将物流渠道、商流渠道及信息流渠道进
行捆绑，是真正地融合、渗透到电子商务企业的各个环节，而绝非简单

地外包给第三方。这样不仅可以为顾客提供令人满意的物流服务，也实现了对业务流程的整合。可以说，在未来的中国电商行业之间的竞争中，得物流者得天下。企业加强对物流的整合，不仅可以扩大企业产品的销量，而且很大程度上加快企业商品和资金的运转速度，为企业运行源源不断地注入现金，加快企业的新陈代谢，让企业更加健康的发展。

第九章 结论与展望

本章在对全书的研究内容总结回顾的基础上，列举了本书完成的工作和得出的主要结论，同时也指出了本书研究的不足，提出了值得进一步研究探讨的问题。

第一节 结 论

基于对营运资金文献的系统归纳和我国实践背景的深入分析，本书期望重新理解营运资金的概念界定，确立营运资金管理的基本研究视角，从而推动营运资金管理理论和方法体系的创新和发展。基于上述研究目标，本书从营运资金的概念重构为研究起点，在营运资金的筹措和使用的管理视角下，建立了营运资金管理绩效评价体系，对营运资金管理方法和组织体系进行了创新，最后以机械设备行业营运资金管理的绩效分析以及案例分析检验了营运资金管理绩效评价体系的合理性，以各行业案例总结出了全球化企业营运资金管理的模式方法。

具体来说，本书的研究主要得出以下结论。

一、营运资金概念界定：营运资金＝资产－营业性负债

对营运资金进行重新界定和分类，是统领全书的重要内容。

从企业经营管理的角度，在充分分析现有营运资金界定的不足的前提下，发现现有营运资金的界定不仅束缚了企业营运资金管理的视野，导致了企业营运资金管理的短期行为，而且还不符合企业实际情况。由联合概念公告对营业概念的阐释和新的报表列报方式的启示，将营运资金界定为企业正常营业运行过程中用于日常周转的所有资金。等于总资产减去因营业活动（包括经营活动和投资活动）带来的营业性负债（既有长期负债又有短期负债），即营运资金＝资产－营业性负债。由此，营运资金管理作为企业整体营运资金管理的概念，既包括短期资金的管理又包括长期资金的管理。

从企业经营管理的角度，营运资金包括经营活动营运资金和投资活动营运资金，投资活动营运资金上升到与经营活动营运资金同样的管理地位。

具体而言，营运资金中经营活动营运资金包括材料存货、在产品存货、库存商品、应收账款、应收票据、长期应收款、固定资产、预付账款、其他应收款、应付账款、应付票据、预收账款、应付职工薪酬、应付税费、长期应付款等，投资活动营运资金具体包括交易性金融资产、应收股利、应收利息、可供出售金融资产、持有至到期金融资产、长期股权投资等。

营运资金管理的进一步落实需要与企业业务活动紧密相连，在将营运资金分为经营活动营运资金和投资活动营运资金的基础上，可以进一步将经营活动营运资金按照其与供应链或渠道的关系分为营销渠道的营运资金、生产渠道的营运资金和采购渠道的营运资金。

二、营运资金管理绩效评价体系：一个定量与定性的效率衡量体系

营运资金的绩效评价与其管理是企业经营管理程序中不可分割的重要组成部分，可以帮助发现企业经营管理中的薄弱环节，提出改进措施和目标，使企业得以长足进步。

本书通过在对现有营运资金管理绩效评价体系回顾的基础上指出现有营运资金管理绩效评价体系的不足：现有绩效评价体系基于现有的营运资金概念，不注重财务指标与非财务指标的结合以及业务与财务相结合的衡量体系，导致没有形成系统合理的营运资金管理绩效评价体系。进而在新的营运资金概念界定下，以营运资金的筹集和使用作为基本视角，在协调风险与收益的前提下使营运资金效率最大化作为营运资金管理的目标，设计营运资金管理的绩效评价体系。

本书从定量衡量和定性分析两个角度进行营运资金管理绩效评价。定量衡量主要采用数据包络分析法衡量营运资金管理的效率值，从两个层次分别计算总营运资金管理效率、经营活动营运资金管理效率和投资活动营运资金管理效率；定性分析主要针对营运资金的各组成项目进行品质分析。

以上定量和定性两个部分构成了营运资金管理绩效评价体系的全部，在此绩效评价体系的基础上，新的界定下营运资金能够根据投入与产出的比率得到基本的管理效率值，并结合其营运资金各部分的品质分析得出较为全面和准确的营运资金管理绩效。

三、营运资金管理方法创新：整体规划与控制的有力工具——基于业务流程的营运资金预算与营运资金流量报告

从分析营运资金管理创新的理论基础入手，寻找营运资金管理创新的突破口。提倡从战略、商业模式、利益相关者关系和流程创新推进营运资金管理绩效的提高，强调营运资金整体规划与控制的整体观念，利益相关者视角的资金管理策略、营运资金预算控制体系、营运资金流量报告与前述营运资金绩效评价体系应当有机衔接、相互协调，共同构成营运资金管理控制体系。其中营运资金规划与控制的两个技术要点便是营运资金预算和营运资金流量报告。

营运资金整体规划与控制是指在营运资金筹资与营运资金用资相对应的基本视角下，建立营运资金规划模式，将资金需求问题、资金来源问题、资金流向问题，在管理目标的要求下，做全盘性的评估与衡量，以期获得营运资金之最适规划。其中营运资金的规划有这样几个组成部分：风险与报酬权衡下营运资金生产经营和投资水平的规划；风险与报酬权衡下的来源规划。其中利益相关者视角的资金管理策略为基本思路，营运资金规划的两个基本技术为：①预算——基于业务流程的现金预算；②营运资金流量表。

四、建立基于业务流程的营运资金管理组织体制

组织结构和营运资金管理存在着密切联系，健全的营运资金管理组织体制才能使财务规划与控制工作具有意义。

营运资金管理体制是指营运资金管理在企业中所依托的管理机构和组织系统。企业具有良好健全的组织管理体制、明确的责任归属与权力划分才能使财务规划与控制工作具有意义。根据企业集团的联合方式及其财务组织的权责结构，企业集团财务管理体制可分为集权式、分权式和集权分权相结合三种基本模式。根据营运资金管理的特点，其管理地位说明了其管理体制要求相对集权，其与业务流程管理的不可分割性说明营运资金管理体制应该向分权式的方向发展。所以营运资金管理体制应该在企业不同的发展阶段，选择相对集权或相对分权的管理体制。以此体现资金综合管理和分层管理的原则。

营运资金管理组织架构是营运资金管理体制的具体化。本书按照一般企业财务组织机构的划分将营运资金管理组织机构分为财务战略决策层、执行层和基层三个层次。三个层次分工协作，确保营运资金管理安

全性、盈利性和协调性绩效目标的实现。

第二节 展 望

本书从营运资金的筹措与使用的视角研究营运资金的基本理论以及管理创新。应该说，营运资金管理研究的多视角研究和在新的界定下营运资金管理的研究，是一个极具研究价值和研究前景的课题。本书主要从营运资金概念的重构入手，确立基本的营运资金管理视角，构建营运资金绩效评价体系，在加大营运资金管理方法创新方面做了基本的阐释，这只是新界定下营运资金管理研究的开始，未来还可以进一步研究。

一、构建成熟的营运资金管理模式

可以说营运资金管理模式的研究是对营运资金管理研究工作的一个阶段性成果。营运资金管理模式的研究应注重营运资金管理模型的提出，紧密结合业务流程的相关理论，有针对性地对不同企业营运资金管理模式做出详细和统一的阐释，使营运资金管理模式上升到一定的理论高度，并随着环境的发展与时俱进，不断发展。

二、分行业分企业类型做细营运资金管理方法的研究

营运资金管理是一个不可一概而论的研究主题，不同行业、不同企业类型营运资金管理方法差异较大，若想营运资金管理的研究真正为企业服务，必须进一步做细营运资金管理方法的研究。具体而言，从各行业营运资金管理的特点及目标入手，选择一定量企业进行营运资金管理调研，结合不同行业营运资金管理面临的挑战与风险进行详细研究；还应对不同企业类型的营运资金管理进行相应有针对性的专题研究。

三、多视角营运资金管理的研究

营运资金管理研究不应拘泥于财务管理视角，应跳出财务管理视角，一方面应从业务视角关注营运资金管理，在现有框架的基础上做细基于渠道管理的营运资金管理研究；另一方面应从经济学、管理学、社会学多角度地来发掘营运资金管理的研究，使营运资金管理与更多的学科产生交叉，产生新的成果。

四、注重定量研究方法的应用，加大案例研究力度

营运资金管理研究是个实践性较强的研究课题。在注重必要的定性研究的同时应注重定量研究方法的应用，使其更具有说服力。理论与实践的紧密结合性决定了营运资金管理研究需要"从实践中来向实践中去"，保证丰富的案例资源一方面有利于推动营运资金管理的理论研究，另一方面为其他企业营运资金管理实践提供教材。

五、开展资本效率分析体系研究

企业资本效率不仅是企业经营状况的综合反映，也是国民经济健康状况的重要度量指标。2015 年以来，我国经济呈现速度变化、结构优化、动力转换三大特点，经济发展进入新常态。与此同时，中国企业经营理念日益成熟，投资活动和资本运营已成为企业营业活动的重要组成部分，中国也正在成为资本输出大国，对外投资成为中国企业走出去战略发展的新亮点。在新经济环境下，不同行业、不同区域、不同类型企业资本效率必将呈现出新的特点。因此，开展中国公司部门（含非金融公司部门、金融公司部门）资本存量调查并在此基础上运用创新的资本效率分析体系进行分析，对于促进企业不断提升资本效率和价值创造能力、帮助投资者提升价值发现能力进而进一步优化我国资本市场的资本配置功能具有重要的指导意义和应用价值。未来研究应在构建满足投资者价值发现需求、体现新型业务与财务关系的资本效率分析体系基础上，设计构建中国公司部门资本管理调查体系，持续开展中国公司部门资本存量和资本效率调查，在持续更新"中国上市公司营运资金管理数据库"的同时，开发建设以"中国公司部门资本管理调查""中国公司部门资本存量和资本效率数据库"和定期发布的《中国资本管理发展报告》为系列支撑的资本存量和资本效率信息平台，以满足国家治理、资本市场投资者决策和公司资本管理的信息需求。

此外，资本效率分析体系不能仅关注财务资本、物质资本，而对在现代公司价值创造中贡献日益显著的智力资本和社会资本视而不见。适应知识经济和网络经济发展对资本管理的要求，将资本范畴拓展到包括财务资本、物质资本、智力资本和社会资本在内的广义资本范畴，科学核算广义资本存量，并在广义资本存量核算基础上，将资本效率分析体系拓展到广义资本效率分析层面，更是大势所趋，势在必行。

参 考 文 献

[1] 王竹泉、逄咏梅、孙建强:《国内外营运资金管理研究的回顾与展望》,《会计研究》2007 年第 2 期。

[2] 美国会计程序委员会:《第 43 号会计研究公报》,1953(*ARB NO. 43,CH3, Part4*)。

[3] 毛付根:《论营运资金管理的基本原理》,《会计研究》1995 年第 1 期。

[4] 逄咏梅、宋燕:《营运资金管理效率与公司经营绩效分析》,《财会通讯》2009 年第 5 期。

[5] 费腾:《制造业上市公司营运资金管理与企业绩效关系的实证研究——以我国在巴基斯坦的制造业上市公司为例》,《现代商业》2014 年第 32 期。

[6] 张曾莲、赵莉莉:《营运资本结构与企业价值的相关性研究——以钢铁行业为例》,《财政监督》2014 年第 29 期。

[7] 曹玉珊:《重大融资、经营性营运资金管理效率与企业绩效——来自中国上市公司的经验证据》,《财经理论与实践》2015 年第 1 期。

[8] 阮浏慧:《企业生命周期视角下的营运资本对绩效的影响研究》,北京邮电大学 2015 年硕士论文。

[9] 沈裕君:《营运资本管理对公司绩效的影响——基于中国高科技上市公司的实证研究》,华东师范大学 2015 年硕士论文。

[10] 李然、杨淑娥:《创业板高科技公司营运资金管理实证研究》,《财会月刊》2015 年第 2 期。

[11] 马晓锋:《行业特征对营运资本管理的影响研究》,西北大学 2015 年硕士论文。

[12] 吕峻:《营运资本的经济周期效应与货币政策效应研究》,《财经问题研究》2015 年第 10 期。

[13] 宫丽静:《营运资金管理影响因素分析》,《财会通讯(理财版)》2007 年第 11 期。

[14] 孙兰兰、朱大鹏:《上市公司营运资金管理宏观影响因素分析——以制造业为例》,《财会通讯》2014 年第 32 期。

[15] 王竹泉、刘文静、高芳:《中国上市公司营运资金管理调查:1997—2006》,《会计研究》2007 年第 12 期。

[16] 王竹泉、刘文静、王兴河、张欣怡、杨丽霏:《中国上市公司营运资金管理调查:2007—2008》,《会计研究》2009 年第 9 期。

[17] 中国企业营运资金管理研究课题组:《中国上市公司营运资金管理调查:2009》,《会计研究》2010 年第 9 期。

[18]　王竹泉、孙莹、王秀华、孙建强、王贞洁：《中国上市公司营运资金管理调查：2010》，《会计研究》2011 年 12 期。

[19]　王竹泉、孙莹、王秀华、张先敏、王贞洁等：《中国上市公司营运资金管理调查：2011》，《会计研究》2012 年第 12 期。

[20]　王竹泉、孙莹、王秀华、张先敏、杜媛等：《中国上市公司营运资金管理调查：2012》，《会计研究》2013 年第 12 期。

[21]　王竹泉、孙莹、张先敏、杜媛、王秀华等：《中国上市公司营运资金管理调查：2013》，《会计研究》2013 年第 12 期。

[22]　孙莹、王竹泉、张先敏、杜瑞、程六兵等：《中国上市公司营运资金管理调查：2014》，《会计研究》2015 年第 12 期。

[23]　王竹泉等：《营运资金管理发展报告 2008—2010》，北京，中国财政经济出版社，2011 年，第 1 版，第 50 页。

[24]　王竹泉、孙建强、孙莹等：《营运资金管理发展报告 2011》，北京，中国财政经济出版社，2011 年，第 1 版，第 87 页。

[25]　王竹泉、孙莹等：《营运资金管理发展报告 2012》，北京，中国财政经济出版社，2012 年，第 1 版，第 101 页。

[26]　王竹泉、孙莹等：《营运资金管理发展报告 2013》，北京，中国财政经济出版社，2013 年，第 1 版，第 120 页。

[27]　王竹泉、孙莹等：《营运资金管理发展报告 2014》，北京，中国财政经济出版社，2014 年，第 1 版，第 56 页。

[28]　王竹泉、孙莹等：《营运资金管理发展报告 2015》，北京，中国财政经济出版社，2015 年，第 1 版，第 300 页。

[29]　王竹泉、孙莹等：《营运资金管理发展报告 2016》，北京，中国财政经济出版社，2016 年，第 1 版，第 223 页。

[30]　郁国建：《建立营运资金管理的业绩评价体系》，《中国流通经济》2003 年第 3 期。

[31]　张金隆、李魁、王林：《单位成本与订货量和需求量相关的 EOQ 模型研究》，《工业工程与管理》2004 年第 6 期。

[32]　徐贤浩、马士华：《供应链网络状结构模型中多级库存控制模型》，《华中理工大学学报》1998 年第 7 期。

[33]　黄微平：《关于最佳现金持有量成本曲线模型分析》，《财会通讯（学术）》2004 年第 7 期。

[34]　祝小勤、赵冬玲：《企业最佳现金持有量的模式创新》，《中国管理信息化》2008 年第 13 期。

[35]　何红渠、肖绍平：《PDCA 循环法——应收账款全面管理的新方法》，《时代财会》2001 年第 12 期。

[36]　谢旭：《全程信用管理模式：企业内部信用风险管理体系》，《经济与管理研

究》2002 年第 3 期。

[37] 王洪海、卞艺杰:《上市公司应收账款风险分析与控制策略——江苏的实践》,《财会通讯(综合)》2009 年第 36 期。

[38] 向平:《浅谈零营运资金管理》,《财会月刊》1997 年第 8 期。

[39] 王金梁:《零营运资金在企业财务管理中的运用》,《东北财经大学学报》2004 年第 2 期。

[40] 朱晓:《零营运资本管理分析》,《商业经济》2014 年第 4 期。

[41] 王竹泉、马广林:《分销渠道控制:跨区分销企业营运资金管理的重心》,《会计研究》2005 年第 6 期。

[42] 刘树海、齐二石:《流程管理模式下的营运资金管理研究》,《现代管理科学》2008 年第 10 期。

[43] 江其玟、胡幽研:《基于供应链理论的营运资金管理模型构建》,《财会月刊》2009 年第 12 期。

[44] 王瑛、孙林岩:《基于合作需求预测的多级库存优化模型》,《系统工程理论方法应用》2004 年第 3 期。

[45] 汤中明、易逝品:《VMI 与 TPL 集成供应链研究》,《管理评论》2010 年第 1 期。

[46] 管庆胜:《价值链导向的家电企业营运资金管理研究》,西南交通大学 2014 年硕士论文。

[47] 王秀华:《渠道管理、关系资本与农业类企业营运资金管理绩效——星河生物案例研究及启示》,《财会月刊》2015 年第 4 期。

[48] 吴楠:《基于渠道管理的饲料加工企业营运资金管理研究——以 S 公司为例》,苏州大学 2015 年硕士论文。

[49] 彭慧卿:《价值链导向下的青岛啤酒营运资金管理研究》,湘潭大学 2015 年硕士论文。

[50] 史江亚:《三级供应链营运资金周转协同管理研究》,河北工程大学 2015 年硕士论文。

[51] 于博:《经济增长、货币政策与营运资本管理的关联性探析——基于金融加速器视角》,《财政监督》2014 年第 29 期

[52] 赵自强、程畅:《上下游企业关联度与企业营运资金、股利分配和财务风险的关系——基于中国制造业上市公司数据的实证分析》,《技术经济》2014 年第 9 期。

[53] 梁彤缨、陈广兵:《中小企业财务资金营运管理的外包策略研究》,《当代财经》2003 年第 10 期。

[54] 曾水良:《如何优化中小民企的资金链》,《化工管理》2009 年第 6 期。

[55] 郑文欣:《金融风暴影响下中小民营企业营运资金管理的研究》,华北电力大学 2009 年硕士论文。

[56] 储海林、石敏、原家德:《浅谈跨国公司的营运资金管理》,《财金贸易》1999年第4期。

[57] 毛付根:《跨国公司财务管理》,大连,东北财经大学出版社,2002年,第1版,第90页。

[58] 刘建民:《论跨国公司的现金管理》,《集团经济研究》2005年第10期。

[59] 王竹泉、杜媛、孙莹、王苑琢:《利益相关者视角的资金管理:机理与策略》,《财务与会计(理财版)》2014年第3期。

[60] 习龙胜:《利益相关者管理与营运资金管理:共生互动》,《商业会计》2013年第9期。

[61] 杜媛、王竹泉:《基于投资者关系的资金管理策略》,《财务与会计(理财版)》2014年第3期。

[62] 王苑琢、王竹泉:《供应商关系视角的资金管理策略》,《财务与会计(理财版)》2014年第3期。

[63] 孙莹:《客户关系视角的资金管理策略》,《财务与会计(理财版)》2014年第3期。

[64] 张先敏:《供应链管理影响营运资金管理绩效的机理研究》,《财务与会计(理财版)》2014年第6期。

[65] 王凤华、王竹泉:《利益相关者管理与营运资金管理协同的策略选择》,《财务与会计(理财版)》2014年第2期。

[66] 王竹泉、孙莹:《营运资金概念重构与分类研究》,《中国会计研究与教育》2010年第2期。

[67] 葛家澍:《试评IASB/FASB联合概念框架的某些改进》,《会计研究》2009年第4期。

[68] 张金若、宋颖:《关于企业财务报表分类列报的探讨》,《会计研究》2009年第9期。

[69] 曾海荣:《财务报表列报准则的变化及未来发展趋势》,《财会学习》2009年第9期。

[70] 王竹泉:《重新认识营业活动与营运资金》,《财务与会计》2013年第4期。

[71] 中国注册会计师协会:《财务成本管理》(2008年度注册会计师全国统一考试辅导教材),北京,经济科学出版社,2008年,第99页。

[72] 邵改茹:《企业经营资金运动形式及特点》,《合作经济与科技》2008年第8期。

[73] 郁国建:《介绍一种新的财务比率:"购销周转率"》,《浙江财税与会计》1999年第12期。

[74] 曾祥云:《基于供应链管理理论的企业绩效评价》,《经济管理》2001年第22期。

[75] 吴济华,何柏正:《组织效率与生产力评估:资料包络分析法》,北京,经济

管理出版社，2015年，第1版，第186页．

[76] 段永瑞：《数据包络分析：理论和应用》，上海，上海科学普及出版社，2006年，第1版，第210页。

[77] 马占新、唐焕文：《宏观经济发展状况综合评价的DEA方法》，《系统工程》2002年第2期。

[78] 赵昕、薛俊波，李克东：《基于DEA的商业银行竞争力分析》，《数量经济技术经济研究》2002年第9期。

[79] 刘亚荣：《我国高等学校办学效率评价分析》，《教育与经济》2001年第4期。

[80] 张新民、钱爱民，《财务报表分析案例》，北京，中国人民大学出版社，2008年，第1版，第122页。

[81] 张先敏：《企业战略、组织结构与营运资金管理——以海尔集团为例》，《中国会计学会2010年学术年会营运资金管理论坛论文集》。

[82] 刘文静：《业务流程管理影响营运资金管理的机制研究》，中国海洋大学2010年硕士学位论文。

[83] 王秀华、秦书亚：《金融危机对供应链核心企业营运资金管理绩效影响的实证研究——一个外部供应链的视角》，《中国会计学会2010年学术年会营运资金管理论坛论文集》。

[84] ［美国］李．克拉耶夫斯基：《运营管理：流程与价值链》，刘晋等译，北京，人民邮电出版社，2007年，第7版，第310页。

[85] 汤谷良：《权变性满足有效资金需求》，《新理财》2007年第6期。

[86] 王化成：《全面预算管理》，北京，中国人民大学出版社，2004年，第2版，第67页。

[87] 李三喜：《预算管理实务操作应用》，北京，中国时代经济出版社，2010年，第2版，第88页。

[88] 莱斯缪森：《预算流程改进指导》，北京，经济科学出版社，2006年，第1版，第130页。

[89] 矫建巍：《试论财务状况变动表和现金流量表的特点和应用》，《商业研究》2003年第4期。

[90] 朱元午：《企业集团财务理论探讨》，大连，东北财经大学出版社，1999年，第1版，第168页。

[91] 谭佰秋：《我国企业集团财务管理体制研究》，长春理工大学2007年硕士论文。

[92] 陈争艳：《企业集团财务管理体制设计与选择》，西南财经大学2003年硕士论文。

[93] 容琛：《天奥集团资金管理体制的构建》，西南财经大学2005年硕士论文。

[94] ［美国］迈克·杰卡、保莉特·凯勒：《业务流程绘制》，王进奎译，北京，机械工业出版社，2006年，第1版，第199页。

［95］　彭东辉:《流程再造教程》,北京,航空工业出版社,2004 年,第 1 版,第 88 页。

［96］　王竹泉:《如何构筑有效的预算控制与风险预警体系》,《财会学习》2011 第 7 期。

［97］　汤谷良、杨春霞:《利润中心制度:整合公司战略控制与财务控制的组织视角》,《会计师》2005 年第 2 期。

［98］　李信民等:《上市公司组织设计》,上海,学林出版社,2005 年,第 1 版,第 67 页。

［99］　陈峰:《企业集团财务管理体制研究》,西南财经大学 2005 年硕士论文。

［100］　黄荣顺、揭筱纹:《基于 DEA 方法的转制科研院所运营效率研究》,《中国行政管理》2010 年第 6 期。

［101］　彭家钧:《营运资金管理在中国的实践与创新——基于海尔集团营运资金管理的案例研究》,《中国会计学会 2010 年学术年会营运资金管理论坛论文集》。

［102］　吴兴南、林善炜:《全球化与未来中国》,北京,中国社会科学出版社,2002 年,第 1 版,第 99 页。

［103］　王竹泉、孙莹、祝兵:《全球化企业营运资金管理模式探析——以海尔集团为例》,《中国科技论坛》2011 年第 8 期。

［104］　孙健:《海尔的企业战略》,北京,企业管理出版社,2002 年,第 1 版,第 103 页。

［105］　王昭凤:《供应链管理》,北京,电子工业出版社,2012,第 1 版,第 120 页。

［106］　海尔集团企业文化中心:《海尔人在海外:中国企业第一部海外运营实务》,青岛,青岛出版社,2007,第 1 版,第 130 页。

［107］　孙莹、朱莹:《青岛啤酒基于渠道管理的营运资金管理模式》,《财务与会计》2013 年第 6 期。

［108］　Andrew Agapiou, Roger Flanagan, George Norman, et al, 1998:"The changing role of builders merchants in the construction supply chain", *Construction Management & Economics*, 16(3).

［109］　Afrifa G A, Padachi K, 2016:"Working capital level influence on SME profitability", *Journal of Small Business and Enterprise Development*, 23(1).

［110］　Afrifa G A, 2013:"Working Capital Management Practices of UK SMEs: The Role of Education and Experience", *Ssrn Electronic Journal*, 3(4).

［111］　Antanies J, 2002:"Recognizing the effects of uncertainty to achieve working capital efficiency", *Pulp & Paper*, 2.

［112］　Azeem M M, 1916:"Determinant Factors and Working Capital Requirement", *International Journal of Economics & Finance*, 7(2).

[113]　Barnard C: "The Function of the Executive. Cambridge", Harvard University Press, 1938.

[114]　Baumol W J: "The Transactions Demand for Cash: An Inventory Theoretic Approach", *Quarterly Journal of Economics*, 1952, 66(4).

[115]　Berman O, Perry D: "An EOQ model with state-dependent demand rate", European Journal of Operational Research, 2006, 171.

[116]　Bui N D, Loan T N: "Working Capital Management and Firm Value: Evidence from the Vietnamese Stock Market", 2016.

[117]　Collins G. W: "Analysis of Working Capital Accounting Review", 1945, 21(4).

[118]　Cote J M, Latham C K: "The Merchandising Ratio: A Comprehensive Measure of Working Capital Strategy", *Issues in Accounting Education*, 1999, 14(2).

[119]　de Rozari, Petrus Emanuel, et al: "The Integrated Measuring of Working Capital Management Efficiency on Financial Performance in Indonesia Stock Exchange", *Information Management and Business Review* 7. 3, 2015.

[120]　Deloof M: "Does Working Capital Management Affect Profitability of Belgian Firms?", *Journal of Business Finance & Accounting*, 2003, 30.

[121]　E. W. Taft: "The most economical production lot", *Iron Age*, 1918, 30.

[122]　Enqvist J, Graham M, Nikkinen J: "The impact of working capital management on firm profitability in different business cycles: Evidence from Finland", *Research in International Business & Finance*, 2014, 32(C).

[123]　Erdoğan A I: "Determinants of Working Capital and Investment Financing Patterns of SMEs: Evidence from Turkey", *Journal of Applied Finance & Banking*, 2015, 5.

[124]　FASB/IASB Preliminary views. *Financial Statements Presentation*, 2008(Oct)

[125]　Fink R: "Forget The Float? The 2001 Working Capital Survey-Statistical Data Included", *Cfo Magazine for Senior*, 2001(July).

[126]　Frenkel J A, Jovanovic B: "On Transactions and Precautionary Demand for Money", *Quarterly Journal of Economics*, 1980, 95(1).

[127]　Gentry J A, Vaidyanathan R, Lee H W: "A Weighted Cash Conversion Cycle", *Financial Management*, 1990, 19(1).

[128]　Gill A, Mand H S, Obradovich J D: "Promoter ownership and working capital management efficiency of indian manufacturing firms", *Corporate Ownership & Control*, 2015, 12(2).

[129]　Goel U, Sharma A K: "Working capital management efficiency in Indian manufacturing sector: trends and determinants", *International Journal of Economics & Business Research*, 2015, 10(1).

[130]　Haddad F S: "The Impact of Capital Expenditure on Working Capital Management:

An Empirical Study on Amman Stock Exchange", *Dirasat Administrative Sciences*, 2015, 42(2).

[131] Hager H C: "Cash Management and the Cash Cycle", Management Accounting, 1976.

[132] Hampton J J, Wagner C L: "*Working capital management*", Oxford University Press, 2010: 83-88.

[133] Harris A: "Working Capital Management: Difficult, but Rewarding", *Financial Executive*, 2002, 5.

[134] Harris F W: "How many parts to make at once", *Operations Research*, 1990, 38(6).

[135] Harry G, Guthmann: "Industrial Working Capital During Business Recession", *Harvard Business Review*, 1934.

[136] Hoang T V: "Impact of Working Capital Management on Firm Profitability: The Case of Listed Manufacturing Firms on Ho Chi Minh Stock Exchange", *Asian Economic & Financial Review*, 2015, 5(5).

[137] Howorth C, Westhead P: "The focus of working capital management in UK small firms", *Management Accounting Research*, 2003, 14(2).

[138] Hugo A R R: "The Concept of Corporate Strategy", *Innovar Revista De Ciencias Administrativas Y Sociales*, 2009, 19(35).

[139] John C G: "The Operating Cycle: Risk, Return and Oportunities", *Management Decision*, 1992.

[140] Jones T C, Riley D W: "USING INVENTORY FOR COMPETITIVE ADVANTAGE THROUGH SUPPLY CHAIN MANAGEMENT", *International Journal of Physical Distribution & Logistics Management*, 1985, 17(2).

[141] Kaur, Ramanjot, Kusum Gupta: "Change In the Working Capital Requirements: In the Textile Industry", *International Journal of Research in Finance and Marketing* 5.8, 2015.

[142] Khoury N T, Smith K V, Mackay P I: "Comparing Working Capital Practices in Canada, the United States, and Australia: A Note", *Canadian Journal of Administrative Sciences*, 1999, 16(1).

[143] Kieschnick, Robert, Wendy Rotenberg: "Working Capital Management, the Credit Crisis, and Hedging Strategies: Canadian Evidence", *Journal of International Financial Management & Accounting*, 2015.

[144] Kilpatrick J: "supply chain", *Canadian Transportation & Logistics*, 2008.

[145] Kim S L, Ha D: "A JIT lot-splitting model for supply chain management: Enhancing buyer - supplier linkage", *International Journal of Production Economics*, 2003, 86(1).

[146] Koralunbereznicka J: "On the Relative Importance of Corporate Working Capital Determinants: Findings from the EU Countries", *Social Science Electronic Publishing*, 2014.

[147] Li C G, Dong H M, Chen S, et al: "Working capital management, corporate performance, and strategic choices of the wholesale and retail industry in China", *The scientific world journal*, 2014(3).

[148] Lima V M, Martins F V, Brandao E: "The Management of Working Capital and Profitability of SMEs in the Euro Area", *Social Science Electronic Publishing*, 2015.

[149] Lugli P: "Spotlight Shifts To Money in The Supply Chain", *Financial Executive*, 2006.

[150] Mansoori D E, Muhammad D J: "Does Level of Countries Corruption Affect Firms Working Capital Management?", ICAF 2015: International Conference on Accounting and Finance to. 2015.

[151] Mcgee J V, Prusak L: "*Managing Information Strategically*", 1993.

[152] Mcguinness G: "The impact of the financial crisis on the working capital of SMEs: a panel data analysis", *Archivum Immunologiae Et Therapiae Experimentalis*, 2015, 55(6).

[153] Michael W B: "Reviews: Horst, Paul. Psychological Measurement and Prediction. Belmont, California: Wadsworth Publishing Company", *American Educational Research Journal*, 1967, 4(1).

[154] Knight W D: "Working Capital Management: Satisficing versus Optimization", *Financial Management*, 1972, 1(1).

[155] Miller M H, Orr D: "A Model of the Demand for Money by Firms [J] . *Quarterly Journal of Economics*", 1966, 80(3).

[156] Mun S G, Jang S C: "Working capital, cash holding, and profitability of restaurant firms", *International Journal of Hospitality Management*, 2015, 48.

[157] Myers R: "How Low Can It Go? The 2006 Working Capital Survey", *Cfo Magazine*, 2006.

[158] Myers R: "Cleaner (Balance) Sheets: The 2009 Working Capital", *Cfo Magazine*, 2009.

[159] Myers R: "Cash Crop - The 2000 Working Capital Survey - Statistical Data Included", *Cfo Magazine for Senior*, 2000, August.

[160] Myers R: "Growing Problems: The 2007 Working Capital Survey", *Cfo Magazine for Senior*, 2007, August.

[161] Nunn K P: "THE STRATEGIC DETERMINANTS OF WORKING CAPITAL: A PRODUCT-LINE PERSPECTIVE", *Journal of Financial Research*, 1981, 4(3).

[162] Pais M A, Gama P M: "Working capital management and SMEs profitability: Portuguese evidence", *International Journal of Managerial Finance*, 2015, 11(3).

[163] Peter Edwards †, Melvyn Peters ‡, Graham Sharman: "THE EFFECTIVENESS OF INFORMATION SYSTEMS IN SUPPORTING THE EXTENDED SUPPLY CHAIN", *Journal of Business Logistics*, 2001, 22(1).

[164] Porter M E: "The Competitive Advantage of Nations. New York, The Free Press", *Competitive Intelligence Review*, 1990, 1(1).

[165] Reason T: "Capital ideas: the 2005 working capital survey: despite cheap credit and surplus cash, companies still find plenty of reasons to improve operational efficiency", *Cfo Magazine for Senior Financial Executives*, 2005, Sept.

[166] Reason T: "We Can Work It Out: The 2002 Working Capital Survey", *Cfo Magazine*, 2002.

[167] Richards V D, Laughlin E J: "A Cash Conversion Cycle Approach to Liquidity Analysis", *Financial Management*, 1980, 9(1).

[168] Sagan J: "Toward a Theory of Working Capital Management", *The Journal of Finance*, 1955, 10(2).

[169] Shin H H, Soenen L: "Efficiency of working capital management and corporate profitability", *Financial Practice & Education*, 1998.

[170] Smith K V: "State of the Art of Working Capital Management", *Financial Management*, 1973, 2(3).

[171] Tobin J: "The Interest-Elasticity of Transactions Demand For Cash", *Review of Economics & Statistics*, 1956, 38(3).

[172] Tully S: "PROPHET OF ZERO WORKING CAPITAL", *Fortune*, 1994.

[173] Wadhwa S, Kanda A, Bhoon K S, et al: "Impact of supply chain collaboration on customer services level and working capital", *Global Journal of Flexible Systems Management*, 2006, 7(1).

[174] Wang L, Li Y: "Effects of working capital management on company value under different competitive strategies", *Metallurgical & Mining Industry*, 2015, 7(4).

[175] Wilson R H: "A scientific routine for stock control", *Harvard Business Review*, 1934, 13(1).

[176] Wu W L: "The Impact of National Culture on Working Capital Management", *Social Science Electronic Publishing*, 2016.